NUEVA YORK

LOS MEJORES LUGARES, LAS EXPERIENCIAS MÁS AUTÉNTICAS

EDICIÓN ESCRITA Y DOCUMENTADA POR

Regis St Louis,
Cristian Bonetto, Zora O'Neill

Sumario

Puesta a punto

Mes a mes 4
Lo esencial...18
Itinerarios 20
En busca de.... 28
Lo nuevo 30
Gratis 31
Viajar en familia................................ 32

Las mejores experiencias 35

Central Park... 36
Estatua de la Libertad y Ellis Island. 42
Puente de Brooklyn 48
MoMA.. 50
High Line 54
Broadway 58
Times Square... 62
Empire State Building 66
Metropolitan Museum of Art 70
Circuito a pie: arquitectura
emblemática...74
Lincoln Center 76
Museo Guggenheim 80
Rockefeller Center 84
Chinatown... 86
Monumento al 11 de Septiembre...... 90
One World Trade Center 94
Lower East Side
Tenement Museum............................... 98
Prospect Park 102
Brooklyn Bridge Park.........................106
Circuito a pie: paseo
por West Village...................................110
De compras por la Quinta Avenida.. 112

Dónde comer 117

Lo mejor...120
Financial District y
Lower Manhattan.................................122
SoHo y Chinatown 122

East Village y
Lower East Side...................................124
West Village, Chelsea y
Meatpacking District 127
Union Square, Flatiron District y
Gramercy...131
Midtown...133
Nueva York en bandeja 134
Upper East Side 135
Upper West Side y
Central Park 136
Harlem y
Upper Manhattan................................. 137
Brooklyn 138

De compras.................................141

Lo mejor...144
Financial District y
Lower Manhattan.................................146
SoHo y Chinatown 147
East Village y
Lower East Side...................................150
Cinco recuerdos básicos....................152
West Village, Chelsea y
Meatpacking District 153
Union Square, Flatiron District y
Gramercy...154
Midtown...155
Upper East Side 156
Upper West Side y
Central Park 156
Harlem y
Upper Manhattan.................................158
Brooklyn 158

De copas 161

Lo mejor...164
Financial District y
Lower Manhattan.................................166
SoHo y Chinatown 167

East Village y Lower East Side 169
West Village, Chelsea
y Meatpacking District 171
Union Square, Flatiron District
y Gramercy 172
Midtown...174
Nueva York en una copa 176
Upper East Side 177
Upper West Side y Central Park...........177
Harlem y
Upper Manhattan..................................178
Brooklyn 179

Espectáculos............................**183**
Lo mejor..185
Financial District y
Lower Manhattan..................................186
SoHo y Chinatown 186
East Village y Lower East Side 186
West Village, Chelsea y
Meatpacking District 187
Midtown.. 190
Upper West Side y Central Park...........192
Harlem y Upper Manhattan 193
Brooklyn 193

Deportes y actividades..........**197**
Lo mejor..199
Béisbol..200
Baloncesto..200
Fútbol americano..................................200
Hockey 201
Salud 201
Actividades acuáticas...........................204
En familia..204
Circuitos 205

Dónde dormir **207**
Reservas 210
Tarifas 210
Tipos de alojamiento 210
Dónde alojarse 211

De cerca
Nueva York hoy.............................. 214
Historia 216
Arte y arquitectura........................222
Nueva York LGBTIQ......................226

Guía práctica
Datos prácticos A-Z 230
Transporte 234
Índice 239
Planos.. 245
Símbolos y leyendas de
los mapas 255

Puesta a punto
Mes a mes

GRANGER WOOTZ / GETTY IMAGES ©

Nueva York

Da igual la fecha del viaje, aquí siempre hay algo en marcha; fiestas musicales, mercadillos festivos y desfiles de disfraces llenan el calendario anual. Conviene planificar con tiempo los eventos más importantes. Arriba: Village Halloween Parade (p. 15); pág. dcha. arriba: Festival de los Cerezos en Flor, jardín botánico de Brooklyn (p. 9); abajo: fuegos artificiales del Día de la Independencia (p. 12).

DAVID SACKS / GETTY IMAGES ©

Los mejores festivales y eventos

Tribeca Film Festival mediados-finales abril (p. 9)

Festival de los Cerezos en Flor finales abril-ppios mayo (p. 9)

SummerStage junio-agosto (p. 11)

Día de la Independencia 4 julio (p. 12)

Village Halloween Parade 31 octubre (p. 15)

STEVE KELLEY / GETTY IMAGES ©

Puesta a punto
Mes a mes

Enero

Después de Navidad y Año Nuevo, llega la calma invernal. Pese a las largas noches, los neoyorkinos aprovechan el frío glacial patinando sobre hielo y esquiando en los Catskills.

1 enero

🏃 **Baño del Día de Año Nuevo**

¿Qué mejor forma de recibir el nuevo año que con un gélido chapuzón en el Atlántico? El viajero puede unirse al Coney Island Polar Bear Club (www.polarbearclub.org) en este evento anual.

5-8 enero

☆ **Winter Jazzfest**

Festival musical de cuatro días (www.winterjazzfest.com) con más de 100 actuaciones en casi una docena de locales, la mayoría en West Village.

Mediados enero

🏃 **No Pants Subway Ride**

En enero (generalmente el 2º domingo), unos 4000 neoyorkinos echan mano de un poco de picardía y muestran las piernas en el transporte público.

Todo el mundo puede sumarse, y después suele haber una fiesta para los atrevidos participantes. La web (www.improve verywhere.com) especifica horas de encuentro y demás detalles. Las fechas suelen anunciarse en diciembre.

28 enero

🎋 **Festival del Año Nuevo Lunar (chino)**

Esta exhibición de fuegos artificiales y dragones danzantes, una de las mayores celebraciones del Año Nuevo chino del país.

Izda.: baño del día de Año Nuevo; dcha.: desfile del Año Nuevo chino.

Febrero

Alguna tormenta de nieve y temperaturas bajo cero hacen de febrero un mes ideal para tomar algo a cubierto o saborear una comida caliente en un acogedor bar o bistró.

9-17 Febrero
New York Fashion Week
Los célebres desfiles de moda de Bryant Park (www.fashionweekonline.com) no están abiertos al público, pero con invitación o sin ella, estar aquí la semana en que el mundo de la alta costura se da cita en Manhattan ante las nuevas creaciones provoca emociones inesperadas, sobre todo si se descubre una fiesta posdesfile.

13-14 febrero
Westminster Kennel Club Dog Show
Amantes de los perros de todo el planeta toman Manhattan durante este escaparate de bellas razas (www.westminsterkennel club.org). Unos 3200 ejemplares se disputan los honores. Lo mejor del certamen está en el Madison Square Garden.

14 febrero
San Valentín
Si se viaja en pareja, conviene reservar la cena de San Valentín con bastante antelación. Muchos restaurantes ofrecen menús especiales en esa noche tan popular para salir.

EMILIE BALTZ / GETTY IMAGES ©

Finales enero-principios febrero
Winter Restaurant Week
Para animar el ambiente gris, nada como las increíbles ofertas en algunos de los mejores restaurantes durante la Winter Restaurant Week (www.nycgo.com/restaurant-week), que dura unas tres semanas. Un almuerzo de tres platos cuesta 25 US$ aprox. (cena 40 US$).

Puesta a punto
Mes a mes

Marzo

Tras meses de abrigos y gélidas temperaturas, surge algún día de primavera, aunque a menudo seguido de una semana gris con el termómetro bajo cero, pues el invierno se resiste a desaparecer.

Principios marzo
⊙ The Armory Show
El mayor espectáculo de arte de la ciudad (www.thearmoryshow.com) reúne a las mejores galerías del mundo, así como a coleccionistas y comisarios en un deslumbrante escaparate de novedades en los muelles 92 y 94, junto a Twelfth Ave (cerca de 53rd St).

Mediados-finales marzo
☆ New Directors/New Films
Organizado por la Film Society of Lincoln Center, este festival de 12 días (www.newdirectors.org) permite descubrir directores emergentes de todo el globo. En su 46ª edición, el cartel puede ser impresionante.

STUART MONK / SHUTTERSTOCK ©

17 marzo
⚜ Desfile del Día de San Patricio

Un público masivo, ruidoso –y algo tambaleante por la cerveza ingerida– llena la Quinta Avenida durante este popular desfile (www.nycstpatrickspa rade.org) de gaiteros, centelleantes carrozas y políticos con debilidad por Irlanda. Data de 1762 y es el mayor y más antiguo de la ciudad.

23

Abril

La primavera llega por fin: los bares más optimistas sacan las sillas a la calle y las plazas se llenan de brillantes tulipanes y árboles floridos.

1 Abril

🏃 Día de la Guerra de Almohadas

Si apetece un poco de diversión tradicional, lo mejor es tomar una almohada (evitando las de plumas), quitarse las gafas y sumarse a la refriega. Esta tierna batalla (www.pillowfightday.com) atrae a cientos de participantes, por lo general en Washington Square Park o Union Square.

Mediados-finales abril

☆ Tribeca Film Festival

Creado como respuesta a los trágicos acontecimientos del 11 de Septiembre, el festival de cine de Robert De Niro (www.tribecafilm.com) no ha tardado en hacerse indispensable en el circuito *indie.* Es inevitable elegir, ya que en sus 10 días se proyectan más de 150 cintas.

Domingo de Pascua

🌸 Easter Parade

En este desfile, que data de la década de 1870, los participantes se acicalan, se plantan sus sombreros y exhiben sus mejores galas por la Quinta Avenida (desde 49th St hasta 57th St). Lo mejor es elegir el más atrevido y sumarse al espectáculo a partir de las 10.00.

22 abril

🏃 Día de la Tierra

Nutrida jornada de actos en Union Square, con música en directo, presentaciones sobre sostenibilidad y actividades interactivas para niños (www.earthdayinitiative.org). la estación Grand Central acoge exposiciones sobre iniciativas verdes.

Finales abril

🌸 Festival de los Cerezos en Flor

Conocida en japonés como Sakura Matsuri, esta tradición anual festeja la floración de los cerezos en el jardín botánico de Brooklyn, y se complementa con actividades lúdicas (tambores *taiko,* talleres de origami, ikebanas o demostraciones con espadas de samurái), así como refrescos y una gran belleza.

Festival de los Cerezos en Flor.

Puesta a punto
Mes a mes

Mayo

A las lluvias de abril les siguen las flores que adornan los árboles. Los días son cálidos y suaves, sin la incómoda humedad del verano.

Primer domingo mayo
🚴 **TD Bank Five Boro Bike Tour**
Mayo es el mes de la bicicleta, con circuitos, fiestas y actividades específicas. El evento principal, TD Bank Five Boro Bike Tour (www.bike.nyc), atrae a miles de ciclistas a una carrera de 68 km que recorre los cinco barrios.

Último lunes mayo
🎖 **Memorial Day**
Ese día se rinde homenaje a los caídos en combate. Los barrios organizan desfiles con bandas de música, automóviles antiguos y veteranos que agitan banderas. El mayor es el Little Neck-Douglaston Memorial Day Parade (www.lndmemorialday. org), en Queens.

Finales mayo-agosto
⭐ **Shakespeare in the Park**
Este apreciado festival (www.publictheater. org) recuerda al bardo con espectáculos gratuitos en Central Park, aunque hay que hacer horas de cola para conseguir entradas o ganarlas en un sorteo en internet. Se ponen a la venta a las 12.00, pero para hacerse con una es preciso llegar antes de las 10.00.

GARY718 / SHUTTERSTOCK ©

Finales mayo
⊙ **Fleet Week**
Durante una semana, Manhattan parece un plató de cine de los años cuarenta, con la llegada de jóvenes marinos en busca de aventura (www. fleetweeknewyork.com). Los demás visitantes pueden recorrer gratis los barcos de diversos rincones del globo, amarrados frente a Manhattan (por Midtown) y Brooklyn (al sur del muelle 6 del Brooklyn Bridge Park).

23

Junio

El verano ha llegado y los neoyorkinos salen de las oficinas para relajarse en las zonas verdes. Los desfiles recorren las calles más concurridas y en varios parques se instalan pantallas de cine.

Junio-agosto
☆ SummerStage

Este festival (www.summerstage.org) de Central Park ofrece un magnífico cartel de música y danza durante el verano, con figuras recientes como Django Django, Femi Kuti, Shuggie Otis y Martha Graham Dance Company. La mayoría de los espectáculos son gratuitos. Hay también un programa SummerStage Kids para los niños, así como actividades en otros parques.

Junio-agosto
☆ Bryant Park
Summer Film Festival

Los lunes de junio a finales de agosto, en Bryant Park (www.bryantpark.org) proyectan clásicos de Hollywood a la puesta de sol. Hay que llegar pronto (abre a las 17.00, pero la cola empieza a las 16.00).

Mediados junio
☉ Night at the Museums

Los museos de Lower Manhattan abren gratis de 16.00 a 20.00. Los actos especiales (incl. paseos guiados) forman parte del atractivo. Algunas actividades exigen reserva (www.mjhnyc.org/nightatthemuseums).

Mediados-finales junio
☆ River to River Festival

Durante 11 días de junio, este festival (www.lmcc.net/program/river-to-river) ofrece música en directo, danza y arte visual en zonas del paseo marítimo, Governors Island y Lower Manhattan.

Finales junio
🎔 Mermaid Parade

Este extravagante desfile vespertino festeja la arena, el mar y el inicio del verano. Es todo un alarde de brillo y *glamour*, y los participantes exhiben sus elaborados atuendos en el paseo entarimado de Coney Island (www.coneyisland.com). Es aún más divertido participar (cualquiera que vaya disfrazado es bien recibido). Suele celebrarse el sábado más próximo al solsticio de verano.

Último domingo junio
🎔 NYC Pride

El mes del orgullo gay culmina con una importante marcha por la Quinta Avenida. NYC Pride (www.nycpride.org) es un espectáculo de 5 h con bailarines, *drag queens*, policías gais, amantes del cuero, supermamás lesbianas y representantes de todos los grupos bajo el arco iris.

Puesta a punto
Mes a mes

Julio

Nueva York se abrasa y sus habitantes huyen a la playa de Long Island. Aun así, el ajetreo no cesa con los turistas europeos y estadounidenses que llenan la ciudad.

4 julio

✿ Día de la Independencia

Se celebra con fantásticos fuegos artificiales (http://social.macys.com/fireworks) sobre el East River desde las 21.00. Los mejores miradores son los paseos marítimos del Lower East Side y Williamsburg (Brooklyn), las azoteas altas y los apartamentos con vistas al este de Manhattan.

✗ Nathan's Famous Hot Dog Eating Contest

Algunas curiosas habilidades que no llegan a las páginas deportivas de los periódicos quedan patentes en Surf Ave y Stillwell en Coney Island, donde hay tragones que engullen una cantidad indecente de perritos calientes en solo 10 min (www.nathansfamous.com/contest). El actual récord masculino es de 69, en poder del veterano campeón Joey Chestnut. Sonya Thomas, con solo 45 kg, posee la marca femenina con 45.

Finales julio-principios agosto

☆ Lincoln Center Out of Doors

El motor de las artes escénicas neoyorkinas organiza una serie de conciertos y bailes en escenarios al aire libre en el Lincoln Center (www.lcoutofdoors.org). *Afrobeat, jazz* latino y *country* forman parte del cartel, y hay espectáculos especiales para familias.

JOSEPH SOHM / SHUTTERSTOCK ©

Mediados-finales julio

☆ Lincoln Center Festival

Se impone dejar la playa y aprovechar el cartel estelar de teatro, ballet, ópera y nuevas músicas que llega a los escenarios del Lincoln Center durante tres semanas de julio (www.lincolncenterfestival.org). Son espectáculos de gran calidad y muy originales.

Agosto

Entre los rascacielos se cuelan oleadas de bochorno estival mientras todos ponen rumbo a la costa o sufren las frías ráfagas del aire acondicionado. Los actos al aire libre insuflan vida al lánguido calor urbano.

Mediados agosto
☆ FringeNYC
Este festival anual de teatro (www.fringenyc. org) presenta dos semanas de espectáculos a cargo de compañías de ámbito mundial. Es perfecto para ver a los artistas más prometedores, vanguardistas, extravagantes y creativos del panorama.

Mediados agosto
☆ Jazz Age Lawn Party
No hay nada como ponerse las mejores galas de los años veinte y disfrutar en Governors Island de un día de *jazz* con *big bands,* charlestón y cócteles de antes de la Ley Seca (www.jazzagelawnparty. com). Hay que conseguir entradas lo antes posible, pues siempre se agotan. También se celebra en junio.

Finales agosto
☆ Charlie Parker Jazz Festival
Festival de dos días al aire libre (www.citypar ksfoundation.org), que hace las delicias de los melómanos. Grandes talentos *jazzísticos* actúan en Marcus Garvey Park (Harlem) y Tompkins Square Park (East Village).

Finales agosto
☆ Abierto de EE UU
En el Flushing Meadows Park de Queens se celebra el último Grand Slam del año (www. usopen.org), con los mejores tenistas. También puede verse en los bares deportivos.

Michael Arenella y la Dreamland Orchestra actuando en el *Jazz Age Lawn Party.*

Puesta a punto
Mes a mes

Septiembre

El Día del Trabajo marca el final de la temporada de casas compartidas en los Hampton, y el calor abrasador da paso a temperaturas más tolerables. Los neoyorkinos vuelven al trabajo y arranca el calendario cultural.

Principios septiembre

☆ Electric Zoo
Festival de música electrónica (www.electriczoofestival.com) celebrado el fin de semana anterior al Día del Trabajo (primer lunes de septiembre) en el extenso Randall's Island Park. Entre los últimos cabezas de cartel destacan Moby, Afrojack, David Guetta, Martin Solveig y Chemical Brothers.

Primer lunes septiembre

⚜ West Indian American Day Carnival
El mayor festival de Brooklyn (www.wiadcacarnival.org) atrae a dos millones de participantes a Crown Heights para disfrutar de un día de coloridos trajes, percusión con tambores metálicos y bandas de calipso. Hay que llegar temprano para encontrar sitio (y localizar a los vendedores de comida). El desfile comienza a las 11.00.

Septiembre-diciembre

☆ BAM's Next Wave Festival
Con más de 30 ediciones, el festival de la Brooklyn Academy of Music (www.bam.org) ofrece teatro, música y danza de vanguardia de ámbito mundial.

JACK VARTOOGIAN / GETTY IMAGES ©

En el BAM's Next Wave Festival, la compañía japonesa Sankai Juku actúa en *Umusuna: Memories before History*, de Ushio Amagatsu.

Finales septiembre

⚜ Atlantic Antic
El mejor de los festivales callejeros de Nueva York ofrece un popurrí de bandas en directo, comida y bebida, y muchos puestos de ropa y artesanía en Atlantic Ave (www.atlanticave.org), entre Fourth Ave y el paseo marítimo. Además, se puede subir a autobuses antiguos en la muestra del New York Transit Museum.

23

10 Octubre

Los árboles de Central Park y Prospect Park se tiñen de naranja, rojo y dorado a medida que bajan las temperaturas. Junto a mayo, es uno de los meses más agradables y pintorescos para visitar Nueva York.

Principios octubre

✿ Bendición de los animales

Con motivo de la festividad de San Francisco, los dueños de mascotas se reúnen en compañía de caniches, lagartos, loros –y hasta llamas– en la majestuosa iglesia catedral de St. John the Divine para la bendición anual de los animales. Es una tarde alocada y fantástica para participantes y espectadores.

Principios octubre

☆ Comic Con

Entusiastas de todas partes se dan cita en este bastión anual de los *frikis,* vestidos como sus personajes favoritos, y se divierten con otros fanáticos del *anime* (www. newyorkcomiccon.com).

Mediados octubre

☉ Open House New York

El mayor certamen de arquitectura y diseño del país (www.ohny.org) incluye circuitos guiados por arquitectos, conferencias, talleres de diseño, visitas a estudios y actuaciones en toda la ciudad.

31 octubre

✿ Village Halloween Parade

Llega el descontrol y los neoyorkinos eligen sus disfraces más osados para disfrutar de una noche de juerga. Los más extravagantes se ven en el Village Halloween Parade (www.halloween-nyc. com) que recorre Sixth Ave, a la altura del West Village. Mirar es divertido, pero es mejor participar.

Izda.: Village Halloween Parade; dcha.: bendición de los animales.
LEV RADIN; A KATZ /SHUTTERSTOCK ©

Puesta a punto
Mes a mes

Noviembre

Con el caer de las hojas, las chaquetas ligeras dan paso a la lana y el plumón. En estos últimos días antes del invierno se celebra una maratón de primera, y las familias se reúnen para dar gracias.

Principios noviembre

☆ New York Comedy Festival

Durante este festival (www.nycomedyfesti val.com) los cómicos toman la ciudad. Hay monólogos, improvisaciones y espectá-culos caros a cargo de figuras como Rosie O'Donnell y Ricky Gervais.

Primer domingo noviembre

🏃 Maratón de Nueva York

Esta carrera anual de 42 km (www.nycmara thon.org) atrae a miles de atletas de todo el mundo, y a muchos más espectadores que abarrotan las calles para animarlos.

Cuarto jueves noviembre

🥁 Desfile del Día de Acción de Gracias

Gigantescos globos de helio surcan el cielo, bandas de música de instituto hacen sonar sus tambores y millones de curiosos se cubren con abrigos y bufandas para cele-brar el Día de Acción de Gracias (4º jueves de noviembre) durante el mundialmente famoso desfile de Macy's, de 4 km (http://social.macys.com/parade).

Finales noviembre

☉ Encendido del Árbol de Navidad del Rockefeller Center

Un interruptor enciende el gigantesco árbol del Rockefeller Center, inaugurando oficial-mente las fiestas navideñas. Con más de 25 000 luces, es el inicio extraoficial de la Navidad neoyorkina, visita obligada para quien llegue en diciembre.

STU99 · GETTY IMAGES ©

Noviembre-marzo

🏃 Patinaje sobre hielo

Los neoyorkinos sacan el máximo partido al invierno aprovechando sus pistas de hielo al aire libre entre noviembre y finales de marzo. Las me-jores son las de Central Park, Prospect Park y Rockefeller Center.

23

12

Diciembre

El invierno ha llegado, pero la alegría vacacional aviva el espíritu. Luces navideñas adornan la mayoría de los edificios, y los grandes almacenes de la Quinta Avenida componen elaborados mundos en sus escaparates.

Noviembre-enero

☆ Radio City Christmas Spectacular

El Radio City Music Hall organiza este extravagante espectáculo anual (www. radiocitychristmas.com), con el desfile de las Rockettes y hasta una visita de Santa Claus. Gusta a todo el mundo, pero sobre todo a los más pequeños.

31 diciembre

❊ Nochevieja

Times Square (www.timessquarenyc.org /nye), lugar por excelencia del hemisferio norte para recibir el Año Nuevo, bulle con los millones de juerguistas que se agolpan como sardinas en lata, para beber alcohol, congelarse con temperaturas subárticas, presenciar la caída de la bola hecha de cristal Waterford y corear la cuenta atrás a la vez.

31 diciembre

✦ NYRR Midnight Run

Para empezar bien el año, lo mejor es participar con otros aficionados en la carrera de 6,5 km por Central Park. Comienza a las 24.00, aunque las celebraciones y fuegos artificiales arrancan antes. Hay que apuntarse en New York Road Runners (www. nyrr.org).

JEREMY WALKER / GETTY IMAGES ©

1-24 diciembre

🔒 Mercados navideños

A medida que se acerca la Navidad, Nueva York se convierte en un paraíso de mercados de artesanía, ropa y accesorios, cerámica o juguetes. Los mayores están en Union Square, Bryant Park y la estación Grand Central.

Puesta a punto
Lo esencial

Presupuesto diario

Económico:
menos de 100 US$

○ Cama en dormitorio colectivo: 40-70 US$

○ Porción de *pizza*: 4 US$ aprox.

○ Taco en una gastroneta: desde 3 US$

○ Trayecto en autobús o metro: 2,75 US$

Medio:
100-300 US$

○ Habitación doble en hotel de precio medio: desde 200 US$

○ *Brunch* para dos en un restaurante intermedio: 70 US$

○ Cena para dos en un restaurante intermedio: 130 US$

○ Cóctel creativo en un *lounge bar*: 14-18 US$

○ Entrada con descuento de TKTS para un espectáculo de Broadway: 80 US$

○ Butaca de platea en la Brooklyn Academy of Music: desde 84 US$

Alto:
más de 300 US$

○ Estancia de lujo en el NoMad Hotel: 325-850 US$

○ Menú degustación en un restaurante de precio alto: 85-325 US$

○ Masaje de 1½ h en el pintoresco Great Jones Spa: 200 US$

○ Butacas de platea en el Metropolitan Opera House: 100-390 US$

Antes de partir

Dos meses antes Reservar hotel lo antes posible, pues los precios suben a medida que se acerca la fecha de llegada. Conseguir entradas para un espectáculo de Broadway.

Tres semanas antes Reservar mesa en un restaurante caro.

Una semana antes Consultar blogs y Twitter para ponerse al día sobre bares, restaurantes y exposiciones de arte.

Webs útiles

○ **Lonely Planet** (www.lonelyplanet.es) Información sobre el destino, consejos y foro de viajeros, entre otras propuestas.

○ **Turismo Nueva York** (www.turismonuevayork.com) Portal oficial de turismo de Nueva York en español.

○ **Explore Brooklyn** (www.explorebk.com) Eventos y propuestas específicas de Brooklyn.

○ **New York Magazine** (www.nymag.com) Guía exhaustiva y actualizada de bares, restaurantes, ocio y compras.

Moneda
Dólar EE UU (US$)

Idioma
Inglés

Visados
El programa US Visa Waiver permite a ciudadanos de 38 países entrar en EE UU sin visado.

Dinero
Abundan los cajeros automáticos y en casi todos los hoteles, tiendas y restaurantes aceptan tarjetas de crédito.

Teléfonos móviles
Casi todos los móviles de EE UU, además del iPhone, operan con CDMA, en vez del estándar europeo GSM; conviene consultar la compatibilidad con el proveedor. Hay tiendas, de T-Mobile, Verizon o AT&T, con teléfonos económicos y de tarjeta.

Hora local
Zona horaria del Este de EE UU (GMT/UTC menos 5 h)

Información turística
Hay centros de información por toda la ciudad. La oficina principal se halla en Midtown (p. 231).

Cuándo ir

El verano puede ser abrasador, y el invierno, frío y con tormentas de nieve. Primavera y otoño son las mejores épocas.

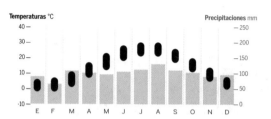

Cómo llegar

Aeropuerto internacional John F. Kennedy (p. 234) El AirTrain (5 US$) enlaza con el metro de la Metropolitan Transportation Authority (2,75 US$), que cubre el trayecto de 1 h hasta Manhattan. El autobús exprés a Grand Central o Port Authority cuesta 16 US$; las furgonetas compartidas a los hoteles de Manhattan, entre 20 y 25 US$. Los taxis aplican una tarifa plana de 52 US$, más peajes y propina.

Aeropuerto de LaGuardia (p. 234) Es el más próximo a Manhattan, pero el menos accesible en transporte público: hay que tomar el autobús Q70 desde el aeropuerto hasta la parada de metro 74th St-Broadway (línea 7, o E, F, M y R en la estación Jackson Heights Roosevelt Ave). El autobús exprés a Midtown cuesta 13 US$; los taxis, entre 26 y 48 US$ (más peajes y propina), según el tráfico.

Aeropuerto internacional Newark Liberty (p.235) Hay que tomar el AirTrain a la estación del aeropuerto de Newark y subir a cualquier tren en dirección a Penn Station (12,50 US$). El autobús exprés a Port Authority o Grand Central cuesta 16 US$; un servicio de enlace compartido a Midtown entre 20 y 26 US$. Un taxi cuesta entre 60 y 80 US$ (más el inevitable peaje de 13 US$ y la propina). El viaje dura entre 45 min y 1 h.

Propinas

Dejar propina no es opcional; el viajero solo puede ahorrársela si el servicio ha sido desastroso.

○ **Mozos de aeropuerto y hotel** 2 US$ por maleta, 5 US$ por carro.

○ **Bármanes** Entre 15-20% por ronda, mínimo 1 US$ por una bebida estándar y 2 US$ por un cóctel especial.

○ **New York Times** (www.nytimes.com) Excelente cobertura de noticias locales y programación teatral.

○ **Camareras de hotel** 2-4 US$ por noche, que se dejan en un sobre o debajo de la tarjeta pertinente.

○ **Camareros de restaurante** 18-20%, a menos que la cuenta incluya el servicio (normalmente solo para grupos de cinco personas o más).

○ **Taxistas** 10-15%, redondeando al alza.

Dónde dormir

El precio del alojamiento no se rige por la temporada alta o baja, sino por la disponibilidad. Con más de 50 millones de visitantes anuales, los hoteles se llenan deprisa, sobre todo en verano. Hay desde habitaciones insulsas, todas iguales, en rascacielos de Midtown, a elegantes hoteles-*boutique* en el centro.

Para más información, véase *Guía práctica* (p. 229)

Puesta a punto
Itinerarios

Iconos de Midtown y Uptown

Sitios emblemáticos, puntos de interés, artículos caros: el viajero conocerá el Nueva York del imaginario colectivo, lo que incluye su museo y su parque más famosos. Descubrirá el mítico paisaje de cemento y rascacielos de Midtown, desde la calle y entre las nubes.

Día 01

❶ Metropolitan Museum of Art (p. 70)

El día se inicia en el gran decano de los museos, en la parte alta. Se aconseja visitar el ala egipcia y la pintura europea de la 2ª planta.

➲ Del Metropolitan Museum of Art a Central Park

🚶 A Central Park se accede por 79th St.

❷ Central Park (p. 36)

Tras respirar aire fresco en el espectacular jardín público de Nueva York, se va al sur hasta el Conservatory Pond, surcado por barcos en miniatura.

➲ De Central Park a Times Square

🚶 Se sale del parque en la Quinta Avenida, tan al sur como se desee, y se toma un taxi a Times Square.

COCOZERO / SHUTTERSTOCK ©

❸ Times Square (p. 62)

Tras empaparse de su ambiente, que recuerda a Las Vegas, desde la taquilla de TKTS –donde venden entradas con descuento para la misma noche–, se puede contemplar el deslumbrante retablo desde las gradas del extremo norte.

◯ De Times Square al Rockefeller Center

🏃 Para evitar las aglomeraciones, hay que subir por Sixth Ave hasta 49th St.

❹ Top of the Rock (p. 84)

Su mirador al aire libre, en el Rockefeller Center, ofrece vistas sublimes.

◯ Del Rockefeller Center a ViceVersa

🏃 Es un paseo de 800 m por 51st St (se puede evitar el cansancio tomando un taxi).

❺ Cena en ViceVersa (p. 133)

Los espectadores de Broadway pueden cenar temprano en este refinado restaurante italiano con un relajante patio trasero.

◯ De ViceVersa al teatro de Broadway

🏃 Caminar hacia el este hasta el teatro elegido.

❻ Teatro de Broadway (p. 190)

Tras presenciar un musical de éxito, genuino espectáculo neoyorkino, se impone tomar unos cócteles hasta bien entrada la noche en el Rum House, piano-bar restaurado del Edison Hotel (p. 175).

Izda.: Central Park (p. 36); dcha.: Empire State Building desde Top of the Rock (p. 84).

Puesta a punto
Itinerarios

TONY SHI PHOTOGRAPHY / GETTY IMAGES ©

Lower Manhattan

Esta zona del centro dominada por los baluartes de Wall St brinda amplias vistas del horizonte, el río y un monumento emblemático. Este itinerario exige planificación: hay que reservar las entradas para la Estatua de la Libertad y Ellis Island, y para el One World Trade Center.

Día

02

❶ Estatua de la Libertad y Ellis Island (p. 42)

Hay que llegar a tiempo para tomar el ferri que se haya reservado. Ellis Island ocupa gran parte de la mañana. En las islas no hay muchas opciones para comer, y es mejor llevar tentempiés.

➲ De Ellis Island a Hudson Eats

🚶 De vuelta en Battery Park, se recorren 1,6 km al norte por el paseo ribereño hasta el puerto deportivo.

❷ Comer en Hudson Eats (p. 122)

En Brookfield Place hay una gran oferta de exquisiteces, como *sushi*, tacos *gourmet* y sopa francesa de cebolla.

➲ De Hudson Eats a One World Trade Center

🚶 Vesey St queda cerca, y desde allí se puede cruzar la transitada West St por un paso elevado cubierto hasta el One World Trade Center.

❸ One World Trade Center (p. 94)

La subida al Observatory, en el edificio más alto de Nueva York, brinda una panorámica de la metrópoli. Hay que reservar las entradas.

CLAUDIO ZENGER / GETTY IMAGES ©

○ De One World Trade Center al Monumento al 11 de Septiembre

🏃 Bajar las 100 plantas y pasear hasta el monumento conmemorativo junto al edificio.

❹ Monumento al 11 de Septiembre y Museo (p. 90)

Este monumento, uno de los enclaves más impresionantes de Nueva York, rinde un emotivo homenaje a las víctimas del atentado terrorista del 2001. El museo colindante permite conocer mejor los trágicos acontecimientos de aquel día.

○ Del Monumento al 11 de Septiembre al puente de Brooklyn

🏃 Ir hacia el este por Vesey St Bowery y cortar por City Hall Park tras cruzar Broadway. La pasarela de acceso al puente está al otro lado del parque (y del ayuntamiento).

❺ Puente de Brooklyn (p. 48)

El viajero puede unirse a los vecinos de Brooklyn y otros muchos que realizan este mágico peregrinaje por uno de los lugares históricos más bellos de la ciudad.

○ Del puente de Brooklyn al Empire Fulton Ferry State Park

🏃 Cruzar el puente desde Manhattan a Brooklyn. Usar las escaleras, girar a la izquierda al final y bajar hasta el paseo marítimo.

❻ Empire Fulton Ferry State Park (p. 108)

Este bello parque ofrece vistas inmejorables de Manhattan y el puente de Brooklyn, además de un carrusel de 1922 restaurado. Las calles traseras de ladrillo están salpicadas de cafés, tiendas y almacenes del s. XIX.

○ Del Empire Fulton Ferry State Park a Juliana's

🏃 Subir por Old Fulton St hasta la esquina de Front St.

❼ Cena en Juliana's (p. 139)

No hay que perderse las *pizzas* de base fina del afamado maestro Patsy Grimaldi. La clásica *margarita* es una de las mejores de Nueva York.

Izda.: Estatua de la Libertad (p. 42) y silueta de Lower Manhattan; dcha.: puente de Brooklyn (p. 48).

Puesta a punto
Itinerarios

BRUCE YUANYUE BI / GETTY IMAGES ©

Cultura de West Side

Una famosa vía verde, galerías, mercados y un espectacular museo componen el marco de un entretenido paseo de un día por West Side que culmina en el Lincoln Center, deslumbrante campus con algunos de los mejores espacios escénicos del país.

Día
03

❶ High Line (p. 54)

Un trayecto en taxi lleva hasta esta antigua vía férrea a 9 m sobre el nivel de la calle, uno de los destinos preferidos de la zona. Se accede por 30th St y el sinuoso sendero ofrece vistas del río Hudson y las calles inferiores.

➲ De la High Line a las galerías de Chelsea

✦ Salir por la escalera de 26th St y explorar el barrio anejo.

❷ Galerías de Chelsea

En este centro neurálgico de las galerías neoyorkinas se podrán ver obras de artistas consolidados y también emergentes, y quizá llevarse a casa un recuerdo caro. De ellas destacan Gagosian, David Zwirner y Barbara Gladstone.

➲ De las galerías al mercado de Chelsea

✦ Ir hasta Ninth Ave y al sur hasta 15th St.

❸ Almuerzo en el mercado de Chelsea (p. 127)

Antigua fábrica de galletas con una gran explanada llena de puestos de comida, desde

ramen al estilo coreano a salchichas a la australiana envueltas en hojaldre, así como productos frescos de panadería, vinos, quesos de importación y otras tentaciones.

➲ Del mercado de Chelsea al American Museum of Natural History

🚌 Se toma un tren de la línea C en Eighth Ave y 14th St hasta 86th y Central Park West.

❹ American Museum of Natural History (p. 79)

Sea cual sea su edad, el visitante disfrutará este excepcional museo con la fascinación de un niño. Conviene reservar tiempo para el Rose Center for Earth & Space, joya arquitectónica única.

➲ Del American Museum of Natural History a Barcibo Enoteca

🚶 Se va al oeste hasta Amsterdam Ave y se gira al sur; en Broadway con 71st St se gira a la izquierda.

❺ Una copa en Barcibo Enoteca (p. 177)

Lugar ideal para tomar un vaso de vino italiano antes de la función, o comer algo si se trata de un espectáculo largo.

➲ De Barcibo Enoteca al Lincoln Center

🚶 Se va hacia el sur por Broadway hasta 63rd St.

❻ Lincoln Center (p. 76)

Se puede ver una ópera en el mayor teatro lírico del mundo, el Metropolitan Opera House (p. 192), una sinfonía en Avery Fisher Hall, o una pieza teatral en una de sus dos salas. Se aconseja no perderse las coreografías de los espectáculos acuáticos en la fuente de la plaza.

Izda.: mercado de Chelsea (p. 127); dcha.: esqueletos de mamut en el American Museum of Natural History (p. 79).

Puesta a punto
Itinerarios

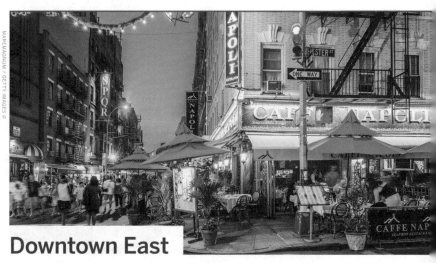

MAREMAGNUM / GETTY IMAGES ©

Downtown East

Aquí es posible intuir la historia de la inmigración, consumir platos étnicos y bebidas económicas, ver arte y teatro vanguardista, música en directo, y pasear por minúsculas manzanas con elegantes boutiques. Cuanto más al este, más relajado se vuelve todo.

Día

04

❶ Lower East Side Tenement Museum (p. 98)

Este museo, de dirección impecable, da una idea de las condiciones de vida y hacinamiento de los inmigrantes en el s. XIX y comienzos del s. XX.

○ De Lower East Side Tenement Museum a Little Italy

🏃 Hacia el oeste por Delancey St, se atraviesa el Sara D. Roosevelt Park hasta Mulberry St.

❷ Little Italy (p. 89)

Pese a parecer más un parque temático que una auténtica calle italiana, Mulberry St es aún el corazón del barrio.

○ De Little Italy a Butcher's Daughter

🏃 Tras subir dos manzanas por Mulberry St, se gira a la derecha en Kenmare; está dos manzanas má allá.

❸ Almuerzo en Butcher's Daughter (p. 123)

Delicioso establecimiento de Nolita respetuoso con el planeta, ideal para comer algo. Este café vegano sirve platos creativos,

ROBERT K. CHIN / ALAMY STOCK PHOTO ©

saludables y apetitosos. Si a ello se suma la cerveza artesanal y las mesas en la calle, es fácil dedicarle una tarde entera.

➲ De Butcher's Daughter al New Museum of Contemporary Art

🏃 Tras varias manzanas al este hasta Bowery se gira al norte.

❹ New Museum of Contemporary Art (p. 101)

Símbolo de la transformación del antaño descarnado Bowery, este museo, expresión máxima del arte actual, posee una sólida selección de obras rompedoras en nuevos formatos. Su librería ofrece una ecléctica mezcla de publicaciones vanguardistas.

➲ Del New Museum of Contemporary Art a St Marks Place

🏃 Se gira a la derecha en Houston y después a la izquierda en Second Ave hasta 9th St.

❺ St Marks Place

Tras pasar por tiendas de camisetas y *punk-rock* algo cutres, salones de tatuaje,

y bares de sake, se puede comer algo e ir de compras con más calma en las calles adyacentes.

➲ De St Marks Place al New York Theater Workshop

🏃 Dirigirse a 4th St, entre Bowery y Second Ave.

❻ New York Theatre Workshop (p. 187)

Laureado espacio escénico, escaparate de obras actuales y vanguardistas.

➲ Del New York Theater Workshop a Babu Ji

🏃 Está a un corto trayecto en taxi o a un paseo de 15 min hasta 10th St y a mano derecha. Tras recorrer tres manzanas hasta Ave C se gira a la izquierda.

❼ Cena en Babu Ji (p. 125)

Miembro de una nueva generación de innovadores restaurantes étnicos del Downtown, sirve versiones exclusivas de comida callejera india. Está bien situado para ir de bares por la animada Ave C.

Izda.: Mulberry St, Little Italy (p. 89); dcha.: St Mark's Place

Puesta a punto
En busca de...

'GLAMOUR'

🛍 **Barneys** Este deseado armario de *fashionista* despliega una increíble selección de tentaciones. (p. 115)

🛍 **Tiffany & Co** Célebre joyería de la Quinta Avenida donde admirar diamantes y gemas. (p. 114)

✖ **SixtyFive** Esta elevada coctelería brinda mágicas vistas de Manhattan. (p. 174)

☆ **'Chicago'** Uno de los espectáculos más centelleantes de Broadway. (p. 191)

✖ **Le Bernardin** (abajo) Con tres estrellas Michelin, esta joya de la alta cocina sirve platos inolvidables. (p. 135)

◉ **Metropolitan Museum of Art** Uno de los mejores depositarios de arte del planeta. (p. 70)

✪ **Lincoln Center** (arriba) Bello marco para ópera, ballet y música clásica de fama mundial. (p. 76)

◉ **Guggenheim** Sus retrospectivas son de las mejores del mundo. (p. 80)

✖ **Degustation** Minúsculo restaurante de East Village donde los chefs hacen arte. (p. 127)

♫ **Rum House** Elegante local a la luz de las velas del Midtown con sesiones acústicas en directo y buenas bebidas. (p. 175)

AL AIRE LIBRE

⊙ **Central Park** Gratuito y abierto a todos, este conocido espacio verde tiene lagos, praderas y boscosos senderos. (p. 36)

⊙ **High Line** Antigua línea férrea convertida en vía verde con plantas silvestres y curiosos miradores. (p. 54)

✪ **Downtown Boathouse** Vistas de Manhattan y kayak en el Hudson. (p. 204)

✪ **Union Square Greenmarket** Mercado ideal para preparar un pícnic con apetitosos ingredientes y delicias gourmet. (p. 131)

✪ **Pier A Harbor House** Gran lugar al aire libre para comer o beber algo tras pasear por el frente marítimo. (p. 167)

HISTORIA

⊙ **Ellis Island** (arriba) La entrada a una nueva vida para infinidad de inmigrantes. (p. 43)

⊙ **Lower East Side Tenement Museum** Fascinante perspectiva sobre la vida de la clase obrera en el s. xix y principios del xx. (p. 98)

☆ **Hamilton** Lección de historia estadiunidense con ritmos urbanos. (p. 191)

✖ **Barney Greengrass** Un siglo después, su pescado ahumado es aún de lo mejor de Nueva York. (p. 136)

🍷 **Dead Rabbit** Recupera con brillantez recetas de cócteles *vintage*, muchos del s. xix. (p. 166)

CREATIVIDAD

⊙ **MoMA PS1** (arriba) Antigua escuela convertida en museo de arte con célebres exposiciones. (p. 52)

✖ **Gastronetas de Roosevelt Avenue** Un paseo por Queens permite saborear las comidas callejeras de Latinoamérica.

☆ **Smalls** Pintoresco club de *jazz* de West Village. (p. 188)

✖ **Marlow & Sons** Lugar excelente para conocer los creativos platos de Brooklyn y sus bares. (p. 139)

Puesta a punto
Lo nuevo

OSUGI / SHUTTERSTOCK ©

Whitney Museum of American Art

En el extremo sur de la High Line, este museo (p. 57) ha inaugurado su flamante edificio, diseñado por Renzo Piano. Las bellas y luminosas galerías aportan más espacio e innovación al centro de arte más impresionante del Downtown.

Locura por los mercados

En Manhattan, la pasión por los mercados de alimentos no parece remitir, y hay un número creciente de nuevos espacios gastronómicos, como el mercado de Gansevoort (p. 127). Otros están al caer, como el de Anthony Bourdain, de 14 400 m², que abrirá en el 2017 en un muelle del Hudson, al oeste de Meatpacking District.

St. Ann's Warehouse

Vanguardista compañía escénica (p. 195) que cuenta con su primera sede permanente bajo el puente de Brooklyn.

Cabe esperar una programación aún más innovadora, base de su fama.

One World Trade Center

El edificio más alto de Nueva York despunta hoy sobre Lower Manhattan. Aunque la joya de su fachada puede admirarse desde lejos, las mejores vistas las brinda su espléndido observatorio (p. 95), en la planta 102.

El encanto del Uptown

El atractivo del Downtown llega al fin a Upper West Side y Upper East Side, con varios restaurantes ecológicos, *pubs* con bebidas artesanales (West End Hall, p. 178) y coctelerías creativas (The Daisy, p. 177).

Whitney Museum of American Art (p. 57).

Puesta a punto
Gratis

AL PEREIRA / GETTY IMAGES ⊕

Nueva York gratuito

La Gran Manzana no es el destino más barato del mundo, pero existen muchas formas de descubrir sus tesoros sin gastar nada: conciertos, teatro, cine, noches en museos míticos pagando la voluntad, festivales urbanos, trayectos en ferri y kayak, y numerosas zonas verdes.

Eventos estivales

El verano ofrece muchas propuestas gratuitas. De junio a principios de septiembre, **SummerStage** (p. 11) programa más de 100 espectáculos en 17 de sus parques, incluido Central Park. No es fácil conseguir entradas para **Shakespeare in the Park** (p. 10), también en Central Park, pero el esfuerzo merece la pena. Actores de primera, como Meryl

Streep y Al Pacino, han participado en ediciones anteriores. Prospect Park acoge un concierto de verano al aire libre y los actos de Celebrate Brooklyn (www.bricartsmedia. org).

Además, hay cine y espectáculos gratuitos en la orilla durante el **River to River Festival** (p. 11), en Hudson River Park (Manhattan) y Brooklyn Bridge Park. Otra gran opción para amantes del cine son las sesiones gratuitas del lunes por la noche del **Bryant Park Summer Film Festival** (p. 11).

En el agua

El ferri gratuito de Staten Island (p. 237) ofrece magníficas vistas de la Estatua de la Libertad, mejor con una cerveza fría (disponible a bordo). Los fines de semana es-

tivales también se puede tomar un ferri a Governors Island (p. 109), oasis sin coches con vistas inigualables.

Si se desea más aventura, se puede practicar kayak gratis en Hudson River Park (p. 57), Brooklyn Bridge Park (p. 106) y Red Hook.

Los mejores días de museos

New Museum of Contemporary Art (p. 101) 19.00-21.00 jueves
MoMA (p. 50) 16.00-20.00 viernes
Whitney Museum of American Art (p. 57) 19.00-22.00 viernes
Guggenheim Museum (p. 80) 17.45-19.45 sábado
Frick Collection (p. 73) 11.00-13.00 domingo

Arriba: Celebrate Brooklyn, en Prospect Park.

Puesta a punto
Viajar en familia

MATTES RENAÉ / HEMIS FR / GETTY IMAGES ©

Lo esencial

○ **Cambiadores de pañales** Son poco frecuentes en bares y restaurantes.

○ **Cochecitos** No están permitidos en autobuses si no van plegados.

○ **Transporte** Las escaleras del metro resultan exigentes para cochecitos; los taxis no están obligados a llevar sillas infantiles.

○ **Web útil** Time Out New York Kids (www.timeout.com/new-york-kids) ofrece consejos prácticos.

Puntos de interés y actividades

Los museos, sobre todo los orientados a los más pequeños, como el Children's Museum of the Arts (www.cmany.org) y el **American Museum of Natural History** (p. 79), son muy recomendables, así como teatros y cines infantiles, librerías, jugueterías y acuarios.

La ciudad, por otra parte, está salpicada de carruseles de época; cuestan entre 2 y 3 US$ por viaje.

El paseo en barco a la **Estatua de la Libertad** (p. 42) permite recorrer el puerto y conocer un mito que muchos niños han visto solo en los libros.

En Nueva York hay varios zoos; el mejor es el del Bronx (www.bronxzoo.com), pero si no se dispone de mucho tiempo, el de Central Park (www.centralparkzoo.com) mantendrá entretenidos a los pequeños.

Central Park (p. 36) cuenta con más de 324 Ha de zona verde, un lago para recorrer en barca, un carrusel y una gran estatua de Alicia en el país de las maravillas. El parque infantil de Heckscher, próximo a 7th Ave y Central Park South, es el mayor y mejor de los 21 de Central Park.

Con perritos calientes, montañas rusas antiguas y un tramo de playa, Coney Island (www.coneyisland.com) aporta un poco de sol y diversión a las familias.

FRANZ MARC FREY / GETTY IMAGES ©

Transporte

Los mayores escollos se dan en el transporte público, pues la alarmante falta de ascensores en estaciones de metro obliga a los padres a arrastrar los cochecitos por diversos tramos de escaleras (aunque se puede evitar el torniquete entrando por una puerta de fácil acceso); en http://web.mta.info/accessibility/stations.htm se hallará una guía de estaciones de metro con ascensores. En cuanto a las tarifas, quien rebase los 112 cm de estatura paga billete completo, pero esta norma apenas se aplica.

Canguros

Los principales hoteles (y varios del tipo *boutique*) ofrecen servicios de cuidadores o facilitan referencias, pero también se puede recurrir a una organización local. La **Baby Sitters' Guild** (☎ 212-682-0227;

Los cinco mejores parques para familias

Central Park (p. 36)
Brooklyn Bridge Park (p. 106)
Hudson River Park (p. 57)
High Line (p. 54)

www.babysittersguild.com), fundada en 1940 para atender las necesidades de los clientes de hoteles con niños, cuenta con un equipo de cuidadores que hablan hasta 16 idiomas. Todos son sometidos a una cuidadosa investigación de antecedentes, la mayoría dispone del certificado de primeros auxilios y muchos provienen de la rama de enfermería; se desplazan al hotel e incluso llevan juegos y trabajos de artesanía. Cobran 22 US$/h aproximadamente.

Izda.: Estatua de la Libertad (p. 42); dcha.: Central Park (p. 36).

Central Park 36

Estatua de la Libertad y
Ellis Island 42

Puente de Brooklyn 48

MoMA 50

High Line 54

Broadway 58

Times Square 62

Empire State Building 66

Metropolitan Museum
of Art 70

Circuito a pie:
arquitectura emblemática....74

Lincoln Center 76

Guggenheim Museum 80

Rockefeller Center 84

Chinatown 86

Monumento al 11 de
Septiembre 90

One World Trade Center 94

Lower East Side
Tenement Museum 98

Prospect Park 102

Brooklyn Bridge Park 106

Circuito a pie:
paseo por West Village 110

De compras por la Quinta
Avenida 112

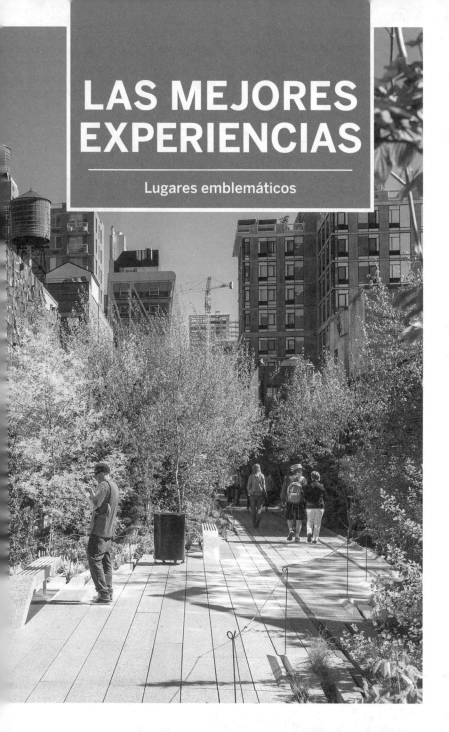

LAS MEJORES
EXPERIENCIAS

Lugares emblemáticos

Central Park

Césped exuberante, frescos bosques, zonas de agua cristalinas y senderos arbolados proporcionan una dosis de naturaleza serena en medio del ajetreo urbano. Aún hoy, el "parque del pueblo" sigue siendo una de las atracciones más populares de la ciudad, que atrae a multitudes de neoyorkinos con conciertos, actividades y naturaleza.

Ideal para...

Río Hudson

E 110th St

86th St — Central Park West — Quinta Avenida — 86th St

Central Park

59th St-Columbus Circle

E 59th St

❶ Lo esencial

plano p. 250; www.centralparknyc.org; 59th y 110th St, entre Central Park West y Quinta Avenida; ⏱6.00-1.00

★ **Consejo**
Se evitan las aglomeraciones en
North Meadow (al norte de 97th St)
o Harlem Meer.

Al igual que el metro de la ciudad, el amplio y majestuoso Central Park, un rectángulo de 341 Ha en mitad de Manhattan, es un gran igualador de clases sociales, que es exactamente su propósito. Creado en las décadas de 1860 y 1870 por Frederick Law Olmsted y Calvert Vaux en la pantanosa franja norte de la ciudad, este inmenso parque se diseñó como un espacio de ocio para todos los neoyorkinos, independiente-mente de su color, clase o religión.

Olmsted y Vaux (que también crea-ron Prospect Park en Brooklyn) estaban decididos a separar el tráfico de vehículos de las vías peatonales y para ello diseñaron las vías transversales que cruzan la ciudad bajo carreteras elevadas.

Todo el año, los visitantes pueden asistir a conciertos gratuitos al aire libre en Great Lawn, ver preciosos animales en el Central Park Wildlife Center y disfrutar de obras teatrales de calidad en el encuentro anual Shakespeare in the Park. Aunque algunas zonas están repletas de corredores, patinadores, músicos y turistas los fines de semana soleados, entre semana y por la tarde es más tranquilo, sobre todo más allá de 72nd St, como Harlem Meer y North Meadow (al norte de 97th St).

La gente va al parque incluso en invierno, cuando la nieve invita a practicar el esquí de fondo, lanzarse en trineo o caminar en-tre el blanco paisaje; y en Nochevieja, una multitud participa en una carrera nocturna. El Central Park Conservancy (plano p. 250; ☏ 212-310-6600; www.centralparknyc.org/tours; 14 E 60th St; S N/Q/R hasta 5th Ave-59th St) propone diferentes visitas guiadas, como las centradas en arte público, fauna y los lugares para niños.

Strawberry Fields

Este jardín formado por un bosquecillo de olmos homenajea a John Lennon mediante un mosaico con la palabra "Imagine". Se halla a la altura de 72nd St, al oeste del parque.

Bethesda Terrace y Mall

La galería cubierta de Bethesda, coronada por la fuente homónima, siempre ha sido lugar de reunión de neoyorkinos de todas clases. Al sur se halla el Mall (presente en innumerables películas), un paseo rodeado de viejos olmos norteamericanos. El tramo sur, conocido como Literary Walk (paseo literario), está flanqueado por estatuas de autores famosos.

☑ Imprescindible

Visitas guiadas con el Central Park Conservancy; muchas son gratuitas, otras cuestan 15 US$.

STUART MONK / SHUTTERSTOCK ©

Conservatory Water y alrededores

Al norte del zoo, a la altura de 74th St se halla el Conservatory Water, donde navegan maquetas de barcos y los niños alborotan en torno a la estatua de *Alicia en el país de las maravillas.* Los sábados hay cuentacuentos ante la estatua de *Hans Christian Andersen,* al oeste.

Great Lawn y alrededores

El Great Lawn es una enorme alfombra esmeralda en el centro del parque, entre 79th St y 86th St, rodeada de campos de juego y plátanos. Al sudeste se halla el Delacorte Theater, sede del festival anual Shakespeare in the Park, así como el mirador del castillo de Belvedere. Más al sur, entre 72th St y 79th St está la frondosa Ramble, habitual puesto ornitológico. En el extremo suroriental está Loeb Boathouse, un restaurante a orillas del agua que alquila botes de remos y bicicletas.

Cerca de allí

American Folk Art Museum Museo

(plano p. 250; ☎212-595-9533; www.folkartmuseum.org; 2 Lincoln Sq, Columbus Ave, en 66th St; 🕒11.30-19.00 ma-ju y sa, 12.00-19.30 vi, 12.00-18.00 do; [S]1 hasta 66th St-Lincoln Center) [GRATIS]

Esta diminuta institución contiene un par de siglos de tesoros artísticos autóctonos y foráneos, entre ellos obras de Henry Darger (famoso por sus campos de batalla llenos de niñas) y Martín Ramírez (creador de alucinados jinetes). También hay tallas, pinturas, fotografías coloreadas a mano y objetos decorativos.

🍴 Una pausa

Un martini vespertino en Loeb Boathouse (plano p. 250; ☎212-517-2233; www.thecentralparkboathouse.com; Lago de Central Park, en 74th St; principales 25-36 US$; 🕒variable; [S]A/C, B hasta 72nd St, 6 hasta 77th St) añadirá un toque de *glamour* a la visita.

Central Park

EL PULMÓN DE NUEVA YORK

El tramo verde que ocupa el corazón de Manhattan nació a mediados del s. XIX a partir de un terreno pantanoso que fue transformado en el idílico paisaje natural actual. Desde que se convirtió oficialmente en Central Park, ha unido a neoyorkinos de todo tipo de formas interesantes e inesperadas: ha servido para que los ricos presumieran de sus carruajes (década de 1860),

para que los pobres disfrutaran de conciertos dominicales gratuitos (década de 1880) y para que los activistas se manifestaran contra la guerra de Vietnam (década de 1960).

Desde entonces, hordas de vecinos –por no hablar de viajeros de toda clase de países remotos– han pisado el parque para pasear, tomar el sol, hacer pícnic, jugar a pelota o asistir gratis a conciertos y representaciones de obras de Shakespeare.

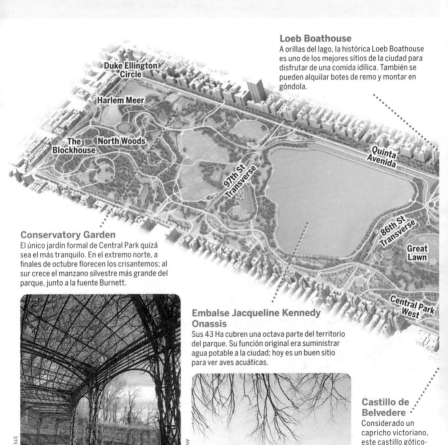

Loeb Boathouse
A orillas del lago, la histórica Loeb Boathouse es uno de los mejores sitios de la ciudad para disfrutar de una comida idílica. También se pueden alquilar botes de remo y montar en góndola.

Duke Ellington Circle

Harlem Meer

The Blockhouse   North Woods

Conservatory Garden

97th St Transverse

Quinta Avenida

86th St Transverse

Great Lawn

Central Park West

Conservatory Garden
El único jardín formal de Central Park quizá sea el más tranquilo. En el extremo norte, a finales de octubre florecen los crisantemos; al sur crece el manzano silvestre más grande del parque, junto a la fuente Burnett.

Embalse Jacqueline Kennedy Onassis
Sus 43 Ha cubren una octava parte del territorio del parque. Su función original era suministrar agua potable a la ciudad; hoy es un buen sitio para ver aves acuáticas.

Castillo de Belvedere
Considerado un capricho victoriano, este castillo gótico-románico no tiene otra razón de ser que la de servir de espectacular mirador. Lo construyó en 1869 uno de los diseñadores de Central Park, Calvert Vaux.

El variado terreno ofrece una maravillosa variedad de experiencias. Hay tranquilas lomas boscosas al norte, mientras que en el sur se hallan el embalse y la gente que sale a correr. Hay jardines de estilo europeo, un zoo y varios estanques. Lo más llamativo es dejarse caer por el Sheep Meadow un día soleado, cuando los neoyorkinos salen a relajarse.

Central Park es mucho más que una zona verde; es el jardín particular de Nueva York.

Conservatory Water
Un estanque muy popular en los meses cálidos, cuando los niños juegan con sus veleros. Está inspirado en los estanques parisinos para maquetas de barcos y aparece en el clásico de E. B. White *Stuart Little*.

Fuente de Bethesda
Esta fuente neoclásica es una de las más grandes de Nueva York. La preside el *Ángel de las aguas*, sostenido por cuatro querubines. La construyó en 1868 la bohemia escultora feminista Emma Stebbins.

Metropolitan Museum of Art

Estatua de Alicia en el país de las maravillas

79th St Transverse

Ramble

Delacorte Theater

Lago

Quinta Avenida

Zoo de Central Park

65th St Transverse

Sheep Meadow

Strawberry Fields
Un sencillo mosaico rinde homenaje al músico John Lennon, asesinado frente al edificio Dakota. Financiado por Yoko Ono, está inspirado en el tema de los Beatles *Strawberry Fields Forever*.

The Mall/ Literary Walk
Un paseo de estilo parisino –el único en línea recta del parque– flanqueado por estatuas de literatos en el extremo sur, incluidos Robert Burns y Shakespeare. Cuenta con raros olmos americanos.

Columbus Center

KTSFOTOS / GETTY IMAGES ©

Estatua de la Libertad y Ellis Island

Vistas estelares de la ciudad, un magnífico viaje en ferri, un mirador desde la corona y un conmovedor tributo a los inmigrantes que entraron en EE UU por Ellis Island. Más que imprescindible.

Ideal para...

☑ **Imprescindible**

Las impresionantes vistas desde la corona de la estatua (hay que reservar con mucha antelación).

Estatua de la Libertad

Símbolo poderoso

La Libertad lleva desde 1886 mirando a Europa. Conocida como la "Madre de los exiliados", la estatua desafía simbólicamente las rígidas estructuras sociales del viejo mundo. "¡Dadme a vuestros rendidos, a vuestros pobres, vuestras masas hacinadas anhelando respirar en libertad, el desamparado desecho de vuestras rebosantes playas", reza el poema de Emma Lazarus *El nuevo coloso* (1883).

Historia de la estatua

Ideada ya en 1865 por el intelectual francés Edouard Laboulaye como monumento a los principios republicanos compartidos por Francia y EE UU, la Estatua de la Libertad es aún hoy reconocida como

❶ Lo esencial

📱212-363-3200, entradas 877-523-9849; www.nps.gov/stli; Liberty Island; adultos/niños incl. Ellis Island 18/9 US$, incl. corona 21/12 US$; ⏰8.30-17.30, consúltense en web cambios estacionales; 🚇1 hasta South Ferry, 4/5 hasta Bowling Green, luego ⛴a Liberty Island

✕ Una pausa

Conseguir un pícnic o comer algo en el mercado de Hudson Eats (p. 122) antes de la visita.

★ Consejo

Hacerse con una audioguía gratuita al llegar a Liberty Island; hay incluso una versión para niños.

un símbolo al menos de los ideales de las oportunidades y la libertad. El escultor francés Frédéric-Auguste Bartholdi viajó a Nueva York en 1871 para elegir el emplazamiento y luego pasó más de 10 años en París ejecutando la efigie de la *Libertad iluminando al mundo,* de más de 46 m de altura. Después, la estatua se envió a NY, se levantó en una pequeña isla del puerto y se inauguró en 1886. Desde el punto de vista estructural, consta de un armazón de hierro (diseñado por Gustave Eiffel) con un revestimiento de cobre unido por barras metálicas fuertes pero flexibles.

Visita a la Estatua de la Libertad

El acceso a la corona es limitado, así que hay que reservar con la mayor antelación posible (3 US$ extra). El acceso al pedestal también es limitado, por lo que es preciso reservar (sin cargo adicional). No hay ascensor y subir desde la base equivale a un edificio de 22 plantas. La visita también puede consistir en explorar el terreno y disfrutar de la visión de la Libertad desde todos los ángulos, además de preciosas vistas a Manhattan. Una audioguía gratuita proporciona datos históricos y poco conocidos sobre la estatua.

El viaje en ferri a la isla de la Libertad suele hacerse conjuntamente con la visita a la vecina Ellis Island. Los ferris salen de Battery Park y los billetes incluyen las dos entradas. Hay que reservar por adelantado para evitar largas colas.

Ellis Island

La isla de Ellis (📱212-363-3200, entradas 877-523-9849; www.nps.gov/elis; Ellis Island; ferri incl. Estatua de la Libertad adultos/niños 18/9 US$; ⏰8.30-17.30, consúltense en web cambios estacionales; 🚇1 hasta South Ferry;

4/5 hasta Bowling Green, luego a Ellis Island) GRATIS es la más conocida y relevante puerta de entrada a EE UU, el lugar en el que la desesperanza de los europeos descubría la promesa del Nuevo Mundo. Entre 1892 y 1924, más de 12 millones de inmigrantes atravesaron este centro administrativo persiguiendo su sueño. Se calcula que el 40% de los estadounidenses tiene al menos un antepasado que pasó por aquí, lo que confirma el papel fundamental de esta diminuta isla portuaria en la creación de los EE UU contemporáneos.

Edificio principal

Con el edificio principal, los arquitectos Edward Lippincott Tilton y William A. Boring crearon un certero e imponente prólogo a los EE UU. Consiguieron el contrato después de que el edificio de madera original ardiera en 1897. Habiendo estudiado en la École des Beaux Arts de París, no sorprende que optaran por una estética academicista. Recuerda a una gran estación de tren, con majestuosas entradas de triple arcada, muros de ladrillo decorativo de estilo flamenco y granito en ángulos y miradores.

En el interior, la Sala de Registro de la 2ª planta, también conocida como Great Hall, impresiona con sus más de 100 m de longitud. Bajo su hermosa bóveda, los recién llegados hacían cola para que se les revisara la documentación, y los polígamos, indigentes, delincuentes y anarquistas eran rechazados. El techo original de estuco quedó gravemente dañado tras la explosión de una barca cargada de munición en el cercano Black Tom Wharf. La desgracia tuvo su parte positiva; la versión reconstruida se decoró con azulejos dis-

puestos en espinapez, obra del ingeniero valenciano Rafael Guastavino, también autor del hermoso techo de azulejos del Grand Central Oyster Bar & Restaurant en la estación Grand Central.

Restauración del edificio

Tras una restauración que costó 160 millones de US$, el edificio principal se abrió de nuevo al público como Ellis Island Immigration Museum en 1990. Cualquiera que llegue en ferri a la isla puede revivir una versión moderna y aséptica de la experiencia de los recién llegados, y las exposiciones interactivas del museo rinden tributo a la esperanza, el júbilo y, en ocasiones, a la

> ★ **El dato**
> La Estatua de la Libertad pesa 225 t y mide 93 m del suelo a la cima.

ALIJA / GETTY IMAGES ©

amarga decepción de los millones de personas que llegaron aquí para empezar de nuevo. Entre ellos estaban el húngaro Erik Weisz (Harry Houdini), el italiano Rodolfo Guglielmi (Rodolfo Valentino) y el británico Archibald Alexander Leach (Cary Grant).

Exposiciones del Immigration Museum

Las exposiciones del museo se distribuyen en tres plantas. Para aprovechar la visita conviene elegir el circuito con audioguía de 50 min (gratis con el billete del ferri, disponible en el vestíbulo del museo). Basada en narraciones de diversas fuentes, como historiadores, arquitectos y los propios inmigrantes, el circuito dota de vida la rica colección de objetos personales, documentos oficiales, fotografías y películas. Es una experiencia evocadora para revivir recuerdos personales –buenos y malos– en las salas y pasillos donde ocurrieron.

La colección se divide en exposiciones permanentes y temporales. Quienes anden escasos de tiempo pueden saltarse la exposición *Viajes: el poblamiento de EE UU, 1550-1890* de la 1ª planta y centrarse en la 2ª, donde se hallan las dos muestras más fascinantes. La primera, "A través de la puerta de EE UU", analiza el proceso al que se enfrentaban los recién llegados, que incluía el marcado con tiza de los sospechosos de padecer alguna enfermedad, un doloroso examen ocular y 29 preguntas en la hermosa Sala del Registro. La segunda, "Los años cumbre de la inmigración", explora los motivos de los viajes de los inmigrantes y los desafíos a los que se enfrentaron al iniciar sus vidas en EE UU. Es muy interesante la colección de fotografías antiguas que supone una mirada íntima a la vida diaria de estos valientes nuevos estadounidenses.

Para conocer la historia del auge, caída y resurrección del edificio en sí, hay que reservar tiempo para la exposición "Restauración de un hito" de la 3ª planta; sus imágenes de mesas, sillas y otros objetos abandonados son fascinantes. La visita con audioguía propone una cobertura opcional en profundidad para quien quiera ahondar en las colecciones y en la historia de la isla. Quien prefiera prescindir de la audioguía puede descolgar uno de los teléfonos situados junto a cada módulo y escuchar los conmovedores recuerdos de inmigrantes reales de Ellis Island, grabados en la década de 1980. Otra opción es la visita guiada gratuita de 45 min. Si se reserva por teléfono con tres semanas de antelación, está disponible en lengua de signos americana.

Galería de honor de los inmigrantes estadounidenses y ruinas de Fort Gibson

Desde la exposición de la 1ª planta se accede a la galería exterior en honor de los inmigrantes estadounidenses, con más de 700 000 nombres. Considerada la mayor lista escrita en un muro, es un proyecto financiado por suscripción popular que permite que cualquier estadounidense inscriba a un antepasado a cambio de un donativo. La construcción del muro en la década de 1990 reveló los restos de la estructura original de la isla, Fort Gibson, cuyas ruinas pueden verse en el extremo suroeste del monumento. Construida en 1808, la fortaleza era parte del sistema de defensa portuario contra los británicos, que también incluía Castle Clinton en Battery Park y Castle Williams en Governors Island. En aquella época, Ellis Island apenas contaba 1,34 Ha de arena y barro. Entre 1892 y 1934 la isla creció gracias al relleno aportado por el lastre de los barcos y la construcción del metro de la ciudad.

Cerca de allí

Los ferris salen de Battery Park. Entre los puntos de interés cercanos figuran los siguientes museos.

Museum of Jewish Heritage Museo
(plano p. 246; ☏646-437-4202; www.mjhnyc. org; 36 Battery Pl; adultos/niños 12 US$/gratis, 16.00-20.00 mi gratis; ⏰10.00-17.45 do-ma y ju, hasta 20.00 mi, hasta 17.00 vi med mar-med nov, hasta 15.00 vi resto del año; ♿; Ⓢ4/5 hasta Bowling Green; R hasta Whitehall St) Un evocador museo a orillas del agua, que explora

la identidad y la cultura judía modernas, desde las tradiciones religiosas hasta las cimas artísticas. Aporta una visión detallada del Holocausto, con objetos personales, fotografías y documentales. En el exterior está la instalación *Jardín de piedras,* de Andy Goldsworthy, dedicada a quienes perdieron a seres queridos en el Holocausto; sus 18 bloques de piedra sugieren la fragilidad de la vida.

El edificio en sí está formado por seis lados y tres niveles para simbolizar la estrella de David y los 6 millones de judíos que murieron en la II Guerra Mundial. El centro también acoge películas, conciertos, conferencias y actuaciones especiales en vacaciones. También propone frecuentes talleres gratuitos para familias con niños y el restaurante *kosher* sirve platos sencillos.

Galería de honor de los inmigrantes en Ellis Island.

National Museum of the American Indian Museo

(plano p. 246; ☎212-514-3700; www.nmai.si.edu; 1 Bowling Green; ⏰10.00-17.00 vi-mi, hasta 20.00 ju; [S]4/5 hasta Bowling Green; R hasta Whitehall St) [GRATIS] Sucursal de la Smithsonian Institution, este elegante homenaje a la cultura de los nativos norteamericanos se sitúa en la espectacular Custom House, obra de Cass Gilbert de 1907, uno de los mejores edificios academicistas de NY. Sus exposiciones documentan el arte, la cultura, la vida y las creencias de los nativos, con piezas de artes decorativas, textiles y objetos ceremoniales.

Las cuatro esculturas femeninas gigantes del exterior son obra de Daniel Chester French, autor de la figura sedente de Abraham Lincoln en el monumento de Washington D. C. Las figuras, que representan (de izda. a dcha.) a Asia, Norteamérica, Europa y África, revelan la visión del mundo desde EE UU a principios del s. XX; Asia atada a sus religiones, América joven y viril, Europa sabia, pero decadente, y África dormida y bárbara. El museo también acoge una programación cultural diversa, que incluye danza y música, lecturas para niños, artesanía, películas y talleres. La tienda está bien surtida en recuerdos culturales.

★ Hospital of All Nations

Al inicio del s. XX, el desaparecido hospital de Ellis Island era uno de los más grandes del mundo. Formado por 22 edificios y conocido como el "Hospital de todas las naciones", fue la primera línea de la lucha de EE UU contra las enfermedades importadas.

DENNIS K. JOHNSON / GETTY IMAGES ©

MATT MUNRO / LONELY PLANET ©

Puente de Brooklyn

La descripción de Marianne Moore del primer puente colgante del mundo como un "ornamento culminante, un doble arco iris", es quizá la más evocadora.

Ideal para...

☑ Imprescindible

Empire Fulton Ferry (p. 108), parte del Brooklyn Bridge Park situada después de la arcada, por sus increíbles vistas al puente y los rascacielos.

Emblema de NY, el de Brooklyn fue el primer puente colgante de acero del mundo. Además, cuando se inauguró, en 1883, la distancia de 486 m entre sus dos pilares era la mayor de la historia. Aunque su construcción estuvo plagada de desastres, se convirtió en un magnífico ejemplo de diseño urbano, inspirando a poetas, escritores y pintores.

Su paseo peatonal, que empieza al este del ayuntamiento, regala una cautivadora vista de Lower Manhattan.

Construcción

El diseñador del puente, John Roebling, no pudo disfrutar de esta vista. Este ingeniero nacido en Prusia sufrió un accidente en el muelle de Fulton Landing en junio de 1869 y murió de tétanos antes de que comenzara a construirse. Por tanto, su hijo Washington Roebling supervisó la construcción,

RAFAEL PAULUCCI / GETTY IMAGES ©

Chambers St/
Brooklyn Bridge-
City Hall Ⓢ

Franklin D Roosevelt Dr

East River

**Puente de
Brooklyn** ◉

Ⓢ Fulton St

❶ Lo esencial

plano p. 246; Ⓢ4/5/6 hasta Brooklyn Bridge-
City Hall; J/Z hasta Chambers St; R hasta
City Hall

✕ Una pausa

Nada mejor que el Brooklyn Bridge
Garden Bar (p. 109) para tomar una
copa con vistas.

★ Consejo

Para evitar las multitudes, hay que visitar el puente por la mañana temprano.

que duró 14 años, y logró superar excesos
respecto al presupuesto y la muerte de 20
trabajadores. Se dañó la espalda ayudan-
do a excavar el lecho del río para el pilar
occidental y se pasó postrado en cama
buena parte del tiempo que duró la obra,
que supervisó su esposa Emily. Aún hubo
tiempo para una tragedia final en junio de
1883, cuando el puente se abrió al tránsito
peatonal. Alguien entre la multitud, quizá
queriendo ser gracioso, gritó que el puente
estaba cayendo al agua, lo que dio lugar
a una estampida en la que 12 personas
murieron aplastadas.

Cruzar el puente

Atravesar a pie el gran puente de Brooklyn
es un rito tanto para los neoyorkinos
como para los visitantes, pero hay que
tener cuidado de caminar como máximo
en fila de a dos para no chocar con los
corredores y los ciclistas que circulan a
toda velocidad. Y no se debe rebasar la vía
marcada para los peatones ni invadir el
carril-bici.

El paseo apenas supera los 2 km, pero
hay que calcular 1 h en cada sentido para
pararse y disfrutar de las vistas.

Cerca de allí

Al norte del acceso al puente por el lado de
Manhattan está Chinatown (p. 86). Del lado
de Brooklyn se llega enseguida a Dumbo y
al Brooklyn Bridge Park (p. 106).

Dumbo   Barrio

El nombre "Dumbo" es un acrónimo de
su ubicación: *Down Under the Manhattan
Bridge Overpass* (debajo del paso elevado
del puente de Manhattan), y aunque esta
franja norte de Brooklyn situada junto al río
solía tener usos industriales, ahora es territorio de pisos de lujo, tiendas de muebles
y galerías de arte. Varios auditorios de gran
prestigio se sitúan en sus calles empedra-
das y el **Empire-Fulton Ferry State Park**
(p. 108) se asoma a la orilla del río para
ofrecer magníficas vistas de Manhattan.

MoMA

Tal vez el mayor acaparador mundial de obras maestras contemporáneas, el Museum of Modern Art (MoMA), es una tierra prometida cultural.

Ideal para...

☑ **Imprescindible**

○ *Noche estrellada* de Van Gogh.

○ *Casa junto a la vía del tren* de Edward Hopper.

○ *Marilyn Monroe dorada* de Andy Warhol.

Desde su fundación en 1929, el MoMA ha acumulado más de 150 000 obras de arte, documentando las ideas creativas emergentes desde finales del s. XIX hasta hoy. Para los aficionados al arte es el paraíso. Para los no iniciados, es un apasionante curso acelerado sobre todo lo que tiene el arte de hermoso y adictivo.

Visitar el MoMA

Es fácil perderse en la vasta colección del MoMA. Para aprovechar el tiempo y crear un plan de ataque, conviene descargar la aplicación móvil gratuita de la web del museo. La colección permanente se distribuye en cuatro niveles, con litografías, libros ilustrados y las indispensables galerías contemporáneas en la 2ª planta; arquitectura, diseño, dibujos y fotografía en la 3ª; y pintura y escultura en la 4ª y la 5ª. Muchas

MIKECPHOTO / SHUTTERSTOCK ©

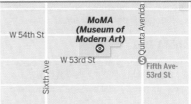

ℹ️ Lo esencial

Museum of Modern Art; plano p. 252; 📞212-708-9400; www.moma.org; 11 W 53rd St, entre Quinta Avenida y Sixth Ave; adultos/niños 25 US$/gratis, 16.00-20.00 vi gratis; 🕐10.30-17.30 sa-ma, hasta 20.00 vi, hasta 20.00 ma jul-ago; ♿; 🚇E, M hasta 5th Ave-53rd St

⊗ Una pausa

Quien busque un ambiente informal puede comer platos de inspiración italiana en el Cafe 2 del MoMA (plano p. 252; 📞212-333-1299; www.moma.org; Museum of Modern Art, 11 W 53rd St, entre Quinta Avenida y Sixth Ave; bocadillos y ensaladas 12-14 US$, principales 19 US$; 🕐11.00-17.00, hasta 19.30 vi; 📶; 🚇E, M hasta 5th Ave-53rd St).

★ Consejo

Conviene tener a mano la entrada del museo, ya que permite entrar gratis a las proyecciones de películas y al MoMA PS1.

de las piezas más famosas están en estas dos plantas, por lo que conviene visitar el museo de arriba abajo antes de cansarse. Entre las obras indispensables están *Noche estrellada* de Van Gogh, *El bañista* de Cézanne, *Las señoritas de Aviñón* de Picasso y *La gitana dormida* de Rousseau, sin olvidar obras estadounidenses emblemáticas como *Latas de sopa Campbell's* y *Marilyn Monroe dorada* de Andy Warhol, la también excelente *Chica con pelota* de Lichtenstein y la fascinante *Casa junto a la vía del tren* de Edward Hopper.

Conferencias de mediodía

Para profundizar en la colección, se puede asistir a una de las conferencias y charlas de mediodía, en las que escritores, artistas, comisarios y diseñadores ofrecen una visión experta de obras concretas y de

las exposiciones en curso. Las charlas se convocan cada día a las 11.30 y las 13.30. Para consultar los próximos temas hay que pinchar en el enlace "Learn" de la web del MoMA, y a continuación "Lectures & Events" y "Gallery Sessions".

Proyecciones de películas

Además de ser un palacio del arte visual, el MoMA programa una selección de joyas del celuloide de su colección de más de 22 000 películas, entre ellas obras de los hermanos Maysles y todas las de Pixar. Cabe cualquier cosa, desde cortos documentales candidatos al Óscar y clásicos de Hollywood hasta obras experimentales y retrospectivas internacionales. Se puede acceder gratis con la entrada al museo.

MoMA PS1

Este pariente menor y más moderno del MoMA, el MoMA PS1 (☎718-784-2084; www.momaps1.org; 22-25 Jackson Ave, Long Island; donativo sugerido adultos/niños 10 US$/gratis, gratis con entrada al MoMA, fiestas Warm Up en línea/taquilla 18/20 US$; ☺12.00-18.00 ma-lu, fiestas Warm Up 15.00-21.00 sa jul-ago; Ⓢ E, M hasta 23rd St-Court Sq; G, 7 hasta Court Sq) es un maestro en detectar arte contemporáneo fresco y atrevido y mostrarlo en una antigua escuela de estilo berlinés. Nada de bonitos estanques en marcos dorados, aquí se viene a ver vídeo, a conocer gente en fiestas animadas por DJ y a debatir sobre el significado de estructuras no estáticas mientras se observa un agujero en la pared. Se accede gratis con la entrada al MoMA.

Cerca de allí

Catedral de San Patricio Iglesia

(plano p. 252; www.saintpatrickscathedral.org; Quinta Avenida, entre 50th y 51st St; ☺6.30-20.45; Ⓢ B/D/F/M hasta 47th St-50th St-Rockefeller Center; E/M hasta 5th Ave-53rd St) Recién restaurada, la mayor catedral católica de EE UU decora la Quinta Avenida con su esplendor neogótico. Construida por casi 2 millones de US$ durante la Guerra de Secesión, el edificio original no incluía las dos agujas de la fachada, añadidas en 1888. En el interior se aprecia el altar diseñado por Louis Tiffany y el impactante rosetón de Charles Connick, resplandeciente sobre un órgano de 7000 tubos.

La cripta bajo el altar contiene los féretros de todos los cardenales de NY y los restos de Pierre Toussaint, defensor de los pobres y primer afroamericano en proceso de canonización.

Catedral de San Patricio.

Radio City Music Hall Edificio histórico
(plano p. 252; www.radiocity.com; 1260 Sixth Ave,
en 51st St; adultos/niños 26,95/19,95 US$; ⏲
10.00-17.00; 🚇; ⓢ B/D/F/M hasta 47th St-50th
St-Rockefeller Center) Este espectacular cine
moderno fue una creación del productor
de vodeviles Samuel Lionel Rothafel *Roxy*.
Poco amigo de la discreción, inauguró su
local el 23 de diciembre de 1932 con una
desmesura que incluía la escandalosa
compañía de baile de las Roxyettes (reba-
utizadas como las Rockettes). Las visitas
guiadas a los suntuosos interiores (75 min)
recorren el lujoso auditorio, el mural de
inspiración clásica de Witold Gordon *Historia de los cosméticos,* en el Salón de las
Mujeres de la planta inferior, y la exclusiva
Roxy Suite VIP.

En cuanto a los espectáculos, cabe ad-
vertir que el ambiente actual del teatro no
está a la altura de su encanto, pero

el programa incluye a menudo grandes
talentos y, entre las actuaciones recientes,
figuran Rufus Wainwright, Aretha Franklin y
Dolly Parton. Y aunque la palabra "Rockettes" genera rechazo entre muchos
neoyorkinos, los amantes de lo *kitsch*
disfrutan del espectáculo navideño anual
de la compañía.

Pueden conseguirse entradas para el
mismo día en la tienda de dulces junto a
la entrada de Sixth Ave, aunque merece
la pena pagar 5 US$ más por reservar en
línea, ya que las plazas para las visitas
pueden agotarse rápidamente, sobre todo
los días lluviosos.

☑ **Imprescindible**

El jardín de esculturas; gratis de 9.30
a 10.15 todos los días.

High Line

Éxito sonado de renovación urbana, la High Line es un notable parque público construido sobre una línea de ferrocarril elevada en desuso. Esta zona verde aérea atrae cada año a millones de visitantes.

Ideal para...

ⓘ Lo esencial

plano p. 246; www.thehighline.org; Gansevoort St; 🕐 7.00-23.00 jun-sep, hasta 22.00 abr, may, oct y nov, hasta 19.00 dic-mar; 🚌 M11 hasta Washington St; M11, M14 hasta 9th Ave; M23, M34 hasta 10th Ave, Ⓢ L, A/C/E hasta 14th St-8th Ave; C/E hasta 23rd St-8th Ave; GRATIS

★ **Consejo**

Accesos por Gansevoort, 14th St, 16th St, 18th St, 20th St y 30th St.

Historia

Resulta difícil creer que la High Line fuera una vía de tren que unía un distrito bastante desagradable de viviendas destartaladas y mataderos. Las vías se encargaron en la década de 1930, cuando el Gobierno municipal decidió elevar las situadas a ras de suelo tras años de accidentes mortales.

En la década de 1980, quedaron obsoletas debido al auge del transporte por carretera. Los vecinos del distrito firmaron peticiones para que se retirara ese engendro, pero en 1999 se formó un comité de Amigos de la High Line para salvar las vías y transformarlas en un espacio público abierto.

El apoyo de la comunidad creció y el 9 de junio del 2009 se inauguró la primera parte del proyecto.

En el camino

Las principales cosas que se pueden hacer en la High Line son pasear, sentarse y merendar en un parque a más de 9 m de altura. Recorriéndola se descubren asombrosas vistas del río Hudson, instalaciones de arte público, tumbonas para tomar el sol, estrechas franjas de paisajes inspirados en el arte nativo y una perspectiva única de las calles del barrio, especialmente en el logrado Gansevoort Overlook, donde los asientos en forma de graderío se sitúan frente a un gran panel de vidrio que permite ver el

tráfico, los edificios y los peatones como obras vivientes de arte urbano.

Información, circuitos, actos y locales

Caminando por la High Line se ven empleados en camiseta con el logotipo de la doble hache que pueden orientar a los visitantes e informar. También hay una multitud de empleados entre bastidores organizando exposiciones de arte y actividades, muchas de tipo familiar como cuentacuentos los días cálidos, así como proyectos científicos o artesanales.

Periódicamente hay visitas guiadas que abordan temas diversos: historia, horticul-

tura, diseño, arte y alimentación. Conviene consultar la información actualizada en el programa de la web.

La High Line invita a distintos establecimientos gastronómicos de la ciudad a poner puestos de comida, de modo que los caminantes pueden disfrutar sus platos en las zonas verdes. En los meses cálidos están representadas las mejores cafeterías y heladerías.

Cerca de allí

Whitney Museum of American Art
Museo

(plano p. 246; ☑212-570-3600; www.whitney. org; 99 Gansevoort St; adultos/niños 22 US$/ gratis; ☉10.30-18.00 lu, mi y do, hasta 22.00 ju-sa; Ⓢ L hasta 8th Ave) Tras años de obras, la nueva sede del Whitney abrió en el 2015. Próximo al pie de la High Line, este edificio impactante, diseñado por Renzo Piano, es una adecuada presentación de la soberbia colección del museo. Las espaciosas y luminosas galerías acogen obras de los grandes artistas estadounidenses, como Edward Hopper, Jasper Johns, Georgia O'Keeffe y Mark Rothko.

Hudson River Park
Parque

(plano p. 246; www.hudsonriverpark.org) Puede que la High Line sea lo último, pero a una manzana se extiende una franja verde de 8 km que ha transformado la ciudad en el último decenio. Con una extensión de más de 220 Ha que va desde Battery Park, en el extremo sur de Manhattan, hasta la 59th St en Midtown, es el maravilloso jardín de Manhattan. El largo recorrido al borde del río es perfecto para ir en bicicleta, correr o pasear.

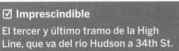

☑ **Imprescindible**
El tercer y último tramo de la High Line, que va del río Hudson a 34th St.

MAREMAGNUM / GETTY IMAGES ©

🚫 **Una pausa**
El mercado de Chelsea (p. 127), en la salida de 14th St, está repleto de locales para comer.

LUCIANO MORTULA /SHUTTERSTOCK ©

Broadway

Broadway es la fábrica de sueños de Nueva York, donde el romance, la traición, el asesinato y la gloria comparecen con suntuosos trajes, divertidas melodías y emocionantes arreglos.

Ideal para...

🖼 🎉 📷

☑ Imprescindible

El edificio Brill (plano p. 252; Broadway, en 49th St, Midtown West; [S]N/Q/R hasta 49th St; 1, C/E hasta 50th St), donde, entre otros músicos, han trabajado Carole King, Neil Diamond y Joni Mitchell.

Comienzos de Broadway

El primer teatro del barrio fue el desaparecido Empire, inaugurado en 1893 y situado en Broadway entre 40th St y 41st St. Dos años más tarde, el fabricante de cigarros y autor de comedias a tiempo parcial Oscar Hammerstein fundó el Olympia, también en Broadway, antes de abrir en 1900 el Republic, ahora convertido en el teatro para niños New Victory (plano p. 252; ☎646-223-3010; www.newvictory.org; 209 W 42nd St, entre Seventh y Eighth Ave, Midtown West; 👪; [S]N/Q/R, S, 1/2/3, 7 hasta Times Sq-42nd St; A/C/E hasta 42nd St- Port Authority Bus Terminal). Esto atrajo nuevos locales, entre ellos el aún vigente New Amsterdam Theatre (plano p. 252; ☎212-282-2900; www.new-amsterdam-theatre.com; 214 W 42nd St, entre Seventh y Eighth Ave, Midtown West; 👪; [S]N/Q/R, S, 1/2/3, 7 hasta Times Sq-42nd St; A/C/E hasta 42nd St-Port

OZGUR DONMAZ / GETTY IMAGES ©

❶ Lo esencial

Theatermania (www.theatermania.com) ofrece listas, críticas y entradas para cualquier obra teatral.

✕ Una pausa

En el bar Jimmy's Corner (p.177) sirven bebidas fuertes con aroma de nostalgia.

★ Consejo

Muchos espectáculos ofrecen entradas rebajadas en días de gran afluencia, cada mañana al abrir las taquillas; cola asegurada.

Williams, Arthur Miller y Edward Albee, una explosión de talento que llevó a crear los premios Tony en 1947.

En aquella época, el distrito teatral de NY cubría una zona que iba aproximadamente de 40th St a 54th St, entre Sixth y Eighth Ave, con decenas de teatros en Broadway y en sus márgenes, que programaban desde musicales comerciales hasta dramas clásicos o contemporáneos.

Authority Bus Terminal) y el Lyceum Theatre (plano p. 252; www.shubert.nyc/theatres/lyceum; 149 W 45th St, entre Sixth y Seventh Ave, Midtown West; Ⓢ N/Q/R hasta 49th St).

El Broadway de la década de 1920 era famoso por sus musicales ligeros, que solían mezclar la tradición del vodevil con la del *music-hall* para producir melodías clásicas como *Let's Misbehave*, de Cole Porter. Al mismo tiempo, el distrito teatral de Midtown estaba convirtiéndose en una plataforma para los nuevos dramaturgos estadounidenses. Uno de los más grandes fue Eugene O'Neill. Nacido en 1888 en Times Square, en el desaparecido Barrett Hotel (1500 Broadway), estrenó muchas de sus obras aquí, incluidas las ganadoras del premio Pulitzer *Más allá del horizonte* y *Anna Christie*. El éxito de O'Neill en Broadway allanó el camino de otros grandes autores estadounidenses, como Tennessee

Comprar entradas

A menos que se quiera asistir a un espectáculo concreto, la mejor forma y la más barata para conseguir entradas es en TKTS Booth (plano p. 252; www.tdf.org/tkts; Broadway, en W 47th St, Midtown West; ⏱15.00-20.00 lu y mi-sa, 14.00-20.00 ma, 15.00-19.00 do, más 10.00-14.00 ma-sa y 11.00-15.00 do durante sesiones matinales; Ⓢ N/Q/R, S, 1/2/3, 7 hasta Times Sq-42nd St), donde se puede hacer cola y conseguir entradas a precios reducidos para el mismo día en espectáculos de Broadway y off-Broadway. Se puede descargar la aplicación gratuita TKTS, que ofrece información detallada de los espectáculos de Broadway y off-Broadway, así como actualizaciones en tiempo real de las entradas disponibles para el día.

El TKTS Booth es en sí mismo una atracción, con su tejado iluminado de 27 escalones rojo rubí que ofrece una visión panorámica a casi 5 m de altura sobre 47th St.

Propuestas

Los musicales reinan en Broadway, y los espectáculos más en boga mezclan música y baile en lujosas producciones.

Hamilton

El aclamado musical de Lin-Manuel Miranda es lo último en Broadway; recurre a temas de *hip hop* contemporáneos para revisar la historia del padre fundador de los EE UU Alexander Hamilton. Inspirado en la biografía

Walter Kerr Theater, Broadway.

de Ron Chernow *Alexander Hamilton,* ha ganado múltiples galardones.

El libro del Mormón

Subversiva, obscena y absurdamente divertida, esta afilada sátira es obra de los creadores de *South Park* Trey Parker y Matt Stone y del compositor de *Avenue Q* Robert Lopez. Ganadora de nueve premios Tony, la protagonizan dos inocentes mormones que son enviados como misioneros para salvar una aldea ugandesa.

Kinky Boots

Adaptación de una película británica independiente del 2005, este gran éxito de Harvey Fierstein y Cyndi Lauper cuenta la historia de una fábrica de zapatos inglesa condenada al fracaso y salvada inesperadamente por Lola, una *drag queen*

con talento para los negocios. Sus sólidos personajes y su energía no han pasado desapercibidos para la crítica, lo que le ha valido seis premios Tony, entre ellos el de mejor musical en 2013.

Matilda

Frívolamente subversivo, este premiado musical es una adaptación de un cuento clásico para niños de Roald Dahl. La estrella es una precoz niña de cinco años que recurre al ingenio, el intelecto y algo de

> ★ **Los espectáculos con más tiempo en cartel**
>
> ¡Los tres primeros aún se mantienen!
>
> *El fantasma de la ópera*
> *Chicago*
> *El rey león*
> *Cats*
> *Los miserables*

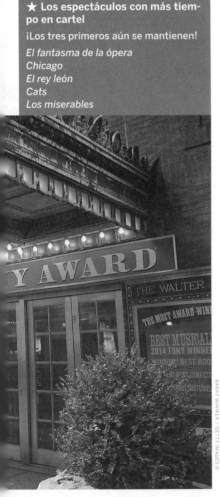

telequinesis para combatir la negligencia de los padres, los castigos injustos e incluso a la mafia rusa.

Un americano en París

Adaptación de la película protagonizada en 1951 por Gene Kelly, este musical aclamado por la crítica cuenta la historia de un exsoldado estadounidense en el París posterior a la II Guerra Mundial, donde persigue sus sueños artísticos y se enamora de una atractiva bailarina. Repleto de melodías pegadizas de Gershwin, está dirigido por el coreógrafo inglés Christopher Wheeldon.

El rey león

Opción preferida por las familias con niños, el gran éxito musical de Disney narra el viaje de un cachorro de león a la madurez y el trono del reino animal. Los escenarios, los trajes y los cantos africanos valen por sí solos el precio de la entrada.

Chicago

Es más fácil conseguir entradas para este clásico popular de Bob Fosse, John Kander y Fred Ebb que para algunos nuevos musicales de Broadway. Versa sobre la *vedette* Velma Kelly, la aspirante Roxie Hart, el abogado Billy Flynn y los sórdidos tejemanejes de los bajos fondos de Chicago. Recuperada por el director Walter Bobbie, su energía fresca y contagiosa compensa la estrechez de las butacas.

Wicked

Extravagante precuela de *El mago de Oz*, este musical pop-*rock* de largo recorrido está basado en la novela de 1995 de Gregory Maguire, pero narrada desde el punto de vista de las brujas.

Aladino

Ingenioso torbellino musical sobre un niño pobre de la calle que se enamora de la hija de un sultán. Basada en la película de animación de Disney de 1992, la versión escénica incluye canciones de la película, muchos números suprimidos en el montaje final y material nuevo.

BARRY WINIKER / GETTY IMAGES ©

Times Square

Amada y odiada, la intersección de Broadway y Seventh Avenue —conocida como Times Square— es el corazón hiperactivo de Nueva York; un torrente hipnótico e inagotable de luces de neón, letreros grandilocuentes y pura energía urbana.

Ideal para...

❶ Lo esencial

plano p. 252; www.timessquarenyc.org; Broadway, en Seventh Ave; ⑤N/Q/R, S, 1/2/3, 7 hasta Times Sq-42nd St

★ **Consejo**

En el museo se puede escribir un deseo en un trozo de confeti que se lanzará en Nochevieja.

Símbolos de Nueva York

Times Square no está a la última, no es moderna ni para expertos, y no le preocupa. Está demasiado ocupada generando el NY más simbólico: taxis amarillos, arcadas doradas, gigantescos rascacielos y llamativas marquesinas de Broadway. Este es el NY de las fantasías colectivas, el lugar donde Al Jolson alcanza su sueño en la película de 1927 *El cantor de jazz,* donde Alfred Eisenstaedt fotografió a un marinero y una enfermera besándose el día de la victoria sobre Japón en 1945 y que Alicia Keys y Jay-Z evocan líricamente como "jungla de cemento donde los sueños se hacen realidad".

Durante muchas décadas, aquí el sueño fue sórdido y húmedo. La crisis de principios de los setenta provocó un éxodo masivo de empresas. Los letreros se apagaron, las tiendas cerraron y hoteles lujosos se convirtieron en pensiones. Aunque el distrito teatral sobrevivió, las salas respetables compartían calle con cines porno y clubes de *striptease.* Todo cambió con el duro alcalde Rudolph Giuliani, que en la década de 1990 aumentó el número de policías y atrajo una oleada de centros comerciales, restaurantes y atracciones 'respetables'. Al empezar el nuevo milenio, Times Square había dejado de ser 'de adultos' y se convirtió en 'para todos los públicos', atrayendo a casi 40 millones de visitantes anuales.

Los mejores planes

Observar a la gente Times Square suele considerarse el cruce de caminos del mundo, pues no solo hay neones brillantes. Gente variopinta se disfraza para ganar dinero posando para fotografías: muscu-

Proyecto *Inside Out,* del artista JR, en Nueva York.

losos vaqueros sin camiseta, el Elmo de *Barrio Sésamo* o todo tipo de superhéroes.

Una copa con vistas Para gozar de una panorámica de la plaza, se puede pedir una copa en el **R Lounge** del Renaissance Hotel (plano p. 252; 212-261-5200; www.rlounge-timessquare.com; Two Times Square, 714 Seventh Ave, en 48th St, Midtown West; 17.00-23.00 lu, hasta 23.30 ma-ju, hasta 24.00 vi, 7.30-24.00 sa, 7.30-23.00 do; N/Q/R hasta 49th St), cuyos ventanales dominan el espectáculo de neón.

Un metro y un periódico

A comienzos del s. xx, Times Square era conocida como Longacre Sq, una discreta

> ☑ **Imprescindible**
> Ver bajar la Bola del Centenario, de casi 6 toneladas, a medianoche en Nochevieja.

STEPHEN ALVAREZ / GETTY IMAGES ®

intersección lejos del epicentro comercial de Lower Manhattan. Esto cambió con el trato alcanzado entre el pionero del metro August Belmont y el editor del *New York Times* Adolph Ochs.

Belmont convenció a Ochs de que trasladar el *New York Times* a la intersección de Broadway y 42nd St sería beneficioso para ambos: una estación de metro propia significaba una distribución más rápida del diario y la afluencia de viajeros de camino al trabajo también implicaba más ventas en torno a la sede. Convenció incluso al alcalde, George B. McClellan Jr., para cambiar el nombre de la plaza en honor del periódico. Era una oferta irresistible, y en el invierno de 1904-1905, tanto la estación de metro como la nueva sede del *Times* abrieron en One Times Sq.

Cerca de allí

Museum of Arts & Design Museo (MAD; plano p. 250; www.madmuseum.org; 2 Columbus Circle, entre Eighth Ave y Broadway; adultos/niños 16 US$/gratis, con donativo 16.00-21.00 ju; 10.00-18.00 ma, mi, sa y do, hasta 21.00 ma y vi; ; A/C, B/D, 1 hasta 59th St-Columbus Circle) El MAD ofrece cuatro plantas de diseño y artesanía superlativos, desde vidrio soplado y madera tallada a elaborada joyería metálica. Sus exposiciones temporales son innovadoras y de calidad; una de las últimas exploraba el arte del perfume. El primer domingo de mes, artistas profesionales guían visitas para familias por las galerías, seguidas de talleres inspirados en las exposiciones. La tienda del museo ofrece fantásticas joyas contemporáneas y el bar-restaurante Robert de la 9ª planta es perfecto para un cóctel con vistas.

⊗ Una pausa

Hay que probar el legendario bocadillo cubano de **El Margon** (plano p. 252; 212-354-5013; www.margonnyc.com; 136 W 46th St, entre Sixth y Seventh Ave, Midtown West; bocadillos 4-8 US$, principales desde 10 US$; 6.00-17.00 lu-vi, desde 7.00 sa; B/D/F/M hasta 47th St-50th St-Rockefeller Center), a unos minutos de la plaza a pie.

Empire State Building

El impactante rascacielos art déco ha aparecido en decenas de películas y sigue ofreciendo una de las mejores vistas de la ciudad, sobre todo cuando se pone el sol y se encienden las luces.

Ideal para...

❶ Lo esencial

plano p. 252; www.esbnyc.com; 350 Quinta Avenida, en 34th St; mirador 86ª pt adultos/niños 32/26 US$, incl. mirador 102ª pt 52/46 US$; ⏱8.00-2.00, último ascensor 1.15; Ⓢ B/D/F/M, N/Q/R hasta 34th St-Herald Sq

★ **Consejo**

Para evitar colas hay que comprar las entradas en línea (compensa el recargo de 2 US$).

Puede que el edificio Chrysler sea más bonito, y el One World Trade Center y el 432 Park Avenue más altos, pero la joya del perfil de NY sigue siendo el Empire State. La estrella más grande de la ciudad ha gozado de primeros planos en más de 100 películas, de *King Kong* a *Independence Day*. Subir a la cima es una experiencia neoyorkina por excelencia.

Miradores

Hay dos miradores: el de la 86ª planta, al aire libre, con telescopios de monedas para espiar la metrópoli. Más arriba, el mirador cubierto de la 102ª planta es el segundo más alto de NY, solo por detrás del One World Trade Center; las vistas de los cinco distritos de la ciudad (y de los cinco estados vecinos, si el tiempo es bueno) son espectaculares. Las puestas de sol resultan inolvidables, cuando la ciudad viste su manto nocturno a la luz del crepúsculo. Para un toque de magia al estilo Burt Bacharach, se puede ir a la 86ª planta entre las 21.00 y la 1.00 de martes a sábado, cuando el mar de luces se acompaña de *jazz* en directo (se aceptan peticiones). Pero como para alcanzar el cielo hay que pasar por el purgatorio, las colas son famosas; llegar muy tarde o muy temprano ayuda a evitarlas, así como comprar las entradas en línea con antelación.

En cifras

Los datos son apabullantes: 10 millones de ladrillos, 60 000 t de acero, 6400 ventanas y 30 000 m^2 de mármol. Levantado en el solar del Waldorf-Astoria, se construyó en solo 410 días, usando 7 millones de horas de trabajo y con un coste de 41 millones

El Empire State domina Bryant Park.

de US$, que se quedó muy por debajo del presupuesto de 50 millones (se hizo durante la Gran Depresión). Con 102 plantas y 448 m de altura total, el gigante de piedra caliza se inauguró el 1 de mayo de 1931.

El lenguaje de la luz

Desde 1976, las 30 plantas superiores se iluminan cada noche, a tenor de las estaciones y las fiestas. Entre las combinaciones famosas están el naranja, blanco y verde en San Patricio; el azul y blanco en Hanukkah; el blanco, rojo y verde en Navidad; y el arcoiris el fin de semana del orgullo gay, en junio. La web incluye una lista de colores.

☑ Imprescindible

Jazz en directo las noches de los martes y los sábados de 21.00 a 1.00.

CURTIS HAMILTON / GETTY IMAGES ©

Cerca de allí

Madison Square Park Parque

(plano p. 252; ☎212-520-7600; www.madisonsquarepark.org; 23rd St hasta 26th St, entre Quinta Avenida y Madison; 🕒6.00-24.00; 👪; [S]N/R, F/M, 6 hasta 23rd St) Este parque marcaba el límite norte de Manhattan hasta que la población de la isla se disparó tras la Guerra de Secesión. Ahora es un agradable oasis en medio del ajetreo de Manhattan, con un popular parque infantil, una zona para perros y la hamburguesería Shake Shack (plano p. 252; ☎646-747-2606; www.shakeshack.com; Madison Square Park esq. 23rd St y Madison Ave; hamburguesas 4,20-9,50 US$; 🕒11.00-23.00; [S]N/R, F/M, 6 hasta 23rd St). Es también uno de los parques más culturales de la ciudad, con instalaciones artísticas por encargo y, en los meses cálidos, actividades que van desde tertulias literarias a conciertos. Aparece más información en la web.

El parque es también ideal para observar los hitos que lo rodean, como el edificio Flatiron al suroeste, la moderna torre Metropolitan Life al sureste y el edificio de New York Life Insurance y su aguja dorada al noreste.

Entre 1876 y 1882 se expuso el brazo con la antorcha de la Estatua de la Libertad, y en 1879 se construyó el primer Madison Square Garden en Madison Ave y 26th St. En la esquina suroriental del parque está uno de los pocos aseos autolimpiables de la ciudad, que funciona con monedas.

🍴 Una pausa

Un festín de buñuelos rellenos, barbacoa y pato en la vecina Koreatown, repleta de restaurantes (32nd St entre Quinta Avenida y Sixth Ave).

Metropolitan Museum of Art

Este museo de proporciones ciclópeas contiene más de 2 millones de objetos en su colección permanente, y sus tesoros se exponen en sus más de 68 000 m² de galerías.

Este museo en constante evolución, fundado en 1870, aloja una de las mayores colecciones de arte del mundo. Lo tiene todo, desde templos egipcios a pintura estadounidense. Popularmente conocido como "el Met", recibe más de 6 millones de visitantes al año, que lo convierten en la mayor atracción de NY. Conviene reservar tiempo suficiente para la visita.

Ideal para...

☑ **Imprescindible**

El templo de Dendur cubierto de jeroglíficos, junto al estanque y con vistas a Central Park.

Arte egipcio

El museo tiene una colección inigualable de arte egipcio, parte de la cual data del Paleolítico, al norte de la sala principal. Las 39 galerías egipcias arrancan con una de las joyas más preciadas del Met: la mastaba o tumba de Perneb (c. 2300 a.C.), una cámara funeraria del Imperio Antiguo tallada en caliza. De aquí parte una red de salas con estelas funerarias, relieves talla-

ANTON HAVELAAR / SHUTTERSTOCK ©

❶ Lo esencial

plano p. 250; 📞212-535-7710; www.metmu
seum.org; 1000 Quinta Avenida, en 82nd St;
donativo sugerido adultos/niños 25 US$/
gratis; 🕐10.00-17.30 do-ju, hasta 21.00 vi y
sa; 🚻; 🚇4/5/6 hasta 86th St

✕ Una pausa

El relajado Petrie Court Cafe sirve buenos almuerzos en un entorno cuidado.

> ★ **Consejo** Los guías ofrecen visitas
> guiadas gratuitas de galerías concretas;
> consúltese la web o el mostrador de
> información.

dos y fragmentos de pirámides. No hay que
perderse en la galería 105 las misteriosas
miniaturas de Meketre, figuritas de cera
que debían ayudar en la otra vida. Al final
está el templo de Dendur (galería 131), de
arenisca, consagrado a la diosa Isis, en un
soleado atrio con un estanque.

Arte griego y romano

Las 27 galerías dedicadas a la Antigüedad
clásica son otra peculiaridad del Met. Desde la sala principal, un pasadizo conduce a
una sala cerrada con barrotes, flanqueada
por torsos de figuras griegas, que desem-
boca en uno de los más hermosos rincones
del museo: el gran patio de escultura
romana (galería 162), con tallas en mármol
de dioses y figuras históricas. La estatua
de Hércules barbado de 68-98 a.C., vestido
con una piel de león, es impresionante.

Pintura europea

El Renacimiento también tiene su hueco.
En la 2ª planta, las galerías de pintura
europea muestran una impresionante
colección de obras maestras, entre ellas,
más de 1700 lienzos del período de 500
años iniciado en el s. XIII, con obras de
todos los artistas importantes, de Duccio a
Rembrandt. En la galería 621 hay varias de
Caravaggio, entre ellas *La negación de San
Pedro*. La galería 611, al oeste, está repleta
de tesoros españoles, como la *Vista de
Toledo* de El Greco. Siguiendo hacia el sur,
en la galería 632 se hallan varios vermeers,
como *Mujer con una jarra de agua*. En la
galería 634 se pueden admirar rembrandts
como el *Autorretrato* de 1660.

Arte islámico

En la 2ª planta están las galerías islámi-
cas, con 15 salas que exponen la extensa
colección de arte de Oriente Medio y Asia
Central y Meridional. Además de telas, objetos decorativos seculares y manuscritos,

hay cristalería dorada y esmaltada (galería 452) y un magnífico mihrab del s. XIV con azulejos policromados de elaborados motivos (galería 455). También hay un soberbio conjunto de tejidos otomanos (galería 459), un patio medieval de estilo marroquí y una sala de Damasco del s. XVIII (galería 461).

Ala estadounidense

En el ángulo noroeste, las galerías estadounidenses muestran gran variedad de piezas desde la fundación de EE UU, desde retratos coloniales hasta obras maestras de la escuela del Río Hudson, pasando por la sensual *Madame X* de John Singer Sargent (galería 771) y el enorme lienzo de Emanuel Leutze *Washington cruzando el Delaware* (galería 760).

El jardín de la azotea

Es uno de los mejores sitios del museo, con esculturas de artistas contemporáneos y del s. XX (Jeff Koons, Andy Goldsworthy e Imran Qureshi han expuesto aquí). Pero, sin duda alguna, lo mejor son las vistas de la ciudad y Central Park; abre de abril a octubre. También acoge el Roof Garden Café & Martini Bar (plano p. 250; ☎212-535-7710; www.metmuseum.org; 1000 Quinta Avenida, en 82nd St; 🕒10.00-16.30 do-ju, hasta 20.15 vi y sa may-oct; 👪; [S]4/5/6 hasta 86th St), perfecto para tomar una copa, sobre todo al atardecer.

Para niños

El Met organiza muchas actividades infantiles (consúltese la web) y ofrece un folleto y un plano pensadospara los pequeños.

Interior del vestíbulo de la sala principal del Met.

Cerca de allí

Frick Collection
Galería

(plano p. 250; ☎212-288-0700; www.frick.org;
1 E 70th St, en Quinta Avenida; entrada 20 US$,
con donativo 11.00-13.00 do, no admite menores
10 años; ⊕10.00-18.00 ma-sa, 11.00-17.00 do;
Ⓢ6 hasta 68th St-Hunter College) Esta espectacular colección se aloja en una mansión
construida por el iracundo magnate del
acero Henry Clay Frick, una de las muchas
residencias de este tipo que dieron lugar al
paseo de los millonarios. Sus espléndidas
salas reúnen obras maestras de grandes
artistas como Tiziano, Vermeer, Gilbert
Stuart, El Greco y Goya.

El museo sorprende por muchas ra-
zones. Su sede es una preciosa estructura repleta de recovecos, construida en
1913-1914 por Carrère y Hastings. No suele
llenarse y resulta íntimo, con jardines y un
patio en el que borbotea una fuente. Un
modesto atrio porticado muestra obras
decorativas y esculturas.

El precio de la entrada incluye una audioguía en varios idiomas. Se celebran también conciertos de piano y violín muchos
domingos.

★ **Niños en el Met**

Las galerías que más gustan a los
niños son las egipcias, africanas y
oceánicas (grandes máscaras),
y la colección de armas y armaduras
medievales.

Neue Galerie
Museo

(plano p. 250; ☎212-628-6200; www.neue
galerie.org; 1048 Quinta Avenida esq. E 86th
St; entrada 20 US$, 16.00-20.00 1er vi de mes
gratis, no admite menores 12 años; ⊕11.00-16.00
ma-do; Ⓢ4/5/6 hasta 86th St) Esta restaurada
mansión de Carrère y Hastings de 1914
acoge arte alemán y austriaco, con obras
de Paul Klee, Ernst Ludwig Kirchner y Egon
Schiele. En la 2ª planta se halla el retrato
de Adele Bloch-Bauer pintado por Gustav
Klimt en 1907, que compró el magnate de
los cosméticos Ronald Lauder por
135 millones de US$.

Es un lugar pequeño, pero hermoso, con
sinuosas escaleras y barandillas de forja.
Tiene un bonito restaurante en la planta
baja, el Café Sabarsky (p. 135). Conviene
evitar los tumultos de los fines de semana
y primeros viernes de mes.

Arquitectura emblemática

Midtown contiene algunos de los mayores monumentos de Nueva York y edificios que apuntan al cielo. Este paseo ofrece perspectivas combinadas, con miradas desde las alturas y a pie de calle entre la cruda energía de la ciudad.

Inicio: estación Grand Central
Distancia: 3,2 km
Duración: 3 h

7 Cerca está el **Rockefeller Center** (p. 84), magnífico complejo de rascacielos y esculturas *art déco*.

8 Subir a la 70ª planta del edificio GE para contemplar una vista inolvidable desde el **Top of the Rock** (p. 84).

5 Entre la Sexta y Quinta está el **Diamond District** (47th St, entre Quinta Avenida y Sixth Ave), con más de 2600 tiendas de joyas.

4 La elevada torre del **Bank of America** (Sixth Ave, entre 42nd St y 43rd St) es el cuarto edificio más alto de NY y uno de los más ecológicos.

✕ Una pausa

En Bryant Park se puede hacer una pausa para saborear un sabroso tentempié o almuerzo en el Bryant Park Grill (p. 115).

3 Entrar en la **New York Public Library** (Quinta Avenida, en 42nd St; ⊙10.00-18.00 lu y ju-sa, hasta 20.00 ma y mi, 13.00-17.00 do).

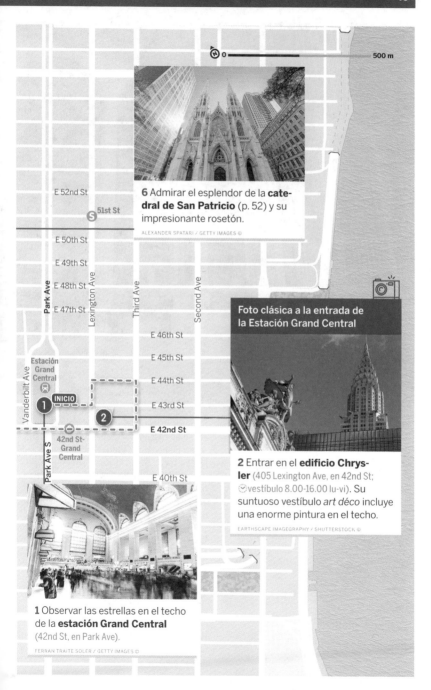

6 Admirar el esplendor de la **catedral de San Patricio** (p. 52) y su impresionante rosetón.

ALEXANDER SPATARI / GETTY IMAGES ©

E 52nd St

Ⓢ 51st St

E 50th St

E 49th St

E 48th St

E 47th St

E 46th St

E 45th St

E 44th St

E 43rd St

E 42nd St

E 40th St

Park Ave

Lexington Ave

Third Ave

Second Ave

Vanderbilt Ave

Estación Grand Central

INICIO

1

2

42nd St-Grand Central

Park Ave S

Foto clásica a la entrada de la Estación Grand Central

2 Entrar en el **edificio Chrysler** (405 Lexington Ave, en 42nd St; ⊙vestíbulo 8.00-16.00 lu-vi). Su suntuoso vestíbulo *art déco* incluye una enorme pintura en el techo.

EARTHSCAPE IMAGEOGRAPHY / SHUTTERSTOCK ©

1 Observar las estrellas en el techo de la **estación Grand Central** (42nd St, en Park Ave).

FERRAN TRAITE SOLER / GETTY IMAGES ©

ROBERT CICCHETTI / SHUTTERSTOCK ®

Lincoln Center

Este gran complejo cultural es el epicentro del gran arte de Manhattan. Sus 65 000 m² comprenden salas de conciertos, ópera, cines y la reputada Julliard School.

Esta austera conjunción de brillantes templos modernos contiene algunas de las salas más importantes de Manhattan: Avery Fisher Hall (sede de la Filarmónica de Nueva York), David H. Koch Theater (sede del New York City Ballet) y la emblemática Metropolitan Opera House, cuyas paredes interiores están decoradas con brillantes murales del pintor Marc Chagall.

Ideal para...

☑ Imprescindible

Una lujosa producción en la famosa Metropolitan Opera House.

Una historia de construcción y reconstrucción

Erigido en la década de 1960, este imponente conjunto sustituyó a un grupo de bloques de apartamentos llamado San Juan Hill, un barrio eminentemente afroamericano donde se filmaron los exteriores de *West Side Story*. Además de una operación urbanística controvertida, el Lincoln Center no fue bien recibido desde el punto de

foso de la orquesta se ubica bajo un techo de impactante diseño.

BARRY WINKLER / GETTY IMAGES ©

ℹ Lo esencial

plano p. 250; ☎212-875-5456, visitas 212-875-5350; www.lincolncenter.org; Columbus Ave entre 62nd St y 66th St; zonas públicas gratuitas, visitas adultos/estudiantes 18/15 US$; 👥; Ⓢ1 hasta 66th St-Lincoln Center

✖ Una pausa

En la acera de enfrente al Lincoln Center, **Smith** (plano p. 250; ☎212-496-5700; thesmithrestaurant.com; 1900 Broadway, entre 63rd St y 64th St; principales 17-44 US$; ⏱7.30-24.00 lu-vi, desde las 9.00 sa y do; Ⓢ1, A/C, B/D hasta 59th-St-Columbus Circle) sirve platos caseros de alta calidad.

★ Consejo

Las visitas guiadas diarias son una gran opción para conocer las muchas facetas del Lincoln Center.

vista arquitectónico: se le criticó por su diseño conservador, su aire de fortaleza y su pobreza acústica. Para el 50 aniversario del centro (2009-2010), Diller Scofidio + Renfro y otros arquitectos le dieron al complejo un lavado de cara muy necesario y aplaudido.

Puntos destacados

Es imprescindible recorrer los tres edificios clásicos en torno a la fuente Revson: Metropolitan Opera, Avery Fisher Hall y David H. Koch Theater, este último diseñado por Philip Johnson, todos situados en la plaza principal en Columbus Ave, entre 62nd St y 65th St. La fuente es espectacular de noche, con luces al estilo de Las Vegas.

Entre las estructuras rehabilitadas, algunas merecen una visita, en particular el Alice Tully Hall, con una fachada angular translúcida muy contemporánea, y el David Rubenstein Atrium, un espacio público con una zona de descanso, un café, un punto de información y una taquilla con entradas rebajadas para el mismo día. Los jueves por la noche hay actuaciones gratuitas, con un cartel variado que incluye sonidos globales eclécticos (como música clásica india o *jazz* afrocubano), *rock* progresivo, música de cámara, ópera y *ballet*.

Actuaciones y proyecciones

Cada noche hay al menos 10 actuaciones, y más en verano, cuando el Lincoln Center Out of Doors (conciertos y danza) y el Midsummer Night Swing (sala de baile bajo las estrellas) atraen a los amantes de los parques y la cultura.

Para saber más sobre temporadas, entradas y programación, que va desde ópera hasta danza, teatro y *ballet,* conviene consultar la web.

Metropolitan Opera House

Es perfecta para ver clásicos como *Carmen, Madame Butterfly* y *Macbeth,* por no hablar de *El anillo del nibelungo* de Wagner. También acoge estrenos y revisiones de obras más contemporáneas, como *Nixon en China,* de Peter Sellars. La temporada va de septiembre a abril.

El precio de las entradas va de 25 US$ a casi 500. Las de palco pueden ser muy baratas, pero a menos que esté al lado del escenario, la visión es muy mala y obliga a levantar la cabeza sobre una barandilla, con el consiguiente dolor de cuello.

Hay otras opciones si se compran a última hora. Pueden conseguirse gangas (20-25 US$) desde las 10.00 el mismo día del espectáculo; no se ve mucho, pero se oye todo.

De lunes a viernes a mediodía y los sábados a las 14.00 se venden algunas entradas de última hora para artistas sin recursos a solo 25 US$, únicamente en línea. Las entradas para las matinés se ponen a la venta 4 h antes de levantarse el telón.

Para ver la ópera entre bastidores, hay visitas guiadas (25 US$) entre semana a las 15.00 y los domingos a las 10.30 y 13.30 durante la temporada.

El New York City Ballet interpreta la suite *El cascanueces.*

New York City Ballet

El primer director de esta prestigiosa compañía fue el reputado coreógrafo de origen ruso George Balanchine en la década de 1940. Hoy la compañía cuenta con 90 bailarines y es la mayor de EE UU, con actuaciones 23 semanas al año en el David H. Koch Theater del Lincoln Center. En Navidad, es conocido su montaje anual de *El cascanueces*.

Según la obra, el precio oscila entre 30 y 170 US$. Hay entradas de última hora para menores de 30 años por 29 US$. También hay actuaciones seleccionadas de 1 h para familias los sábados, aptas para públicos jóvenes (22 US$ por entrada).

> **☑ Imprescindible**
> **La tienda de regalos está llena de fruslerías operísticas, como lazos del telón del Met o jabón de las doncellas del Rin (no es broma).**

KELLY/MOONEY PHOTOGRAPHY / GETTY IMAGES ©

Filarmónica de Nueva York

La orquesta profesional más antigua de EE UU (fundada en 1842) celebra su temporada cada año en el Avery Fisher Hall. Dirigida por Alan Gilbert, hijo de dos músicos de la orquesta, interpreta una mezcla de obras clásicas (Chaikovski, Mahler, Haydn) y contemporáneas, así como conciertos para niños.

Las entradas cuestan entre 29 y 125 US$. Si el presupuesto es limitado, se puede asistir varias veces al mes a ensayos abiertos al público (desde 9.45) el mismo día del concierto por solo 20 US$. Los estudiantes con carné en vigor pueden conseguir entradas de última hora por 16 US$ hasta 10 días antes de un concierto.

Cerca de allí

American Museum of Natural History — Museo

(plano p. 250; ☎212-769-5100; www.amnh.org; Central Park West, en 79th St; donativo sugerido adultos/niños 22/12,50 US$; 🕒10.00-17.45, Rose Center hasta 20.45 vi; 👪; [S]B, C hasta 81st St-Museum of Natural History, 1 hasta 79th St)

Fundado en 1869, este museo contiene más de 30 millones de objetos, entre ellos muchos amenazantes esqueletos de dinosaurios, así como el Rose Center for Earth & Space, con su innovador planetario. De septiembre a mayo, es la sede del Butterfly Conservatory, un invernadero con más de 500 mariposas de todo el mundo.

Es conocido por su sala de los fósiles, con casi 600 especímenes, entre ellos los esqueletos de un enorme mamut y un imponente *Tyrannosaurus rex*.

También hay exposiciones animales, galerías dedicadas a las joyas y un cine IMAX. La sala Milstein dedicada a los océanos contiene dioramas sobre la ecología, el clima y la conservación, así como una valorada réplica de ballena azul de 28 m.

Guggenheim Museum

Una escultura en sí mismo, el serpenteante edificio blanco del arquitecto Frank Lloyd Wright está a la altura del arte del s. xx que contiene.

Ideal para...

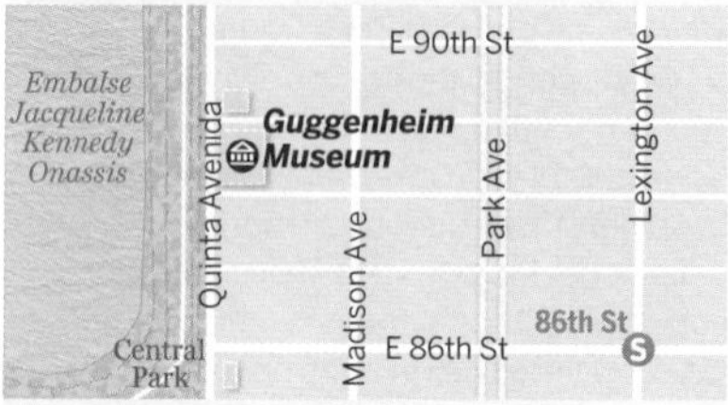

Lo esencial

plano p. 250; ☎212-423-3500; www.guggenheim.org; 1071 Quinta Avenida, en 89th St; adultos/niños 25 US$/gratis, con donativo 17.45-19.45 sa; 🕒10.00-17.45 do-mi y vi, hasta 19.45 sa, ma cerrado; 👪; [S]4/5/6 hasta 86th St

★ **Consejo**

Las colas pueden ser enormes; se ahorra tiempo comprando las entradas con antelación.

El edificio de Frank Lloyd Wright casi eclipsa su colección de arte del s. xx. Terminada en 1959, su forma de zigurat invertido fue ridiculizada por algunos críticos y alabada por otros, que lo recibieron como un icono arquitectónico. Desde su inauguración, esta estructura atípica ha aparecido en innumerables postales, películas y programas de televisión.

Raíces abstractas

El Guggenheim procede de la colección de Solomon R. Guggenheim, un magnate neoyorkino de las minas que empezó a comprar arte abstracto a los 60 años, aconsejado por su asesora de arte, la excéntrica baronesa alemana Hilla Rebay. En 1939, Guggenheim abrió un museo temporal con Rebay como directora en 54th St llamado "Museo de la Pintura no Objetiva" (con paredes de terciopelo gris, música clásica incorporada y quemadores de incienso).

Cuatro años más tarde, el magnate encargó a Frank Lloyd Wright una sede permanente para la colección.

Años de creación

Como siempre ocurre en NY, el proyecto tardó lo indecible en fructificar. La construcción se retrasó casi 13 años debido a limitaciones presupuestarias, el estallido de la II Guerra Mundial y la ira de los vecinos, que no querían un ovni arquitectónico en el vecindario. Las obras terminaron cuando ya Wright y Guggenheim habían fallecido.

Cuando se inauguró al fin en octubre de 1959, la entrada costaba 50 centavos, y las obras expuestas incluían piezas de Wassily Kandinsky, Alexander Calder y los expresionistas abstractos Franz Kline y Willem de Kooning.

La visita hoy

Una renovación efectuada a principios de los noventa añadió una torre de ocho plantas al este, que aporta 4600 m² donde se muestran la colección permanente y otras exposiciones, mientras que las rampas del museo se dedican a exposiciones temporales de arte moderno y contemporáneo. Aunque Wright pretendía que los visitantes subieran hasta la última planta y luego bajaran, el único y estrecho ascensor no lo permite, por lo que las exposiciones se visitan de abajo a arriba.

Junto a obras de Picasso y Jackson Pollock, la colección permanente incluye pinturas de Monet, Van Gogh y Degas, fotografías de Robert Mapplethorpe y obras surrealistas clave donadas por Peggy, la sobrina de Guggenheim.

Cerca de allí

National Academy Museum Galería (plano p. 250; ☎212-369-4880; www.national academy.org; 1083 Quinta Avenida, en 89th St; previo donativo; ⏱11.00-18.00 mi-do; Ⓢ4/5/6 hasta 86th St) Cofundado por el pintor e inventor Samuel Morse en 1825, tiene una increíble colección permanente de pinturas de figuras como Will Barnet, Thomas Hart Benton y George Bellows (entre ellas algunos autorretratos impactantes). El edificio es una estructura academicista diseñada por Ogden Codman Jr. con un vestíbulo de mármol y una escalera en espiral.

Cooper-Hewitt National Design Museum Museo (plano p. 250; ☎212-849-8400; www.cooperhew itt.org; 2 E 91st St, en Quinta Avenida; adultos/estudiantes/niños 18/9 US US$/gratis, con donativo 6.00-21.00 sa; ⏱10.00-18.00 do-vi, hasta 21.00 sa; Ⓢ4/5/6 hasta 86th St) Parte de la Smithsonian Institution de Washington D.C., este centro cultural es el único museo del país dedicado al diseño histórico y contemporáneo. Se trata de una mansión de 64 habitaciones construida por el multimillonario Andrew Carnegie en 1901. La colección de 210 000 piezas es exquisita, con obras que abarcan 3000 años repartidas en cuatro plantas. Una profunda renovación de 3 años, terminada en el 2014, ha renovado las exposiciones con pantallas interactivas táctiles y tecnología diversa.

> ☑ **Imprescindible**
> La vista de la fachada, reconocible al instante desde la Quinta Avenida y 88th St.

EXTERIOR DEL SOLOMON R. GUGGENHEIM MUSEUM, NUEVA YORK/@SERGE NY KOPRD.COM / GETTY IMAGES ©

✗ Una pausa

The **Wright** (☎212-427-5690; www.the wrightrestaurant.com; Guggenheim Museum, 1071 Quinta Avenida, en 89th St; principales 18-26 US$; ⏱11.30-15.30 vi-mi; Ⓢ4/5/6 hasta 86th St), en la planta baja, es un restaurante 'espacial' que sirve modernos *brunch* estadounidenses y almuerzos.

Figura *art déco* en bronce de *Atlas.*

SONGQUAN DENG / SHUTTERSTOCK ©

Rockefeller Center

Siempre activo, el Rockefeller Center derrocha atractivo con sus torres art déco, *su altísimo mirador y una famosa pista de patinaje en invierno.*

Ideal para...

☑ Imprescindible

Copas con vistas en la coctelería Sixty-Five (p. 174).

Esta "ciudad dentro de la ciudad" de casi 9 Ha se inauguró en plena Gran Depresión. Tras 9 años de construcción, fue el primer espacio multiusos de EE UU para comercio, ocio y oficinas; un conjunto modernista de 19 edificios (de los que 14 son originales *art déco*), plazas e inquilinos ilustres. El promotor John D. Rockefeller Jr. se asustó por el precio (100 millones de US$ aprox.), pero mereció la pena: el conjunto fue declarado Monumento Nacional en 1987.

Top of the Rock

En la cima del edificio GE, a 70 plantas sobre Midtown, Top of the Rock (plano p. 252; ☎212-698-2000; www.topoftherocknyc.com; 30 Rockefeller Plaza, en 49th St, entrada por W 50th St entre Quinta Avenida y Sixth Ave; adultos/niños 32/26 US$, paquete amanecer/anochecer 47/36 US$; 🕗8.00-24.00, último ascensor 23.00; [S] B/D/F/M hasta 47th St-50th St-Rockefeller Center)

Pista de patinaje (p. 205) frente a la estatua de *Prometeo.*

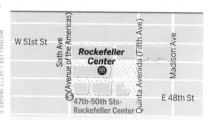

❶ Lo esencial

plano p. 252; www.rockefellercenter.com; Quinta Avenida hasta Sixth Ave y 48th St hasta 51st St; Ⓢ B/D/F/M hasta 47th St-50th St-Rockefeller Center

✕ Una pausa

Se puede comer algo en el Burger Joint (p.133), en el Le Parker Meridien Hotel.

★ Consejo

Para huir de las multitudes que patinan en invierno, conviene aprovechar la sesión matinal (8.30) y evitar largas esperas.

goza de una vista inigualable que incluye un hito imposible de divisar desde el Empire State: el propio Empire State. Lo ideal es ir antes del crepúsculo para ver la transición de la ciudad del día a la brillante noche (si se está ya en la zona y no hay mucha cola, conviene comprar las entradas por adelantado para evitar aglomeraciones). Otra opción para quien no vaya acompañado de menores de 21 años es cambiar el mirador por la coctelería de la 65ª planta (p. 174), donde las vistas se acompañan de cócteles bien preparados... y más baratos que la entrada al Top of the Rock.

Arte público

El Rockefeller Center muestra obras de 30 grandes artistas en torno al tema "El hombre en la encrucijada se muestra vacilante pero esperanzado ante el futuro". Paul Manship contribuyó con *Prometeo,* que domina la plaza hundida, y *Atlas,* frente al International Building (630 Quinta Avenida). *News,* de Isamu Noguchi, está en la entrada al edificio de Associated Press (50 Rockefeller Plaza), y *American Progress,* de José María Sert, en el vestíbulo del edificio GE, obra que sustituye a la pintura original del mexicano Diego Rivera, rechazada por los Rockefeller por contener 'símbolos comunistas'.

Rockefeller Plaza

Al llegar la Navidad, en Rockefeller Plaza se monta el más famoso árbol de Navidad de NY. Inaugurado con pompa después de Acción de Gracias, la tradición se remonta a la década de 1930, cuando los trabajadores de la obra pusieron un pequeño árbol. A su sombra, Rink at Rockefeller Center (p. 205) es la pista de patinaje sobre hielo más famosa de la ciudad (y la más abarrotada).

Cerca de allí

El edificio histórico Radio City Music Hall (p. 53).

Desfile del Año Nuevo lunar chino (p. 6).

Chinatown

Un viaje a Asia sin salir de EE UU por las estrechas calles de Chinatown. Todo un exceso para los sentidos entre la cháchara de los vendedores callejeros, los neones de los locales de fideos y los coloridos escaparates con maravillas de Extremo Oriente.

Ideal para...

ℹ Lo esencial

plano p. 246; www.explorechinatown.com; sur de Canal St y este de Broadway; S N/Q/R, J/Z, 6 hasta Canal St; B/D hasta Grand St; F hasta East Broadway

★ **Consejo**

Es recomendable dar una vuelta por los callejones para descubrir un surtido multicolor de especias y hierbas para perfeccionar los platos orientales.

温館

Momentos exóticos esperan en la comunidad más colorida y bulliciosa de NY, donde un paseo nunca es igual a otro, por mucho que se repita el itinerario. Se puede captar el aroma del pescado fresco y los caquis maduros, escuchar el ruido de las piezas de *mahjong* al caer sobre los improvisados tableros y comprar cualquier cosa imaginable, desde lámparas de papel de arroz y zapatillas de seda hasta llantas de neumáticos o nuez moscada prensada.

Museum of Chinese in America

En un espacio diseñado por la arquitecta Maya Lin, el Museum of Chinese in America (plano p. 246; 212-619-4785; www.mocanyc. org; 215 Centre St, entre Grand St y Howard St; adultos/niños 10 US$/gratis; 1er ju de mes gratis; 11.00-16.00 ma, mi y vi-do, hasta 21.00 ju; N/Q/R, J/Z, 6 hasta Canal St) es un espacio

polifacético con exposiciones comprometidas que arrojan luz sobre la vida de los chinoestadounidenses, actual y pasada. Son recomendables sus exposiciones interactivas multimedia, mapas, cronologías, fotos, cartas, películas y objetos. La muestra de referencia *Un solo paso: historias sobre la creación de EE UU*, ofrece una visión íntima de temas como la inmigración, la identidad cultural y los estereotipos raciales.

Estupenda comida

La experiencia más gratificante para los novatos en Chinatown es conocer este mundo maravilloso y salvaje a través del gusto. Más que en cualquier otra zona de Manhattan, los menús en Chinatown son muy económicos, sin inflar por cuestiones de ambiente, moda o fama. Pero además de restaurantes baratos, el barrio está

Linternas rojas decoran East Broadway.

plagado de recetas familiares transmitidas entre generaciones y continentes. La oferta culinaria y las preparaciones se mantienen ajenas a las reglas estadounidenses, y los humeantes puestos callejeros pueblan las aceras con sus bollos de cerdo y otras especialidades para comer con las manos.

Templos budistas

En Chinatown hay templos budistas grandes y pequeños, famosos y secretos. Se pueden encontrar fácilmente paseando por el barrio y al menos dos son considerados hitos. El templo budista Eastern States (plano p. 246; ☎212-966-6229; 64 Mott St, entre Bayard St y Canal St; ⏰8.30-18.00; [S]J/Z, 6 hasta Canal St) contiene cientos de budas, mientras que el templo Mahayana (plano p. 246; ☎212-925-8787; http://en.mahayana.us; 133 Canal St, en Manhattan Bridge Plaza; ⏰8.30-18.00; [S]B/D hasta Grand St; J/Z, 6 hasta Canal St) posee un buda dorado de casi 5 m, sentado sobre un loto, con ofrendas de naranjas, manzanas y flores. Es el templo budista más grande de NY y su entrada, que domina el frenético acceso para vehículos al Manhattan Bridge, está protegida por dos orgullosos leones dorados. El interior es sencillo, con suelo de madera y lámparas rojas de papel, eclipsadas por el magnífico buda.

☑ Imprescindible

Una comida casera en un local atestado en algún callejón.

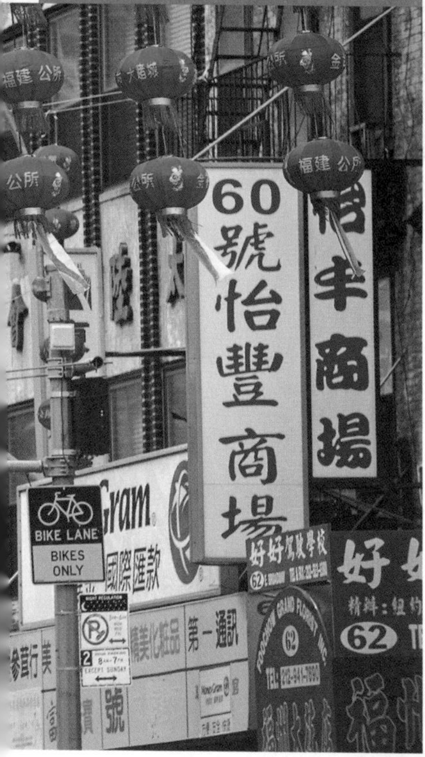

WIN-INITIATIVE / GETTY IMAGES ©

Canal Street

Recorrer Canal St, el eje de Chinatown, es como jugar al comecocos por las calles de Shanghái. Hay que circular por los callejones entre el gentío para descubrir los tesoros de Extremo Oriente, pasando por malolientes puestos de pescado, misteriosas tiendas de hierbas que ofrecen raíces y pócimas dignas de una bruja, panaderías a pie de calle con ventanas humeantes que despachan sabrosos bollos de cerdo por solo 80 centavos y mercados atestados de lichis frescos, coles chinas y peras asiáticas.

Cerca de allí

Little Italy Zona

(plano p. 246; [S]N/Q/R, J/Z, 6 hasta Canal St; B/D hasta Grand St) Este barrio, antaño de fuerte sabor italiano, sufrió un éxodo a mediados del s. xx, cuando muchos habitantes se trasladaron a suburbios como Brooklyn y más allá. Hoy se concentra sobre todo en Mulberry St, entre Broome St y Canal St, una franja repleta de manteles a cuadros y comida italiana.

🍴 Una pausa

Nyonya (p. 123) es un concurrido templo de la cocina chino-malaya.

Los estanques, huella de las torres gemelas.

CHRIS HEPBURN / GETTY IMAGES ©

Monumento al 11 de Septiembre y Museo

Un evocador museo y la cascada artificial más grande de Norteamérica son un símbolo de esperanza y renovación y un homenaje a las víctimas del terrorismo.

Ideal para...

☑ **Imprescindible**

El *Ángel del 9/11* del museo, el contorno del rostro angustiado de una mujer sobre una viga retorcida que supuestamente procede del punto donde el vuelo 11 de American Airlines impactó contra la torre norte.

El National September 11 Memorial & Museum es un homenaje a las víctimas del peor atentado terrorista en EE UU. Titulados *Reflejo de la ausencia,* los dos enormes estanques son un símbolo de renovación y recuerdan los miles de muertos. Junto a ellos se sitúa el Memorial Museum, un espacio solemne e impactante que documenta el terrible día del 2001.

Estanques

Rodeados por una plaza con 400 robles blancos, los estanques del Monumento al 11 de Septiembre ocupan el lugar exacto de las Torres Gemelas. Desde el borde, una cascada con un gran valor simbólico cae desde más de 9 m sobre un hueco: empieza como cientos de pequeños chorros hasta fundirse en un enorme torrente colectivo y terminar con un lento camino al

❶ Lo esencial

www.911memorial.org; 180 Greenwich St;
🕐7.30-21.00; Ⓢ E hasta World Trade Center;
R hasta Cortlandt St; 2/3 hasta Park Pl GRATIS

✕ Una pausa

En Tribeca hay grandes opciones para
comer, como Locanda Verde (p.122).

★ Consejo

La imagen de un niño liberando una
paloma inspiró a Santiago Calatrava el
espectacular intercambiador del WTC,
cerca del museo.

---

abismo. Los estanques están enmarcados
por paneles de bronce con los nombres
de los muertos en los atentados del 11 de
septiembre del 2001 y del 26 de febrero de
1993 en el World Trade Center. Diseñados
por Michael Arad y Peter Walker, son impactantes y conmovedores.

Museo conmemorativo

La energía contemplativa del monumento
se ve reforzada por el September 11 Memorial Museum (plano p. 246; www.911memorial.
org/museum; 180 Greenwich St; monumento
gratuito, museo adultos/niños 24/15 US$, 5.00-
20.00 ma gratis; 🕐9.00-20.00 do-ju, hasta 21.00
vi y sa, última entrada 2 h antes del cierre; Ⓢ E
hasta World Trade Center; R hasta Cortlandt St;
2/3 hasta Park Pl). Situado entre los estanques, el pabellón de vidrio que da acceso
al museo evoca una torre caída. Dentro,

un ascensor conduce al vestíbulo principal
subterráneo. Al bajar, los visitantes se
sitúan bajo dos tridentes de acero, originalmente incrustados en los cimientos de
la torre norte. Cada uno mide 24 m y pesa
50 t, y sirvieron de apoyo estructural para
que las torres se alzaran a 414 m de altura.
Se mantuvieron en pie entre el mar de
escombros, convirtiéndose en un símbolo
de resistencia.

Los tridentes son dos de los más de
10 300 objetos de la colección del museo.
Entre ellos figura la escalera de Vesey
Street; conocida como la escalera de los
supervivientes, permitió a cientos de trabajadores huir del WTC el 11 de septiembre.
En la base está la conmovedora galería In
Memoriam, con sus paredes llenas de nombres y fotografías de los muertos. Pantallas
táctiles interactivas y un techo reflectante
arrojan luz sobre las vidas de las víctimas.
Su humanidad se ve reforzada por los
numerosos objetos personales expuestos.
Entre ellos figura una cartera polvorienta

perteneciente a Robert Joseph Gschaar, un agente de seguros que trabajaba en la 92ª planta de la torre sur, con una fotografía de su esposa Myrta y un billete de 2 US$ idéntico al que él le había entregado a ella como símbolo de su segunda oportunidad de ser felices.

Uno de los objetos más grandes es el camión quemado de la compañía 21 del servicio antiincendios, testimonio del infierno vivido aquel día. Se halla en la esquina de la galería, a la entrada de la exposición histórica principal. Dividida en tres partes –acontecimientos del día, antes del 11 de septiembre y después del 11 de septiembre–, su colección de vídeos, audios en tiempo real, imágenes, objetos y testimonios aportan una visión rica y meditada de la tragedia, los acontecimientos que la

precedieron y las historias de duelo, valor y esperanza que la siguieron.

La exposición histórica se extiende por el monumental Foundation Hall, flanqueado por una sección del muro original, construido para contener las aguas del Hudson durante la construcción de las torres.

Cerca de allí

Irish Hunger Memorial Monumento (plano p. 246; 290 Vesey St, en North End Ave; S 2/3 hasta Park Place; E hasta World Trade Center; A/C hasta Chambers St) GRATIS El compacto laberinto de muretes de granito y trozos de césped del artista Brian Tolle rinde tributo a la gran hambruna y la migración irlandesa (1845-1852) que empujó a cientos de miles de personas a abandonar Irlanda en busca de oportunidades en

Vista aérea de la Zona Cero.

el Nuevo Mundo. La obra, que representa granjas abandonadas, muros de piedra y campos de patatas, se creó con piedras de los 32 condados irlandeses.

Trinity Church — Iglesia

(plano p. 246; www.trinitywallstreet.org; Broadway, en Wall St; ⏲iglesia 7.00-18.00 lu-vi, 8.00-16.00 sa, 7.00-16.00 do, cementerio 7.00-16.00 lu-vi, 8.00-15.00 sa, 7.00-15.00 do; [S]R hasta Rector St; 2/3, 4/5 hasta Wall St) El edificio más alto de NY en su momento, tiene un campanario de 85 m y una vidriera de rico colorido sobre el altar. Entre los famosos inquilinos de su cementerio están el padre fundador Alexander Hamilton, y sus excelentes ciclos de música incluyen los Conciertos a la una (martes 13.00) y actuaciones de coros, entre ellas una interpretación del *Mesías* de Händel en diciembre.

La parroquia anglicana original fue fundada por el rey Guillermo III en 1697 y antaño regía varias capillas, entre ellas la de St Paul, en la esquina de Fulton St y Broadway. Sus grandes posesiones en Lower Manhattan la convirtieron en la iglesia más rica e influyente del país en el s. XVIII. Incendiada en 1776, su segunda versión se demolió en 1839. La actual, diseñada por el arquitecto inglés Richard Upjohn, contribuyó a impulsar el pintoresco neogótico en EE UU.

☑ Imprescindible

El museo contiene la última columna de acero retirada en el desescombro, adornada con mensajes y recuerdos de los trabajadores, servicios de emergencia y seres queridos de las víctimas.

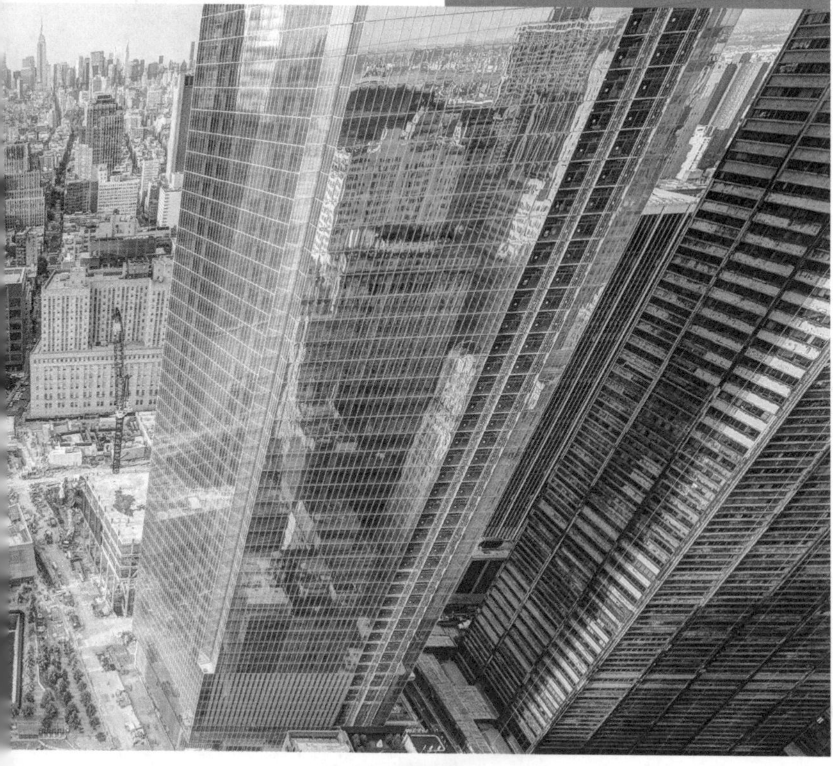

TONY SHI PHOTOGRAPHY / GETTY IMAGES ©

GUY-ADLER DORELIEN / EYEEM / GETTY IMAGES ©

One World Trade Center

Sobre el perfil de la ciudad se eleva esta brillante torre, símbolo del renacer de Lower Manhattan. Sus miradores brindan hipnóticas vistas sobre la metrópoli y los estados vecinos.

Ocupando lo que se había convertido en un doloroso vacío en el perfil de Lower Manhattan, el One World Trade Center simboliza el renacer, la determinación y la resistencia de la ciudad. Más que un edificio alto, la torre es un gigante simbólico, muy consciente del pasado pero volcado hacia el futuro. Para los amantes de NY, es también una nueva referencia para una panorámica urbana impactante e inolvidable.

Ideal para...

☑ **Imprescindible**

La impactante visión de la torre desde la base.

El edificio

Levantada en el ángulo noroeste del solar del World Trade Cente, la torre de 104 plantas es un rediseño que el arquitecto David M. Childs ha hecho del original del 2000 de Daniel Libeskind. Se trata del edificio más alto de EE UU y del hemisferio occidental, además del cuarto más alto del mundo

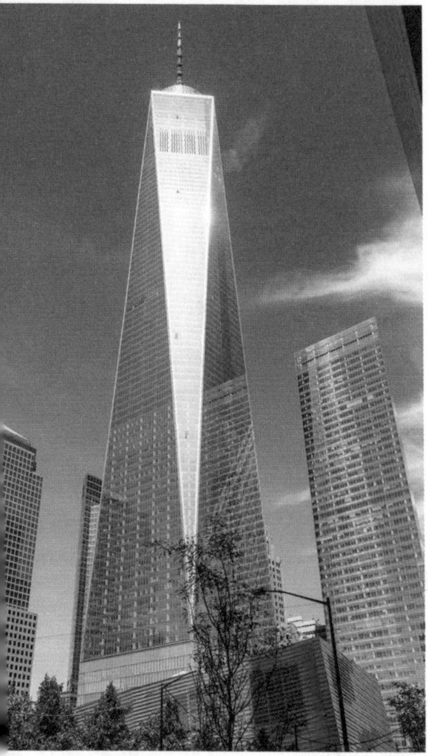

AMANDA HALL / ROBERTHARDING / GETTY IMAGES ©

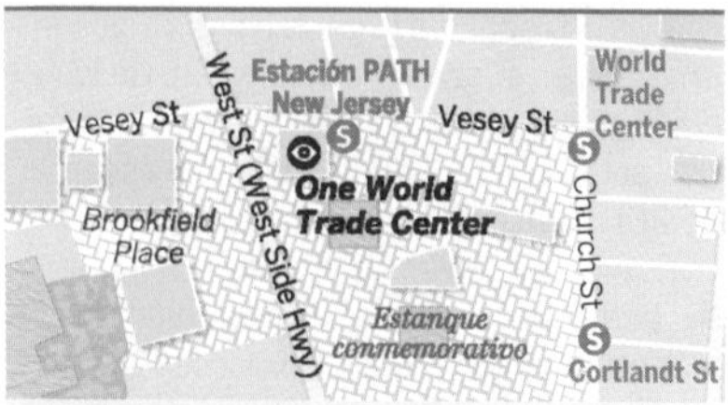

Lo esencial

One WTC; plano p. 246; West St esq. Vesey St; [S] E hasta World Trade Center; 2/3 hasta Park Pl; A/C, J/Z, 4/5 hasta Fulton St; R hasta Cortlandt St

🍴 Una pausa

En Brookfield Place (p. 131) hay varios locales regentados por chefs y un emporio de comida francesa.

★ El dato

El inquilino más famoso del edificio es Condé Nast Publications, que se trasladó en 2014 desde 4 Times Square.

hasta la cima. La torre asciende hacia el cielo con bordes en chaflán, creando una serie de triángulos isósceles que, vistos desde la base, tienden al infinito.

Está coronada por una aguja de 124 m fijada con cables, codiseñada por el escultor Kenneth Snelson, que proporciona al edificio una altura total de 1776 pies (541 m), referencia simbólica al año de la independencia de EE UU. El simbolismo está presente en varios aspectos: el solar es igual al de las torres gemelas y los miradores están a la misma altura que los del antiguo complejo. Pero, a diferencia de las torres originales, el One WTC se construyó con nuevos parámetros de seguridad, que incluyen una base de 60 m resistente a las explosiones, recubierta de más de 2000 piezas de brillante vidrio prismático, y muros de cemento de 1 m de grosor alrededor de ascensores, escaleras y sistemas de comunicación y seguridad.

One World Observatory

Poco dado a minimizar sus méritos, el rascacielos cuenta con el One World Observatory (plano p. 246; ☎844-696-1776; www.oneworldobservatory.com; West St esq. Vesey St; adultos/niños 32/26 US$; ⏲9.00-20.00, cierre taquillas 19.15; [S] E hasta World Trade Center; 2/3 hasta Park Pl; A/C, J/Z, 4/5 hasta Fulton St; R hasta Cortlandt St), el mirador más alto de la ciudad. Aunque el mirador va de las plantas 100ª a 102ª, la experiencia comienza en el Global Welcome Center de la planta baja, donde un mapa electrónico indica el país de origen de los visitantes (datos extraídos de las entradas). La amarga polémica que marcó el proyecto está muy presente en la exposición *Voces,* donde arquitectos y trabajadores glosan la creación de la torre en 144 pantallas.

Tras un repaso a la geología del lugar, la emoción empieza al entrar en uno de los cinco ascensores Sky Pod, de los más rápidos del mundo. Cuando inician su ascenso de 381 m, se encienden unos paneles LED que los convierten en una máquina del tiempo que muestra la evolución de Manhattan desde una isla boscosa hasta la febril jungla de asfalto actual; 47 segundos para repasar 500 años y llegar a la 102ª planta, donde otra presentación se cierra con una espectacular revelación.

Conviene pasar de largo los caros restaurantes de la 101ª planta y bajar a lo interesante: la 100ª planta. Allí aguarda una espectacular panorámica de 360º donde se divisan las grandes referencias, desde los puentes de Brooklyn y Manhattan hasta la Estatua de la Libertad y edificios como el Woolworth, el Empire State o el Chrysler. Si se necesita ayuda, se alquilan *tablets* por 15 US$. Las vistas son extraordinarias, sobre todo los días claros, y abarcan los cinco barrios y los estados vecinos.

Cerca de allí

Edificio Woolworth
Edificio emblemático

(plano p. 246; ☎203-966-9663; http://woolworthtours.com; 233 Broadway, en Park Pl; visitas guiadas 30/60/90 min 20/30/45 US$; [S]R hasta City Hall; 2/3 hasta Park Pl; 4/5/6 hasta Brooklyn Bridge-City Hall) El edificio más alto del mundo en 1913, de Cass Gilbert, con 60 plantas y 240 m de altura, es una maravilla neogótica, elegantemente recubierto de mampostería y terracota. Rebasado en altura por el edificio Chrysler en 1930, tiene un impresionante vestíbulo con deslumbrantes mosaicos de estilo bizantino, que

Impresionante vista desde el One World Observatory.

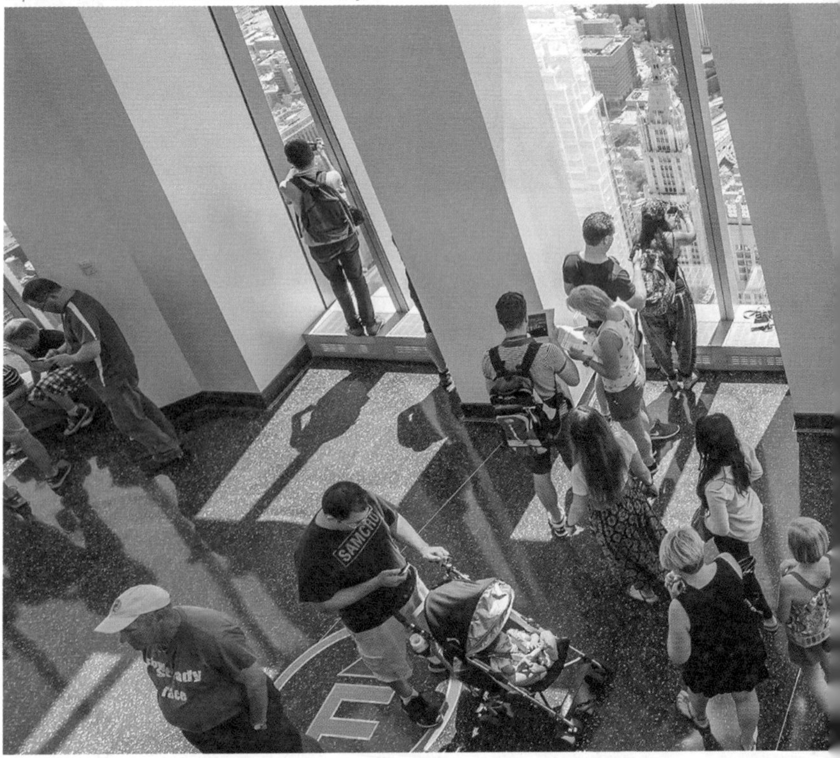

solo se puede visitar reservando una visita guiada que también incluye los rincones más originales del edificio, como el acceso propio al metro o una piscina secreta.

Al inaugurarse, fue descrito como una "catedral del comercio"; aunque era una crítica, F. W. Woolworth, presidente del imperio de grandes almacenes que tenía aquí su sede, se tomó el comentario como un cumplido y empezó a usar el término.

St Paul's Chapel Iglesia

(plano p. 246; ☎212-602-0800; www.trinitywallstreet.org; Broadway, en Fulton St; 🕐10.00-18.00 lu-sa, 7.00-18.00 do; [S]A/C, J/Z, 2/3, 4/5 hasta Fulton St; R hasta Cortlandt St; E hasta World Trade Center) Tras su inauguración en 1789, George Washington solía rezar en esta clásica capilla de arenisca, que alcanzó nueva fama tras el 11-S. A solo una manzana del World Trade Center, se convirtió en refugio espiritual y centro de voluntariado, conmovedoramente documentado en su exposición *Un espíritu inquebrantable: esperanza y reconciliación en la Zona Cero.*

A través de fotos, objetos personales y mensajes de apoyo, la exposición honra a las víctimas y los voluntarios que trabajaron sin descanso sirviendo comidas, preparando camas, dando masajes y atendiendo y asesorando a los equipos de rescate.

★ La aguja aulladora

Los arquitectos e ingenieros no previeron la ruidosa disposición de la antena; los fuertes vientos que azotan su diseño encalado producen un aullido que impide dormir a algunos vecinos.

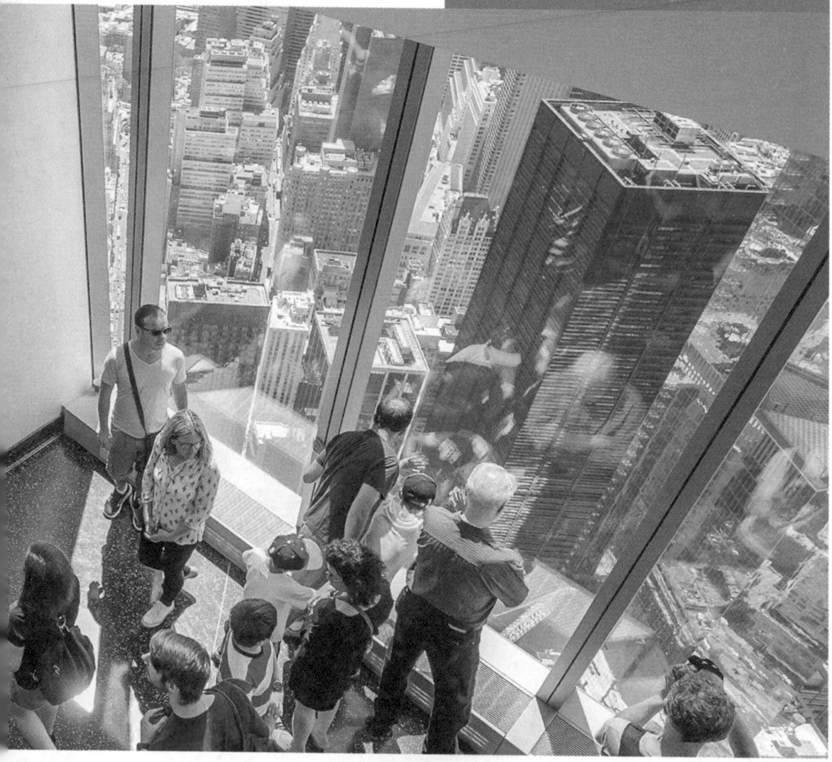

F11PHOTO / SHUTTERSTOCK ©

Lower East Side Tenement Museum

En un barrio antaño rebosante de inmigrantes, este museo abre una ventana al pasado con visitas guiadas a viviendas cuidadosamente preservadas para descubrir a la gente real que vivía en estas calles densamente pobladas.

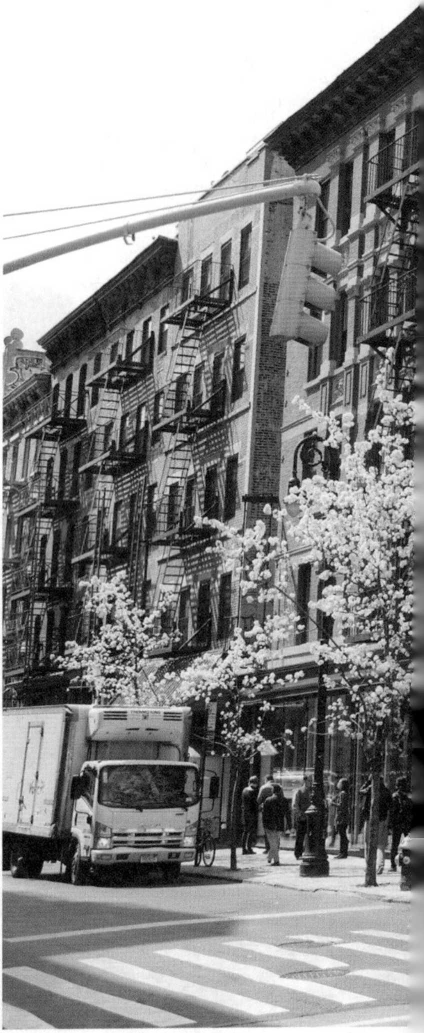

Ideal para...

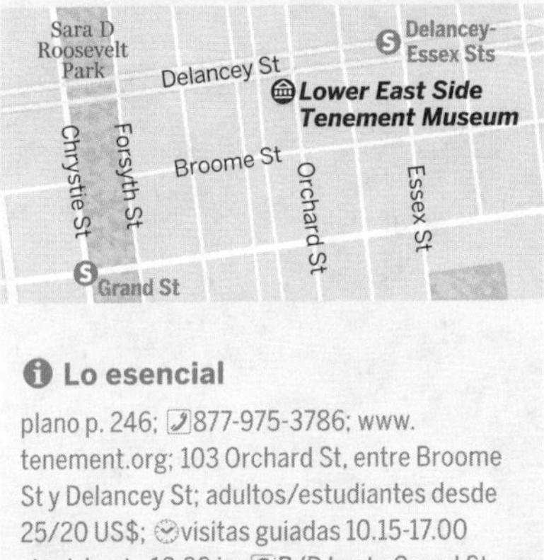

Lo esencial

plano p. 246; ☎877-975-3786; www.tenement.org; 103 Orchard St, entre Broome St y Delancey St; adultos/estudiantes desde 25/20 US$; 🕐visitas guiadas 10.15-17.00 vi-mi, hasta 18.30 ju; [S]B/D hasta Grand St; J/M/Z hasta Essex St; F hasta Delancey St

★ **Consejo**

Merece la pena ver la película de 30 min que se proyecta en el centro de visitantes; ofrece una visión general de la vida de los inmigrantes neo-yorkinos.

No hay en NY un museo que humanice tanto el colorido pasado de la ciudad como el Lower East Side Tenement Museum, que muestra el desgarrador pero elocuente legado de varias antiguas viviendas. Siempre en crecimiento, el museo ofrece visitas guiadas y paseos comentados, imprescindibles para cualquiera que se interese por la vieja NY.

Dentro de las viviendas

Distintas visitas guiadas a las viviendas recorren el edificio donde vivieron y trabajaron cientos de inmigrantes durante años. "Tiempos duros", una de las visitas más populares, recorre apartamentos de dos épocas distintas, la década de 1870 y la de 1930.

Se aprecian las duras condiciones de los inquilinos (al principio había una precaria letrina común y ni electricidad ni agua corriente) y la vida de las familias. Otros circuitos se centran en los inmigrantes irlandeses y la dura discriminación que sufrieron, los talleres clandestinos y la vida comercial (con una visita a una réplica de una cervecería alemana de 1870).

103 Orchard Street

El centro de visitantes del nº 103 de Orchard St tiene una tienda y una pequeña sala de proyección donde se puede ver una película.

Varias semanas al mes el museo organiza conferencias, a menudo relacionadas con la experiencia actual de los inmigrantes en EE UU. En el edificio vivían inmigrantes, es interesante preguntar por las familias italianas o del este de Europa que lo habitaron.

Sala del museo que describe la vida de los inmigrantes en los bloques de viviendas.

Conocer a Victoria

Viajando en el tiempo hasta 1916 se puede conocer a Victoria Confino, una niña de 14 años de familia griega sefardí. Interpretada por una actriz, Victoria interactúa con los visitantes y responde a preguntas sobre su vida. Esta visita de 1 h, los fines de semana todo el año y a diario en verano, es muy recomendable para niños, ya que se pueden tocar los objetos domésticos.

Visitas al barrio

Una gran forma de entender la experiencia inmigrante es realizar un paseo guiado por el barrio. Estos paseos de entre 75 min y

> ☑ **Imprescindible**
>
> Un paseo por las décadas de 1870 y 1930 en la visita "Tiempos duros".

KEVIN FLEMING/CORBIS/VCG · GETTY IMAGES ©

2 h exploran varios temas. "Alimentos de Lower East Side" aborda cómo los alimentos tradicionales han conformado la cocina de EE UU; "Entonces y ahora" explora los cambios del vecindario a lo largo de las décadas; y "Fuera de casa" analiza la vida más allá del apartamento (donde los inmigrantes invertían y perdían los ahorros de toda una vida), así como las iglesias y sinagogas claves para la vida comunitaria.

Cerca de allí

Museo de la sinagoga de Eldridge Street
Museo

(plano p. 246; ☎212-219-0302; www.eldridge-street.org; 12 Eldridge St, entre Canal St y Division St; adultos/niños 12/8 US$, lu gratis; ⏰10.00-17.00 do-ju, 10.00-15.00 vi; ⓢF hasta East Broadway) Este lugar de culto, construido en 1887, fue el centro de la vida judía antes de su abandono en la década de 1920. En pésimo estado, la sinagoga fue objeto de una restauración que duró 20 años y costó 20 millones de US$, concluida en el 2007, y ahora ha recuperado su esplendor.

New Museum of Contemporary Art
Museo

(plano p. 246; ☎212-219-1222; www.newmuseum.org; 235 Bowery, entre Stanton y Rivington St; adultos/niños 16 US$/gratis, con donativo 7.00-21.00 ma; ⏰11.00-16.00 mi y vi-do, hasta 21.00 ju; ⓢN/R hasta Prince St; F hasta 2nd Ave; J/Z hasta Bowery; 6 hasta Spring St) Domina el vecindario su estructura formada por siete plantas de etéreas cajas blancas apiladas en desequilibrio, diseñada por los arquitectos Kazuyo Sejima y Ryue Nishizawa, del estudio Sanaa de Tokio, y la firma neoyorkina Gensler. Su lema es simple: "Nuevo arte, nuevas ideas". El único museo de la ciudad dedicado en exclusiva al arte contemporáneo incluye propuestas innovadoras con formas nuevas.

✗ Una pausa

Un bocado con historia en el famoso *deli* judío Russ & Daughters (p. 124), abierto desde 1914.

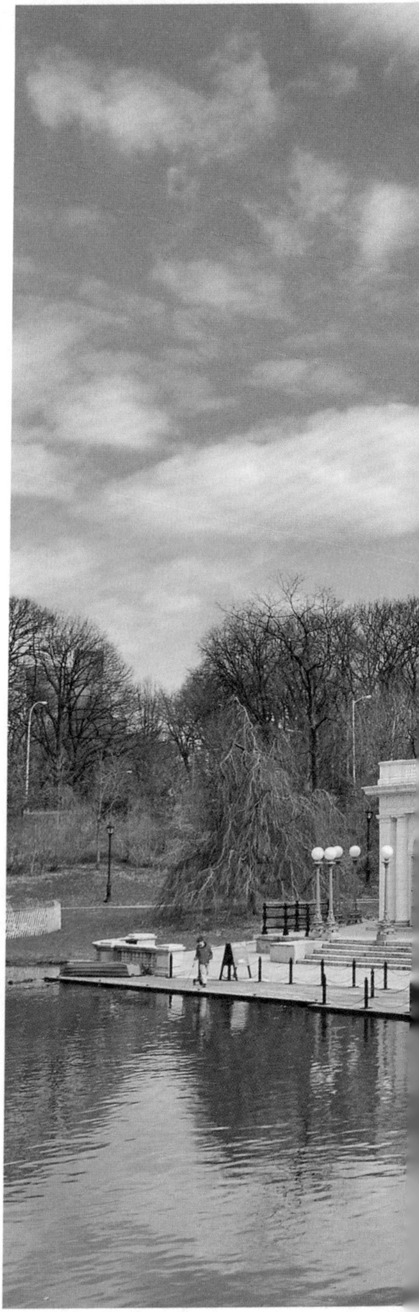
Vista del Audobon Center Boathouse (p. 105).

Prospect Park

La zona verde favorita de Brooklyn es un remanso de praderas ondulantes, arroyos, vistas desde la colina, senderos floridos y un lago. Es un lugar fantástico para correr, caminar, hacer un pícnic, patinar o simplemente tomar el aire.

Ideal para...

🐦 🥾 🎆

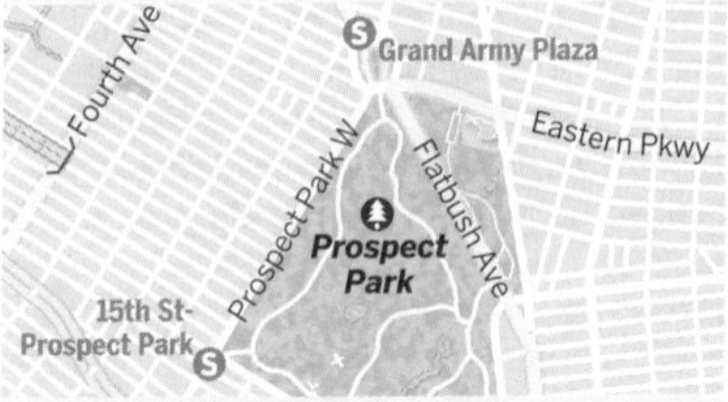

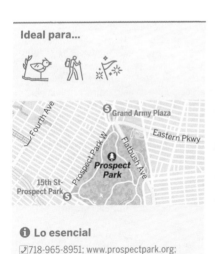

Lo esencial

☎718-965-8951; www.prospectpark.org; Grand Army Plaza; ⏰5.00-1.00; [S]2/3 hasta Grand Army Plaza; F hasta 15th St-Prospect Park

★ **Consejo**
Uno de los mayores encantos del parque es pasear a lo largo de Lullwater, cerca de Boathouse.

Calvert Vaux y Frederick Olmsted, creadores de Prospect Park con sus 236 Ha, lo consideraron una mejora respecto a Central Park, su otro proyecto en NY. Abierto en 1866, Prospect Park comparte muchas de sus características: preciosas praderas, un impresionante lago, caminos arbolados y colinas sembradas de senderos frondosos. Recibe unos 10 millones de visitantes al año.

Grand Army Plaza

Una gran rotonda monumental con un enorme arco de triunfo en el cruce entre Flatbush Ave y Prospect Park West marca el inicio de la Eastern Parkway y la entrada a Prospect Park. El arco, construido en la década de 1890, es un homenaje a los soldados de la Unión que lucharon en la Guerra de Secesión.

Long Meadow

Con sus 36 Ha, Long Meadow es más grande que la gran pradera de Central Park y limita al sur con la entrada del parque en Grand Army Plaza. Es perfecto para pasear y descansar, está repleto de gente que juega al balón y familias que vuelan cometas. En el extremo sur está la Picnic House, con un puesto de comida y baños públicos.

Children's Corner

Cerca de Flatbush Ave, el "rincón de los niños" cuenta con un precioso tiovivo de 1912, originalmente en Coney Island, y con el Prospect Park Zoo (☎718-399-7339; www.prospectparkzoo.com; Prospect Park, en Lincoln Rd y Ocean Ave; adultos/niños 8/5 US$; 🕒10.00-17.30 abr-oct, hasta 16.30 nov-mar; [S]2/3 hasta Grand Army Plaza), con leones marinos, babuinos, ualabíes y un pequeño zoo interactivo. Al

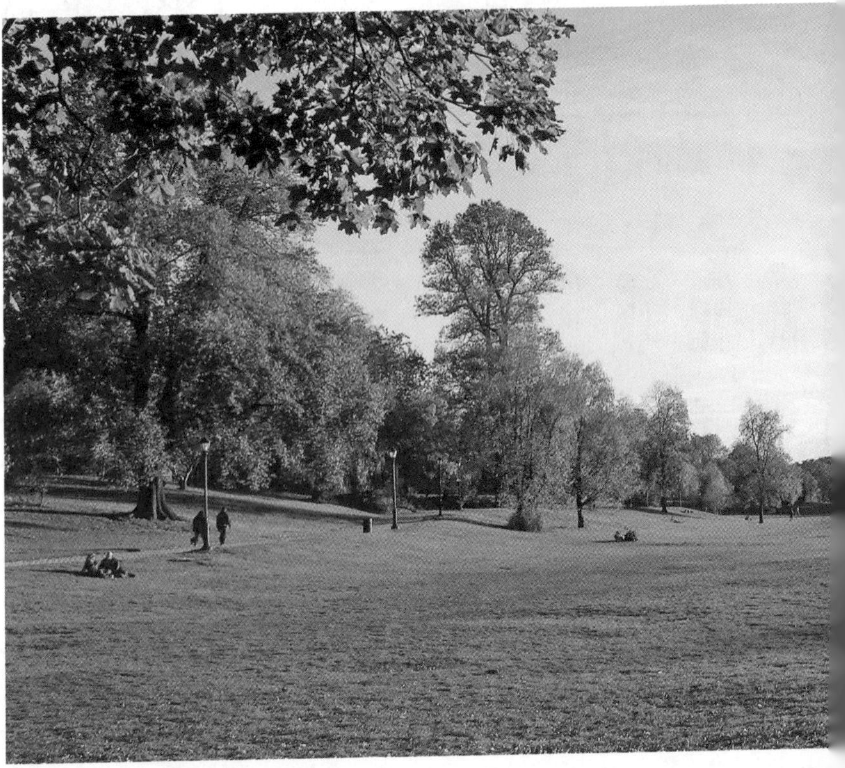

noreste del tiovivo está la Lefferts Historic House, del s. XVIII (☎718-789-2822; www. prospectpark.org; Prospect Park, cerca de Flatbush Ave y Empire Blvd; donativo sugerido 3 US$; ⏰12.00-17.00 ju-do may-oct, 12.00-16.00 sa y do nov-abr; ⓈB, Q hasta Prospect Park), con un buen surtido de juguetes antiguos para jugar.

Audobon Center Boathouse

Situado al norte del lago de Prospect Park, este fotogénico cobertizo (también llamado Prospect Park Audubon Center) acoge actividades todo el año (sesiones ornitológicas guiadas, clases de yoga gratuitas, exposiciones de arte sobre la naturaleza, talleres infantiles). De aquí parte un sen-

> ☑ **Imprescindible**
> En verano, conciertos gratuitos al aire libre en Prospect Park Bandshell.

MARIO SAVOIA / SHUTTERSTOCK ®

dero de 4 km de naturaleza frondosa. Es posible descargar mapas en la web o pedir información al personal.

Junto al lago

La nueva atracción de Prospect Park sigue asombrando. El complejo de 10 Ha a orillas del lago (p. 205) cuenta con pistas de patinaje sobre hielo y sobre ruedas, así como un café, nuevos senderos y un pequeño espacio para conciertos.

Cerca de allí

Jardín botánico de Brooklyn   Jardines

(www.bbg.org; 1000 Washington Ave, en Crown St; adultos/niños 12 US$/gratis, ma y 10.00-12.00 sa gratis; ⏰8.00-18.00 ma-vi, 10.00-18.00 sa y do; 👫; Ⓢ2/3 hasta Eastern Pkwy-Brooklyn Museum) Este jardín de 21 Ha contiene miles de plantas y árboles, así como un jardín japonés con tortugas de río junto a un santuario sintoísta. La mejor época para visitarlo es finales de abril o principios de mayo, cuando florecen los cerezos regalados por Japón y se celebra el Sakura Matsuri, el Festival de los Cerezos en flor.

Brooklyn Museum   Museo

(☎718-638-5000; www.brooklynmuseum.org; 200 Eastern Pkwy; donativo sugerido 16 US$; ⏰11.00-18.00 mi y vi-do, hasta 22.00 ju; Ⓢ2/3 hasta Eastern Pkwy-Brooklyn Museum) Este museo enciclopédico tiene su sede en un edificio academicista de cinco plantas y 52 000 m², diseñado por McKim, Mead y White. Acoge actualmente más de 1,5 millones de objetos, entre los que se cuentan artefactos antiguos, salas del s. XIX y escultura y pintura de diferentes siglos.

> ✖ **Una pausa**
> Cerca de la entrada norte al parque, el acogedor Cheryl's Global Soul (☎347-529-2855; www.cherylsglobalsoul.com; 236 Underhill Ave, entre Eastern Pkwy y St Johns Pl, Prospect Heights; bocadillos 8-14 US$, principales 15-25 US$; ⏰8.00-16.00 lu, hasta 22.00 ma-do; vc; Ⓑ2/3 hasta Eastern Pkwy-Brooklyn Museum) es un clásico del barrio.

Brooklyn Bridge Park

Orgullo y alegría de Brooklyn, este renovado parque a orillas del río garantiza la diversión, con zonas infantiles, paseos y praderas con muchas posibilidades de ocio en verano, como música en directo y cine al aire libre, sin olvidar las vistas de Manhattan al otro lado del río.

Ideal para...

ℹ️ Lo esencial

plano p. 246; ☎718-802-0603; www.broo
klynbridgepark.org; East River Waterfront,
entre Atlantic Ave y Adams St; ⊙6.00-1.00;
♿; Ⓢ A/C hasta High St; 2/3 hasta Clark St;
F hasta York St; GRATIS

★ **Consejo**

Conviene revisar la oferta en el momento de visitar la ciudad: la web ofrece clases de baile y yoga, teatro y cine, actividades para familias y mucho más.

Este parque de 85 Ha, a punto de terminarse, es uno de los atractivos de Brooklyn más comentados. Envuelve un meandro del East River, y cubre 2 km desde Jay St, en Dumbo, hasta el extremo occidental de Atlantic Ave, en Cobble Hill. Ha revitalizado una franja de costa antes desierta, convirtiendo muelles abandonados en un parque público.

Empire Fulton Ferry State Park

Al este del puente de Brooklyn, al norte de Dumbo, hay un parque estatal con verdes praderas frente al East River. Junto al agua se sitúa el Jane's Carousel (plano p. 246; www.janescarousel.com; Brooklyn Bridge Park, Empire Fulton Ferry, Dumbo; billetes 2 US$; 🕒11.00-19.00 mi-lu med may-med sep, 11.00-18.00 ju-do med sep-med may; 👪; [S]F hasta York St), un tiovivo de 1922 magníficamente restaurado, en un pabellón de cristal diseñado por el arquitecto Jean Nouvel, ganador del premio Pritzker. El parque tiene a un lado el Empire Stores & Tobacco Warehouse (plano p. 246; Water St, cerca de Main St; [S]F hasta York St; A/C hasta High St), una estructura de la Guerra de Secesión con restaurantes, tiendas y un teatro. Siguiendo hacia el puente de Manhattan surge otro muro de piedra.

Muelle 1

Es un muelle de 36 000 m², al sur del Empire Fulton Ferry, que se compone de una franja verde con un parque infantil, senderos y las praderas de Harbor View Lawn y Bridge View Lawn, ambas sobre el río. En Bridge View Lawn se halla la escultura cinética de 9 m de Mark di Suvero *Yoga* (1991). En julio y agosto se proyectan gratuitamente películas al aire libre en Harbor View Lawn, con una increíble vista de Manhattan al fondo. En

Jane's Carousel en el Empire Fulton Ferry State Park.

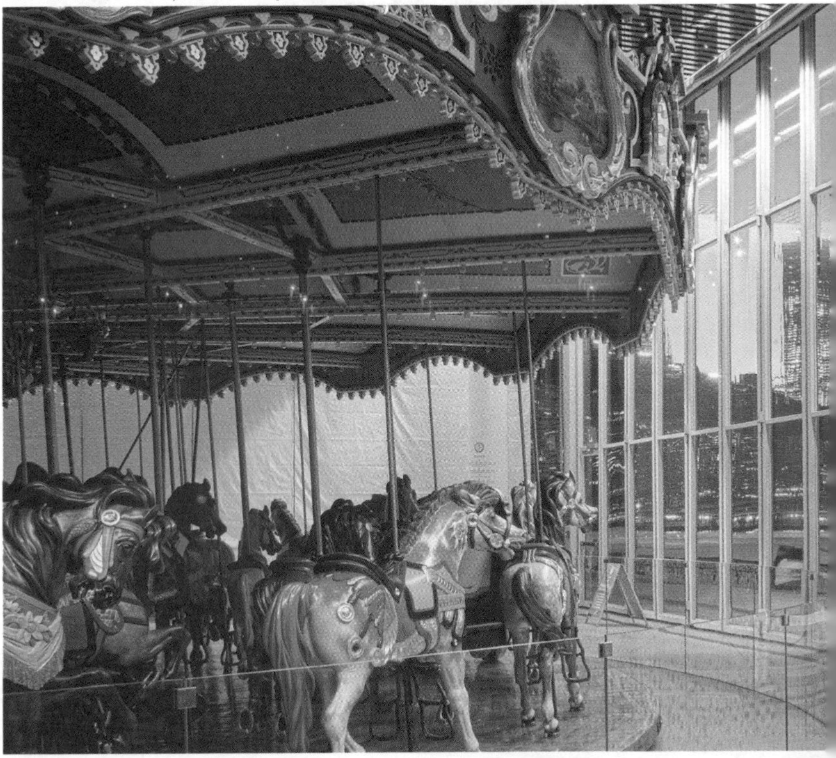

verano hay otras propuestas al aire libre (fiestas, clases comunitarias de yoga, visitas históricas). El Brooklyn Bridge Garden Bar (plano p. 246; http://brooklynbridgegardenbar. com; muelle 1, Brooklyn Bridge Park; ☺12.00-22.00 jun-ago, hasta 18.00 abr, may, sep y oct; §A/C hasta High St) abre solo en temporada en el extremo norte del muelle. También se puede tomar el ferri del East River (p. 237) desde la punta norte.

Muelles 2 y 4

En el muelle 2 hay canchas de baloncesto, balonmano y bochas, además de una pista de patinaje. Cerca se halla la pequeña

> ☑ **Imprescindible**
> La vista de Manhattan y el East River desde el Empire Fulton Ferry al atardecer.

ANDRIA PATINO / GETTY IMAGES ©

playa del muelle 4. Aunque el baño está prohibido, se pueden alquilar tablas de *paddleboard*. Para ir a Brooklyn Heights se recomienda tomar un puente peatonal cuyo acceso se halla cerca del muelle 2.

Muelles 5 y 6

En el extremo sur del parque, más allá de Atlantic Ave, el muelle 6 cuenta con un fantástico parque infantil y una pequeña zona de juegos acuáticos para niños (es necesario llevar traje de baño y toalla). Junto al muelle 5, al norte, hay paseos, canchas de vóley-playa y fútbol y parrillas. También abren algunos locales en temporada (de mayo a octubre), como Fornino (plano p. 246; ☑718-422-1107; www.fornino.com; muelle 6, Brooklyn Bridge Park; *pizzas* 12-25 US$; ☺10.00-22.00 abr-oct; ⊟B45 hasta Brooklyn Bridge Park/Pier 6, §2/3, 4/5 hasta Borough Hall), que sirve *pizza* al horno de leña, cerveza y caprichos italianos y cuenta con una terraza en la azotea. Un ferri gratuito de temporada navega los fines de semana desde el muelle 6 hasta Governors Island (www.govisland.com; ☺10.00-18.00 lu-vi, hasta 19.00 sa y do; §4, 5 hasta Bowling Green; 1 hasta South Ferry) GRATIS .

Cerca de allí

Brooklyn Heights
Promenade   Mirador

(plano p. 246; entre Orange St y Remsen St; ☺24h; ⓰; §2/3 hasta Clark St) Todas las calles de este a oeste de Brooklyn Heights (como Clark St y Pineapple St) conducen a la principal atracción del barrio: un estrecho parque con impresionantes vistas sobre Lower Manhattan y el puerto de NY. Aunque está situada sobre la transitada Brooklyn-Queens Expressway (BQE), este pequeño remanso de belleza urbana es perfecto para pasear al atardecer.

> ✕ **Una pausa**
> En el muelle 6, en el parque, Fornino (ver más arriba) ofrece *pizzas* al horno de leña y una terraza con vistas panorámicas.

Paseo por West Village

De todos los barrios de Nueva York, West Village es sin duda el más apto para pasear, con sus rincones empedrados ajenos a la característica cuadrícula del resto de la isla. No hay que perderse un paseo vespertino entre sus muchos secretos ocultos y cafés singulares.

Inicio: Cherry Lane Theater, Commerce St
Distancia: 1,6 km
Duración: 1 h

4 Al norte de **Christopher Park** se halla **Stonewall Inn,** donde arrancó la revolución gay.

3 Otro hito televisivo en **66 Perry St,** el apartamento de Carrie Bradshaw en *Sexo en Nueva York*.

2 El bloque de apartamentos de **90 Bedford** era la casa del reparto de *Friends* en la ficción.

1 Inagurado en 1924, el **Cherry Lane Theater** (☎212-989-2020; www. cherrylanetheater.org; 38 Commerce St; Ⓢ1 hasta Christopher St-Sheridan Sq) es el establecimiento más veterano de la ciudad fuera de Broadway.

B6GPYJ / ALAMY STOCK PHOTO©

5 El edificio de la **Jefferson Market Library** sirvió como juzgado y como torre de bomberos.
RICK ELKINS/GETTY IMAGES ©

🍴 **Una pausa**

Cerca de Washington Square, **Stumptown Coffee Roasters** (30 W 8th St, en MacDougal St; ⊘7.00-20.00) sirve uno de los mejores cafés de NY.

6th Ave-14th St

W 10th St
W 9th St
W 8th St
GREENWICH VILLAGE

Gay St
Sixth Ave (Avenue of the Americas)
Fifth Ave
Washington Sq W

Washington Sq N

7
FINAL

Foto clásica de músicos callejeros en Washington Square Park

W 4th St
W 4th St-Washington Sq
Washington Sq S

W 3rd St

Cornelia St
Minetta La
Minetta St

6

ta Avenida

Universidad de Nueva York

7 Washington Square Park (Quinta Avenida en Washington Sq N; bA/C/E, B/D/F/M hasta W 4th St-Washington Sq; N/R hasta 8th St-NYU) es la plaza del Village, donde se reúnen estudiantes, músicos callejeros y manifestantes.
DENNIS K. JOHNSON / GETTY IMAGES ©

6 Merece la pena dejarse caer por **Cafe Wha?,** donde empezaron muchos músicos y actores, como Bob Dylan o Richard Pryor.
ANGUS OBORN / GETTY IMAGES ©

0 ———— 400 m

De compras por la Quinta Avenida

La calle comercial más famosa de Nueva York está repleta de tiendas de lujo y llamativos comercios que venden todo lo que se pueda desear. Aficionados a la moda, 'cazadores' de ropa de marca a buen precio y quienes simplemente quieren admirar los espléndidos escaparates se dan cita en la Quinta Avenida, en Midtown.

Ideal para...

ⓘ Lo esencial

plano p. 252; 725 Quinta Avenida, en 56th St; Ⓢ E/M hasta 5th Ave-53rd St; N/Q/R hasta 5th Ave-59th St

★ **Consejo**

La naturaleza está a un paso. No hay mejor antídoto para un duro día de compras que un poco de relax en Central Park.

Inmortalizada en películas y canciones, la Quinta Avenida empezó a desarrollar su reputación elitista a comienzos del s. xx, cuando era conocida por su atmósfera campestre y sus espacios abiertos. Hoy, pese a la proliferación de franquicias, la franja de Midtown de esta avenida sigue destacando por sus tiendas de lujo.

Bergdorf Goodman

Adorado por sus escaparates navideños (los mejores de la ciudad), el lujoso BG (p. 155) crea tendencia, y su directora de moda, Linda Fargo, está a la altura de Anna Wintour. Una referencia para las mujeres adineradas, sus atractivos incluyen colecciones exclusivas de Tom Ford y zapatos de Chanel, en un reputado departamento de calzado femenino. La tienda de caballeros está al otro lado de la calle.

Tiffany & Co

Desde que Audrey Hepburn quedó hipnotizada ante sus vitrinas, Tiffany & Co (plano p. 252; ☎212-755-8000; www.tiffany.com; 727 Quinta Avenida, en 57th St; 🕒10.00-19.00 lu-sa, 12.00-18.00 do; [S]F hasta 57th St; N/Q/R hasta 5th Ave-59th St) ha conquistado innumerables corazones con sus anillos de diamantes, relojes, collares de Elsa Peretti, jarrones y cristalería. Pero además vende bolsos y regalos aptos para viajeros, como abrecartas. Está permitido extasiarse, babear, pero no importunar a los mozos de ascensor con chistes sobre dónde se sirve el desayuno.

Saks Fifth Ave

Con sus ascensores *vintage*, el buque insignia de 10 plantas de Saks (plano p. 252; ☎212-753-4000; www.saksfifthavenue.com; 611

Escaparate navideño en la Quinta Avenida.

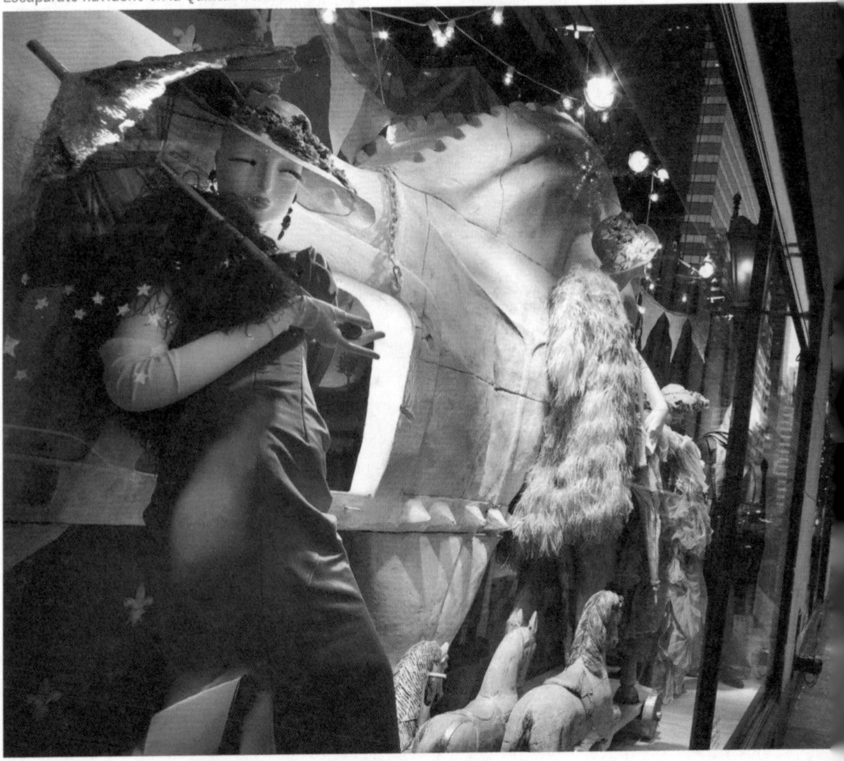

Quinta Avenida, en 50th St; ⏱10.00-20.30 lu-sa, 11.00-19.00 do; Ⓢ B/D/F/M hasta 47th St-50th St-Rockefeller Center; E/M hasta 5th Ave-53rd St) posee el mayor departamento de calzado femenino de NY (con ascensor y código postal propios). Otros puntos fuertes son los departamentos de cosmética y de caballero, este último con el no va más de los salones de estética, John Allan's, y una cuidada selección de firmas de moda. Las rebajas de enero son legendarias.

Bloomingdale's

Técnicamente no está en la Quinta Avenida, pero es un símbolo de la moda tan grande

☑ **Imprescindible**

Los escaparates de Bergdorf Goodman. En Navidad, todos tienen diseños encantadores y asombrosos.

JON HICKS / GETTY IMAGES ©

que sería una herejía no incluirlo. De hecho, Bloomie's es algo así como el Metropolitan Museum of Art de las compras: histórico, inabarcable, excesivo y atestado, pero resultaría una pena perdérselo. Hay que recorrer los estantes en busca de ropa y zapatos de grandes diseñadores estadounidenses y mundiales, así como colecciones de nuevos valores. Se pueden recuperar fuerzas en Magnolia Bakery, el paraíso de los *cupcakes*.

Barneys

Al igual que Bloomie's, Barneys está a un paso de la Quinta Avenida y también atrae a grandes aficionados a la moda. Es respetado por sus acertadas colecciones de firmas de referencia, como Isabel Marant Étoile, Mr & Mrs Italy y Lanvin. También cuenta con productos (ligeramente) más baratos para un público más joven, de marcas *sport* de alta gama en la 8ª planta. Además de ropa maravillosa, otros puntos fuertes son un departamento de cosméticos muy bien surtido en el sótano y Genes, un café futurista con mesas comunitarias y pantallas táctiles para comprar en línea.

Uniqlo

Es la respuesta japonesa a H&M, y este Uniqlo (plano p. 252; ☎877-486-4756; www.uniq lo.com; 666 Quinta Avenida, en 53rd St; ⏱10.00-21.00 lu-sa, 11.00-20.00 do; Ⓢ E, M hasta 5th Ave-53rd St) de 8200 m² es su impresionante buque insignia. Basta hacerse con una bolsa y dejar que el ascensor llegue a la 3ª planta para empezar a consumir. Su fuerte son los básicos asequibles, modernos y de calidad, que van desde camisetas y ropa interior hasta tejanos, jerséis de cachemir y parkas ultraligeras de tejido de alta tecnología.

✕ **Una pausa**

Para huir del caos de las compras se puede ir a Bryant Park Grill (plano p. 252; ☎212-840-6500; www.arkrestaurants.com /bryant_park.html; Bryant Park, 25 W 40th St, entre Quinta Avenida y Sixth Ave; principales 18,50-42 US$; ⏱11.30-23.00; Ⓢ B/D/F/M hasta 42nd St-Bryant Park; 7 hasta 5th Ave).

DÓNDE COMER

Perritos calientes, cocina exclusiva
y una taza de café

Dónde comer

Desde inspiradas versiones de gastronomía mundial hasta bocados típicamente locales, el panorama neoyorkino es infinito, un intenso y orgulloso reflejo del caleidoscopio que forman sus habitantes. A diferencia de California o del Sur, aquí no hay una cocina única. Si el viajero pide comida autóctona le pueden ofrecer desde un perrito caliente hasta un menú francés de degustación en Le Bernardin. En esta metrópoli multicultural, la gastronomía es global por definición, testimonio de los inmigrantes que trajeron sus propias recetas en la maleta y, al igual que ella, se halla en constante evolución, avivada por una ambición insaciable.

Sumario

Financial District y Lower Manhattan 122

SoHo y Chinatown 122

East Village y Lower East Side 124

West Village, Chelsea y Meatpacking District 127

Union Square, Flatiron District y Gramercy 131

Midtown.. 133

Upper East Side 135

Upper West Side y Central Park....... 136

Harlem y Upper Manhattan 137

Brooklyn 138

Guía de precios

Los siguientes precios se refieren a un plato principal, sin impuestos ni propina:

$	menos de 15 US$
$$	15-25 US$
$$$	más de 25 US$

Propinas

Entre el 18% y 20% del precio final. Si se trata de comida para llevar, está bien visto dejar unos dólares en el tarro.

Harlem y Upper Manhattan
La cocina tradicional se fusiona
con los sabores globales (p.137).

**Upper West Side y
Central Park**
Buenos restaurantes escondidos
entre bloques de apartamentos (p.136).

Upper East Side
Damas que almuerzan
y cultura de cafés (p. 135).

Midtown
Restaurantes de calidad, bistrós que
sirven buenos cócteles y tiendas de
comestibles tradicionales (p. 133).

**West Village, Chelsea y
Meatpacking District**
Locales de *brunch* para ver y dejarse ver,
bares de vinos y nueva cocina (p. 127).

**Union Square, Flatiron
District y Gramercy**
Desde paraísos culinarios con
estrellas Michelin hasta hamburgueserías
junto al parque (p. 131).

SoHo y Chinatown
Fideos baratísimos, cafés y
restaurantes de moda (p. 122).

East Village y Lower East Side
Surtido de platos sencillos, desde
Asia hasta Oriente Medio (p. 124).

Financial District y Lower Manhattan
Restaurantes de moda con célebres chefs
y un sibarita mercado francés (p. 122).

Los mejores blogs

Yelp (www.yelp.com) Contenidos exhaustivos y reseñas de usuarios.

Open Table (www.opentable.com) Práctico servicio de reserva en muchos restaurantes.

Eater (www.ny.eater.com) Noticias culinarias y síntesis de restaurantes.

Serious Eats (www.newyork.serious eats.com) Artículos culinarios y noticias sobre restaurantes.

Grub Street (www.newyork.grubstreet. com) Artículos expertos sobre el panorama gastronómico neoyorkino.

Especialidades

'Bagels' De ingeniosa sencillez, pero muy apetitosos, con queso cremoso y lonchas de salmón ahumado.

'Pizza' Nueva York presume de su *pizza* de base fina, mejor en horno de leña.

'Egg creams' Bebida espumosa clásica a base de leche, agua con gas y sirope de chocolate (sin huevo ni nata).

Tarta de queso estilo neoyorkino
Calórica obra maestra local con espesa nata.

Lo mejor

Conocer los mejores restaurantes de Nueva York

Por precio

$

Taïm (p. 128) Estupendos sándwiches de *falafel* en Downtown.

El Rey (p. 124) Audaces combinaciones de cocina de proximidad en Lower East Side.

Moustache (p. 127) Joya de West Village con generosos platos de Oriente Medio.

$$

Upstate (p. 126) Festín de marisco en East Village.

Jeffrey's Grocery (p. 128) Tienda de barrio muy apreciada en West Village.

ViceVersa (p. 133) Elegante restaurante italiano en el barrio de los teatros.

Babu Ji (p. 125) Comida callejera india en un atrevido comedor de East Village.

$$$

Eleven Madison Park (p. 132) Gastronomía vanguardista con mucha fantasía.

Blue Hill (p. 130) Clásico de West Village que emplea ingredientes de su granja al norte del estado.

Degustation (p. 127) Pequeño restaurante de East Village cuyos chefs crean obras de arte ante el cliente.

Cocina tradicional

Barney Greengrass (p. 136) Platos perfectos de salmón ahumado y esturión desde hace más de 100 años en Upper West Side.

Russ & Daughters (arriba; p. 124) Célebre charcutería judía de Lower East Side.

Zabar's (p. 134) Tienda de Upper West Side que sirve sibaritas platos *kosher* desde la década de 1930.

'Brunch'

Estela (p. 124) Animado bar de vinos de Nolita con brillantes platos de temporada.

Rabbit Hole (p. 139) Joya de Williamsburg con soberbio *brunch* diario hasta las 17.00.

Cookshop (p. 130) Gran comedor interior y exterior del oeste de Chelsea.

Cafe Mogador (p. 125) Icono del *brunch* en East Village.

Por gastronomía

Asiática

Uncle Boons (p. 122) Estimulante tailandés de Nolita con estrella Michelin y mucha diversión.

Zenkichi (p. 139) En Williamsburg, templo culinario con velas y exquisito *sushi*.

Lan Larb (p. 122) Platos económicos del noreste de Tailandia en un alegre local en el límite de Chinatown.

Italiana

Rosemary's (p. 130) Restaurante de West Village con bello diseño y platos memorables.

Roman's (p. 139) Menú italiano de temporada en Fort Greene.

Morandi (p. 128) Joya de West Village de dilatadas sobremesas.

Vegetariana

Butcher's Daughter (p. 123) Creativa carta vegetariana en Nolita.

Hangawi (p. 135) Vegetariano coreano de Koreatown, para comer descalzo.

Champs (p. 138) *Diner* de comida casera al este de Williamsburg con sabrosos platos veganos.

Comestibles de lujo

Eataly (p. 132) Paraíso de la mejor comida italiana.

Union Square Greenmarket (arriba; p. 131) Deliciosas verduras y panadería del norte del estado.

Brookfield Place (p. 131) Zona de restauración junto al Hudson, con el emporio Le District de productos galos.

★ La selección de Lonely Planet

Gramercy Tavern (p. 132) Productos de calidad, distinción culinaria, animada taberna y restaurante de alta cocina.

RedFarm (p. 131) Desenfadado local con hábiles platos de fusión china y audaces sabores.

Dovetail (p. 136) La simplicidad es clave en este prodigio de Upper West Side con menú degustación vegetariano los lunes.

Foragers City Table (p. 131) Triunfo de la cocina Km 0 con sabrosas recetas sostenibles en Chelsea.

DESDE IZDA.: (P. 120); ANDREW PINI; ALEXANDER SPATARI; MINT IMAGES / GETTY IMAGES ©; DESDE IZDA. (P. 121), LEW ROBERTSON; LONELY PLANET / GETTY IMAGES ©

✖ Financial District y Lower Manhattan

Hudson Eats Comida rápida $

(plano p. 246; ☎212-417-2445; www.brookfield placeny.com; Brookfield Place, 200 Vesey St; platos desde 7 US$; ⏱10.00-21.00 lu-sa, 12.00-19.00 do; 🛜; 🚇E hasta World Trade Center; 2/3 hasta Park Place; R hasta Cortland St; A/C, 4/5, J/Z hasta Fulton St) Moderna y elegante zona de restauración en el renovado complejo de oficinas y tiendas de Brookfield Place. Con suelos de terrazo, encimeras de mármol y ventanales con vistas al Hudson y Jersey, destacan los restaurantes Blue Ribbon Sushi, Umani Burger y Dos Toros Taquería, con buenos chefs.

Seaport Smorgasburg Mercado $

(plano p. 246; www.smorgasburg.com; Fulton St, entre Front y South St; platos 6-19 US$; ⏱11.00-20.00 may-sep; 🚇A/C, J/Z, 2/3, 4/5 hasta Fulton St) El mercado de alimentación *hipster* de Brooklyn ha saltado el East River para aportar credibilidad local al turístico South Street Seaport. De mayo a finales de septiembre no cesa la actividad, y entre sus platos hay desde rollos de langosta, *ramen* y *pizza* a sándwiches de falda de ternera, ahumada lentamente al estilo tejano. La presencia de varios edificios históricos lo convierte en uno de los sitios económicos más atractivos de Downtown.

Locanda Verde Italiana $$$

(plano p. 246; ☎212-925-3797; www.locan daverdenyc.com; 377 Greenwich St, en Moore St; principales almuerzo 19-29 US$, cena 29-36 US$; ⏱7.00-23.00 lu-ju, hasta 23.30 vi, 8.00-23.30 sa, 8.00-23.00 do; 🚇A/C/E hasta Canal St; 1 hasta Franklin St) Las cortinas de terciopelo dan paso a un ambiente informal de camisas sin corbata, vestidos negros y camareros eficientes tras una larga barra abarrotada. Esta célebre *brasserie* ofrece platos italianos modernos, como *pappardelle* caseros *bolognese* con cordero, menta y ricota de leche de oveja, o halibut a la siciliana con calabacines tradicionales y almendras. El *brunch* del fin de semana es igualmente

creativo: cigalas con polenta o crepes de ricota de limón con arándanos.

Bâtard Estadounidense moderna $$$

(plano p. 246; ☎212-219-2777; www.batardtribe ca.com; 239 W Broadway, entre Walker y White St; menú 2/3/4 platos 55/69/79 US$; ⏱17.30-22.30 lu-sa; 🚇1 hasta Franklin St; A/C/E hasta Canal St) El chef austriaco Markus Glocker dirige este sitio cálido y de moda, con estrella Michelin, cuyo austero interior pone el foco en la comida. Sus equilibrados platos poseen la textura ideal, ya sea la dulce langosta de Maine combinada con salsifí y patatas fritas o el tierno venado envuelto en acelgas y dorado hojaldre.

✖ SoHo y Chinatown

Lan Larb Tailandesa $

(plano p. 246; ☎646-895-9264; 227 Centre St esq. Grand St; platos 9-21 US$; ⏱11.30-22.15; 🚇N/Q/R, J/Z, 6 hasta Canal St) Sirve apetitosos platos tailandeses económicos sobre mesas de plástico. Su especialidad es la ensalada picante *larb* con carne picada de la región de Isan, al noreste de Tailandia (mejor la de pato). También destacan una *som tam* (ensalada de papaya verde) algo traicionera y una delicada *kui teiw nam tok nuer* (oscura sopa de fideos con ternera, campanilla, cebolleta, cilantro y judías germinadas).

Uncle Boons Tailandesa $$

(plano p. 246; ☎646-370-6650; www.uncle-boons.com; 7 Spring St, entre Elizabeth St y Bowery; raciones 12-16 US$, platos grandes 21-28 US$; ⏱17.30-23.00 lu-ju, hasta 24.00 vi y sa, hasta 22.00 do; 🛜; 🚇J/Z hasta Bowery; 6 hasta Spring St) Nuevo restaurante con estrella Michelin que sirve platos tailandeses en una desenfadada mezcla de paneles de madera retro, pósteres de filmes tailandeses y viejas fotos de familia. A caballo entre tradición y modernidad, entre sus vigorosos y penetrantes platos se cuentan un crujiente *mieng kum* (rollo de hoja de betel con jengibre, lima, coco tostado, gambas secas, cacahuetes y chile), *kao pat*

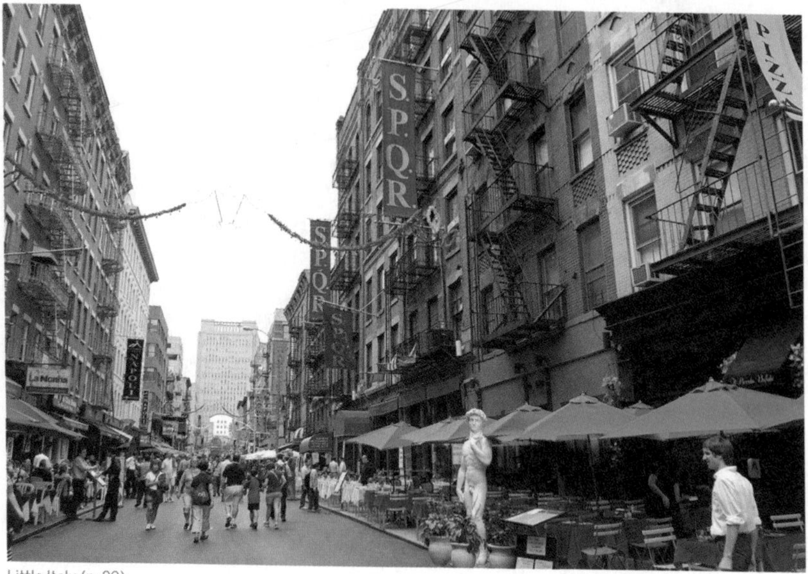

DEATONPHOTOS / SHUTTERSTOCK ©

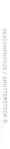

Little Italy (p. 89).

puu (arroz frito con cangrejo) y ensalada de flores de plátano.

Butcher's Daughter Vegetariana **$$**
(plano p. 246; ☎212-219-3434; www.thebutchersdaughter.com; 19 Kenmare St esq. Elizabeth St; ensaladas y sándwiches 12-14 US$, principales cena 16-18 US$; 🕒8.00-22.00 do-ju, hasta 23.00 vi y sa; 📶🥗; [S]J hasta Bowery; 6 hasta Spring St) "La hija del carnicero" se rebela y ofrece solo platos frescos vegetarianos en su encalado local, saludables y nada aburridos: desde el muesli de cultivo ecológico a la ensalada picante César de col rizada con parmesano de almendras, o la hamburguesa Butcher de la cena (de verdura y judías negras con cheddar de anacardos), todo es delicioso.

Nyonya Malaya **$$**
(plano p. 246; ☎212-334-3669; www.ilovenyonya.com; 199 Grand St, entre Mott y Mulberry St; principales 7-24 US$; 🕒11.00-23.30 lu-ju y do, hasta 24.00 vi y sa; [S]N/Q/R, J/Z, 6 hasta Canal Street; B/D hasta Grand St) Animado templo a la cocina chino-malaya Nyonya que transporta al comensal a la tórrida Malaca con sabores dulces, agrios y picantes en clásicos como la cazuela de cabeza de pescado Assam, el apetitoso *rendang* (curri seco y picante) de ternera y la refrescante *rojak* (sabrosa ensalada de fruta con vinagreta picante de tamarindo). Los vegetarianos no tienen mucho donde elegir. Solo aceptan efectivo.

Zona con manteles a cuadros y comida italiana.

Amazing 66 China **$$**
(plano p. 246; ☎212-334-0099; www.amazing66.com; 66 Mott St, entre Canal y Bayard St; principales 9-27 US$; 🕒11.00-23.00; [S]N/Q/R, J/Z, 6 hasta Canal St) Este luminoso y alegre restaurante, uno de los mejores de cocina cantonesa, atrae a muchos nostálgicos chinos del barrio. Sirven exquisitos platos como costillas a la parrilla con miel y gambas con salsa de judías negras.

Estela Estadounidense moderna $$$
(plano p. 246; 📞212-219-7693; www.estelanyc.
com; 47 E Houston St, entre Mulberry y Mott St;
platos 15-37 US$; 🕐17.30-23.00 do-ju, hasta
23.30 vi y sa; 🚇B/D/F/M hasta Broadway-La-
fayette St; 6 hasta Bleecker St) Aunque oculto
tras unas anodinas escaleras (que no
confunden a los *gourmets*), este concurrido
bar de vinos ofrece lo mejor en comida y
vino. Tiene buenos platos para compartir,
desde un fenomenal *tartar* con corazón de
ternera, una adictiva tostada de mejillones
en escabeche y una sensual ensalada de
endivias con nueces y anchoas.

Dutch Estadounidense moderna $$$
(plano p. 246; 📞212-677-6200; www.thedutch
nyc.com; 131 Sullivan St esq. Prince St; principales
almuerzo 18-29 US$, cena 29-58 US$; 🕐11.30-
23.00 lu-ju, 11.30-23.30 vi, 10.00-23.30 sa, 10.00-
23.00 do; 🚇C/E hasta Spring St; N/R hasta
Prince St; 1 hasta Houston St) En la barra o en
la sala trasera, este fiable restaurante Km 0
para ver y dejarse ver sirve buenos platos
caseros con sabores de todo el planeta,
desde *tempura* de boniato con albahaca
tailandesa y salsa de chile fermentada has-

ta raviolis de ricota con pesto de acelgas
y nueces. Conviene reservar, sobre todo
cenas y fines de semana.

🍴 East Village y Lower East Side

Russ & Daughters Delicatesen $
(plano p. 246; www.russanddaughters.com; 179 E
Houston St, entre Orchard y Allen St; principales
10-14 US$; 🕐8.00-19.00 lu-sa, hasta 17.30 do;
🚇F hasta 2nd Ave) Desde 1914, este emblemático local sirve delicias judías del este
de Europa como caviar, arenque y salmón
ahumados y *bagels* bañados en queso
cremoso. No tiene sillas: hay que sacar
número al llegar, pedir cualquier delicia y
comérsela en un banco del parque cercano.

El Rey Café $
(plano p. 246; 📞212-260-3950; www.elreynyc.
com; 100 Stanton St, entre Orchard y Ludlow St;
raciones 7-17 US$; 🕐7.00-22.30 lu-vi, desde
8.00 sa y do; 📶; 🚇F hasta 2nd Ave) Local
blanco y minimalista de Stanton, con más
aspecto de SoCal que de Lower East Side,

MELINA MARA/THE WASHINGTON POST / GETTY IMAGES ©

que cuenta con una nutrida clientela por sus exquisitos y creativos platos (a precios razonables) de Km 0 y muchas opciones veganas. Para el almuerzo sirven *fritatta* con ensalada de hinojo o remolacha asada con cereales y yogur, y para cenar, ensalada de pulpo con puré de judías negras, por ejemplo.

Momofuku Noodle Bar   Fideos $$

(plano p. 246; 212-777-7773; www.momofuku. com; 171 First Ave, entre 10th y 11th St; principales 17-28 US$; 12.00-23.00 do-ju, hasta 1.00 vi y sa; L hasta 1st Ave; 6 hasta Astor Pl) En este exitoso y minúsculo local, con solo 30 taburetes y que no admite reservas, siempre hay que esperar. Pero el plato del día justifica la cola: *ramen* de fideos caseros en caldo, con huevo escalfado, panceta, paletilla de cerdo y otras creativas combinaciones. La carta cambia a diario e incluye bollos (como el de falda de ternera y rábano picante), tentempiés (alitas de pollo ahumadas) y postres.

Cafe Mogador   Marroquí $$

(plano p. 246; 212-677-2226; www.cafemog ador.com; 101 St Marks Pl; principales almuerzo 8-14 US$, cena 17-21 US$; 9.00-24.00; 6 hasta Astor Pl) Clásico familiar con montañas de cuscús, cordero asado y salchicha *merguez* con arroz *basmati*, y generosas bandejas mixtas de *hummus* y *baba ghanoush*. Pero lo mejor son los *tajines*: pollo o cordero cocinado a fuego lento con especias tradicionales y servido de cinco formas diferentes.

Babu Ji   India $$

(plano p. 246; 212-951-182; www.babujinyc. com; 175 Ave B, entre 11th y 12 St; principales 16-25 US$; 18.00-madrugada lu-sa; L hasta 1st Ave) Excelente restaurante indio en Alphabet City, de ambiente desenfadado. El comensal puede montar una comida a base de platos callejeros como *papadi chaat* (garbanzos, granada y chutney de yogur) y croquetas de patata con langosta, u otros más contundentes como chuletas de cordero *tandoori* o curri de vieiras y coco.

Dimes   Café $$

(plano p. 246; 212-925-1300; www.dimesnyc. com; 49 Canal St, entre Orchard y Ludlow St; principales desayuno 8-13 US$, cena 14-23

DENNIS K. JOHNSON / GETTY IMAGES ©

★ Las cinco mejores pizzerías

Roberta's (p. 138)
Juliana's (p. 139)
Paulie Gee's (p. 139)
Luzzo's (p. 126)
Co (p. 130)

Desde izda.: Momofuku Noodle Bar; Juliana's (p. 139); Roberta's (p. 138).

SIVAN ASKAYO / GETTY IMAGES ©

US$; 🕓 8.00-23.00 lu-vi, desde 9.00 sa y do; 🍴) Pequeño y soleado restaurante con una fiel clientela por su servicio cordial y sus saludables platos con buena relación calidad-precio. Gente con inquietud por el diseño se agolpa para desayunar tacos picantes (hasta 16.00), comer cuencos de cereales con *açaí* (aromática baya amazónica rica en vitaminas), creativas ensaladas (con aguaturma, anchoas y queso de cabra), y cenar platos serios (lubina rayada con curri verde, cerdo desmigado con arroz de jazmín).

Upstate · Pescado y marisco $$

(plano p. 246; 📞 212-460-5293; www.upstatenyc.com; 95 First Ave, entre 5th y 6th St; principales 15-30 US$; 🕓 17.00-23.00; Ⓢ F hasta 2nd Ave) Apetitosos platos de marisco y cervezas artesanales. La pequeña y cambiante carta ofrece mejillones al vapor con cerveza, estofado de marisco, vieiras sobre risotto de setas, nécoras y deliciosas ostras. No hay congelador: el marisco viene del mercado a diario. Conviene llegar temprano porque las colas son largas.

Luzzo's · Pizza $$

(plano p. 246; 📞 212-473-7447; www.luzzosgroup.com; 211 First Ave, entre 12th y 13th St; *pizzas* 18-26 US$; 🕓 12.00-23.00 do-ju, hasta 24.00 vi y sa; Ⓢ L hasta 1st Ave) Este popular restaurante, ubicado en una estrecha zona de edificios de East Village, se llena cada noche de exigentes amantes de las *pizzas* de base fina con tomates maduros, en horno de carbón.

Fung Tu · Fusión $$$

(plano p. 246; 📞 212-219-8785; www.fungtu.com; 22 Orchard St, entre Hester y Canal St; raciones 13-18 US$, principales 24-32 US$; 🕓 18.00-24.00 ma-sa, 16.00-22.00 do; Ⓢ F hasta East Broadway) El célebre chef Jonathan Wu ofrece excelentes ejemplos de fusión china con acentos globales en este pequeño y selecto restaurante, en el límite de Chinatown. Los elaborados platos para compartir son deliciosos (crepes de cebolleta con ensalada de anacardos y pollo ahumado o rollito de ternera en su jugo, pepinos en escabeche y berros) y maridan con cócteles creativos como el Fung Tu Gibson.

Mercado de Chelsea.

Degustation Europea moderna $$$

(plano p. 246; 📞212-979-1012; www.degus
tation-nyc.com; 239 E 5th St, entre 2nd y 3rd
Ave; raciones 12-22 US$, menú degustación
85 US$; ⏱18.00-23.30 lu-sa, hasta 22.00 do;
Ⓢ6 hasta Astor Pl) Combinando recetas
ibéricas, francesas y del Nuevo Mundo, este
estrecho restaurante con 19 sillas tiene un
fantástico surtido de tapas. En un marco
íntimo, los comensales se sientan en torno
a una larga barra de madera, y en el centro
del escenario, el chef Nicholas Licata y su
equipo preparan un crujiente pulpo, tripa
de cordero con huevo escalfado y paella
con langostinos azules y chorizo.

✖ West Village, Chelsea y Meatpacking District

Mercado de Chelsea Mercado $

(plano p. 252; www.chelseamarket.com; 75 9th
Ave, entre 15th St y 16th St; ⏱7.00-21.00 lu-sa,
8.00-20.00 do; Ⓢ A/C/E hasta 14th St) Brillante
ejemplo de renovación y conservación,
esta antigua fábrica de las galletas Nabisco
(creador de las Oreo) es hoy un espacio
comercial de 244 m² para *gourmets*. Sus
antiguos hornos han dado paso a eclécticos restaurantes que llenan los pasillos de
este paraíso culinario.

Mercado de Gansevoort Mercado $

(plano p. 246; www.gansmarket.com; 52
Gansevoort, entre Greenwich y Washington St;
principales 5-20 US$; ⏱8.00-20.00; Ⓢ A/C/E
hasta 14th St; L hasta 8th Ave) En un edificio
de ladrillo del corazón de Meatpacking
District, este amplio mercado es el mejor
y más reciente emporio gastronómico de
NY. En un austero recinto industrial con tra-
galuces, varias docenas de puestos sibaritas ofrecen tapas, arepas, tacos, *pizzas*,
pasteles de carne, helados y repostería.

Moustache De Oriente Medio $

(plano p. 246; 📞212-229-2220; www.mous
tachepitzawest.com; 90 Bedford St, entre Grove y
Barrow St; principales 10-17 US$; ⏱12.00-24.00;
Ⓢ1 hasta Christopher St-Sheridan Sq) Pequeño
y desenfadado restaurante con mesas de

🍽 Del huerto urbano a la mesa

Ya sea el Kunik triple crema del norte
del estado en **Bedford Cheese Shop**
(plano p. 252; 📞718-599-7588; www.bed
fordcheeseshop.com; 67 Irving Pl, entre 18th
y 19th St; ⏱8.00-21.00 lu-sa, hasta 20.00
do; Ⓢ4/5/6, N/Q/R, L hasta 14th St-Union
Sq) o las ostras de Montauk Pearls en el
exquisito **Craft** (plano p. 252; 📞212-780-
0880; www.craftrestaurantsinc.com; 43 E
19th St, entre Broadway y Park Ave S; principales almuerzo 15-35 US$, cena 31-45 US$;
⏱17.30-22.00 do-ju, hasta 23.00 vi y sa; 📶;
Ⓢ4/5/6, N/Q/R, L hasta 14th St-Union Sq)
📶, la pasión de Nueva York por lo local
y lo artesanal sigue intacta. Hoy un creciente número de jardines comunitarios
y de azoteas son ya huertos urbanos.

Aunque es previsible hallar desde
tomates de cultivo ecológico en lo
alto de las delicatesen de Upper East
Side hasta colmenas en los tejados
de East Village, quien se lleva la palma
es Brooklyn Grange (www.brooklyn
grangefarm.com), granja de cultivo
ecológico que ocupa dos azoteas en
Long Island City y los Brooklyn Navy
Yards. Con 1 Ha es quizá la mayor del
mundo en su género y produce más de
22 700 kg de productos al año, desde
huevos hasta zanahorias, acelgas y
tomates. Entre sus colaboradores
figuran algunos de los mejores restaurantes, como Marlow & Sons (p. 139) y
Roberta's (p. 138) en Brooklyn, y Dutch
(p. 124) en Manhattan.

Bedford Cheese Shop.
AURORA PHOTOS / ALAMY STOCK PHOTO ©

cobre, paredes de ladrillo y ricos y sabrosos sándwiches (pierna de cordero, salchicha *merguez, falafel*), *pizzas* finas, potentes ensaladas y suculentas especialidades como *ouzi* (empanada de pollo, arroz y especias) y *moussaka*. Para empezar, nada como una fuente de *hummus* o *baba ghanoush* con suaves *pitas* calientes.

Taïm
Israelí $

(plano p. 246; ✆212-691-1287; www.taimfalafel. com; 222 Waverly Pl, entre Perry y W 11th St; sándwiches 7-8 US$; 🕙11.00-22.00; 🚇1/2/3, A/C/E hasta 14th St) Minúsculo local con magníficos *falafels*: verdes (estilo tradicional), *harissa* (con especias tunecinas) o rojos (con pimientos asados), todos en pan de *pita* con cremosa salsa *tahini* y una generosa ración de ensalada israelí.

Jeffrey's Grocery
Estadounidense moderna $$

(plano p. 246; ✆646-398-7630; www.jeffreysgro cery.com; 172 Waverly Pl esq. Christopher St; principales 25-39 US$; 🕙8.00-23.00 lu-vi, desde 9.30 sa y do; 🚇1 hasta Christopher St-Sheridan Sq) Animado local, todo un clásico de West Village, siempre en su punto. El pescado es la estrella: hay una barra de ostras y platos de marisco, como navajas con caviar y eneldo, dorada asada con curri y fuentes para compartir. Además, sirven pollo asado con tupinambos y una modesta pero jugosa hamburguesa de pastrami.

Morandi
Italiana $$

(plano p. 246; ✆212-627-7575; www.morandiny. com; 211 Waverly Pl, entre Seventh Ave y Charles St; principales 18-38 US$; 🕙8.00-24.00 lu-vi, desde 10.00 sa y do; 🚇1 hasta Christopher St-Sheridan Sq) En este local de iluminación cálida, dirigido por el restaurador Keith McNally, las charlas de sus comensales resuenan entre paredes de ladrillo, suelos de madera y rústicas lámparas de araña. Se puede gozar de una comida completa a base de espaguetis hechos a mano con limón y parmesano, albóndigas con piñones y pasas y besugo a la parrilla.

🍴 NYC Restaurant Week

A los gastrónomos expertos en gangas les encanta la bianual NYC Restaurant Week. De finales de enero a principios de febrero y de julio a agosto, muchos restaurantes, incluidos algunos de los mejores, sirven almuerzos de tres platos por 25 US$, o cenas de tres platos por 38 US$. Para información y reservas, consúltese www.nycgo.com/restaurant-week.

Arriba: fuentes de antipasto; izda.: tacos con cilantro fresco; dcha.: gastroneta de NYC Restaurant Week.

Cookshop Estadounidense moderna **$$**

(plano p. 252; 📞212-924-4440; www.cooksho
pny.com; 156 Tenth Ave, entre 19th y 20th St;
principales brunch 14-20 US$, almuerzo 16-24
US$, cena 22-38 US$; ⏱8.00-23.30 lu-vi, desde
10.00 sa, 10.00-22.00 do; 🚇L hasta 8th Ave;
A/C/E hasta 23rd St) Magnífica escala para
el *brunch* antes o después de pasear por la
frondosa High Line, al otro lado de la calle;
es un sitio alegre que domina su especiali-
dad. Su gran servicio, magníficos cócteles
(*good morning,* BLT Mary, con sabor a
beicon), panes horneados y creativos pla-
tos principales de huevo lo convierten en
uno de los mejores sitios de Chelsea para
pasar la tarde del domingo.

Co Pizza **$$**

(plano p. 252; 📞212-243-1105; www.co-pane.
com; 230 Ninth Ave, en 24th St; *pizzas* 17-21 US$;
⏱17.00-23.00 lu, 11.30-21.00 ma-sa, 11.00-22.00
do; 🚇C/E hasta 23rd St) *Pizza* preparada con
maestría en un elegante local de madera
que recuerda a una granja escandinava.
Con ingredientes de la huerta, como hinojo
y mozzarella, elaboran fielmente las *pizzas*
napolitanas de base fina. Ensaladas de

escarola, remolacha o *radicchio* –así como
una carta de vinos de todo el mundo y
algunos dulces– redondean la oferta.

Rosemary's Italiana **$$**

(plano p. 246; 📞212-647-1818; www.rosemar
ysnyc.com; 18 Greenwich Ave esq. W 10th St;
principales 15-32 US$; ⏱8.00-24.00 lu-vi, desde
10.00 sa y do; 🚇1 hasta Christopher St-Sheridan
Sq) Restaurante de los más de moda de
West Village, con platos italianos a la altura
de lo que promete su publicidad. En un
ambiente algo rural, los comensales dan
cuenta de generosas porciones de pasta
casera, sabrosas ensaladas, y tablas de
queso y *salumi* (embutidos). Entre los clási-
cos destacan el *acqua pazza* (estofado de
marisco) y cordero ahumado con verduras
asadas.

Blue Hill Estadounidense **$$$**

(plano p. 246; 📞212-539-1776; www.bluehillfarm.
com; 75 Washington Pl, entre Sixth Ave y Washington Sq W; menú 88-98 US$; ⏱17.00-23.00;
🚇A/C/E, B/D/F/M hasta W 4th St-Washington
Sq) Uno de los primeros abanderados de
la producción local, ideal para adictos a la

Eataly, el paraíso de la gastronomía italiana (p. 132).

slow food con poder adquisitivo. El creativo chef Dan Barber, procedente de una familia de granjeros de los Berkshires, Massachusetts, emplea productos de su tierra y de granjas del norte del estado en sus elogiados platos.

RedFarm   Fusión $$$

(plano p. 246; 📞212-792-9700; www.redfarmnyc. com; 529 Hudson St, entre 10th y Charles St; principales 22-46 US$, *dim sum* 10-16 US$; 🕙11.00-14.30 sa y do, 17.00-23.00 lu-do; 🚇A/C/E, B/D/F/M hasta W 4th St; 1 hasta Christopher St-Sheridan Sq) Alegre local de Hudson St que convierte la cocina china en arte puro y exquisito. *Bruschetta* de cangrejo fresco y berenjena, jugosa costilla (marinada toda una noche en papaya, jengibre y soja) y rollitos de primavera de pastrami fusionan oriente y occidente con maestría. También destacan su crujiente ternera picante, buñuelos de cordero y curri rojo de langostinos a la parrilla.

Foragers City Table   Estadounidense moderna $$$

(plano p. 252; 📞212-243-8888; www.forager scitygrocer.com; 300 W 22nd St esq. Eighth Ave; principales 25-36 US$; 🕙10.30-14.30 sa y do, 17.30-22.00 lu-do; 🚲; 🚇C/E, 1 hasta 23rd St) Los dueños de este excelente restaurante de Chelsea tienen una granja de 11 Ha en el valle del Hudson, origen de buena parte de sus ingredientes. La carta, con clásicos de temporada, cambia con frecuencia. Entre las tentaciones más recientes figuran sopa de calabacín con tupinambos y trufas negras, pollo asado con polenta, lomo de cerdo y platos de temporada, con quinoa asada y una sabrosa mezcla de verduras.

✖ Union Square, Flatiron District y Gramercy

Tacombi Café
El Presidente   Mexicana $

(plano p. 252; 📞212-242-3491; www.tacombi. com; 30 W 24th St, entre Quinta Avenida y Sixth Ave; tacos 3,50-5,50 US$, quesadillas 8-9 US$; 🕙11.00-24.00 lu-sa hasta 22.30 do; 🚇F/M, N/R

🍽 ¡Al mercado!

En Nueva York hay un creciente interés por las verduras, que se traduce de muchas formas. Encabezando la lista está el mercado de Chelsea (p. 127), lleno de todo tipo de delicias de *gourmet*. En los últimos años han abierto otras zonas de restauración, como el mercado de Gansevoort (p. 127) en Meatpacking District y tres en **Brookfield Place** (plano p. 246; 📞212-417-7000; brookfieldplaceny.com; 200 Vesey St; 📶; 🚇E hasta World Trade Center; 2/3 hasta Park Place; R hasta Cortland St; A/C, 4/5, J/Z hasta Fulton St), en Lower Manhattan.

Muchos barrios tienen su propio mercado de verduras. Uno de los mayores es **Union Square Greenmarket** (plano p. 252; www.grownyc.org; Union Square, 17th St entre Broadway y Park Ave S; 🕙8.00-18.00 lu, mi, vi y sa; 🚇4/5/6, N/Q/R, L hasta 14th St-Union Sq), que abre cuatro días a la semana todo el año. En Grow NYC (www. grownyc.org/greenmarket) hay una lista de los más de 50 restantes.

En Brooklyn, los mejores mercados de fin de semana son Smorgasburg (www. smorgasburg.com; 🕙11.00-18.00 sa y do), con más de 100 puestos de comida artesana (hay otro Smorgasburg de temporada más pequeño en el puerto marítimo de Southstreet), y el Brooklyn Flea Market (p. 157), con varias docenas de tenderetes.

Además, se rumorea que Anthony Bourdain, presentador de un programa de cocina, abrirá en el 2017 un amplio mercado internacional con más de 100 puestos en el muelle 57, junto a W 15th St, frente al río Hudson.

Smorgasburg en Brooklyn.

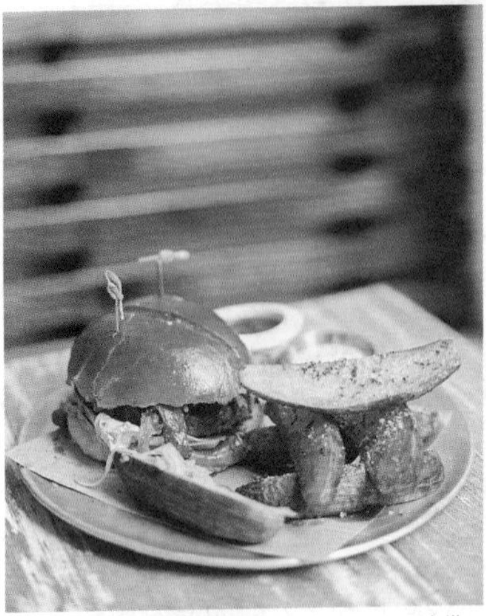

MINT IMAGES / GETTY IMAGES ©

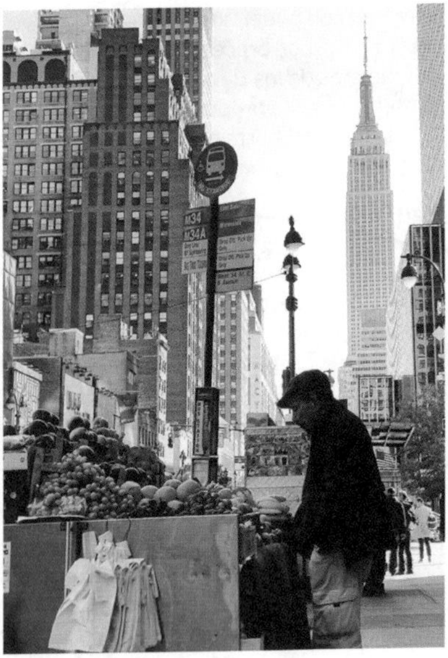

CHRIS GARCIA / EYEEM / GETTY IMAGES ©

Arriba: hamburguesa con patatas artesanas y pepinillo; dcha.: puesto de fruta bajo el Empire State Building; pág. siguiente: gamba roja con salsa verde en Eataly.

hasta 23rd St) Emulando los cafés de Ciudad de México, este versátil local rosa y verde es bar de zumos y licores y local de tacos. Tras sentarse, se impone pedir un margarita y elegir algo de deliciosa comida callejera, como *esquites* (maíz asado con queso *cotija* y mayonesa de chipotle, servidos en vaso de cartón) y suculentos tacos *carnitas michoacan* (cerdo marinado en cerveza).

Eataly Italiana **$$**

(plano p. 252; www.eataly.com; 200 Quinta Avenida esq. 23rd St; ⏲8.00-23.00; 🖉; [S]N/R, F/M, 6 hasta 23rd St) Amplio y elegante templo de Mario Batali a la cocina italiana. Desde *crudo* (pescado crudo) y *fritto misto* (fritura de verduras) hasta humeante pasta y *pizza* en su serie de restaurantes con mesas. Otra opción es tomar un *espresso* en la barra y componer entre sus mostradores y estantes una cesta de pícnic tradicional.

Tienen una cervecería en la azotea, **Birreria** (☎212-937-8910; principales 17-37 US$; ⏲11.30-23.00 do-ju, hasta 24.00 vi y sa), con un apretado programa de clases de cocina y apreciación culinaria. Para más información, véase la web.

Eleven Madison Park Estadounidense moderna **$$$**

(plano p. 252; ☎212-889-0905; www.elevenmadisonpark.com; 11 Madison Ave, entre 24th y 25th St; menú degustación 225 US$; ⏲12.00-13.00 ju-sa, 17.30-22.00 lu-do; [S]N/R, 6 hasta 23rd St) Este restaurante de alta cocina ocupaba el 5º puesto en la lista San Pellegrino 2015 de los 50 mejores del mundo, y este ejemplo renovado de cocina sostenible es uno de los seis con tres estrellas Michelin de NY .

Gramercy Tavern Estadounidense moderna **$$$**

(plano p. 252; ☎212-477-0777; www.gramercytavern.com; 42 E 20th St, entre Broadway y Park Ave S; principales taberna 19-24 US$, menú 3 platos comedor 98 US$, menús degustación 105-120 US$; ⏲taberna 12.00-23.00 do-ju, hasta 24.00 vi y sa, comedor 12.00-14.00 y 17.30-22.00 lu-ju, hasta 23.00 vi, 12.00-13.30 y 17.30-23.00 sa, 17.30-22.00 do; 📶🖉; [S]N/R, 6 hasta 23rd St) 🍃 Los ingredientes locales de temporada lideran este clásico, una vibrante institución con elegante decoración rural, candelabros de cobre, murales y espectaculares arreglos florales. Cuenta con dos

MELINA MARA/THE WASHINGTON POST / GETTY IMAGES ©

espacios: la taberna no acepta reservas y tiene servicio de carta; el comedor es más chic, con menús degustación. En la taberna destacan un sensacional pan de carne de pato con champiñones, castañas y coles de Bruselas.

✕ Midtown

Totto Ramen
Japonesa $

(plano p. 252; ☎212-582-0052; www.tottoramen. com; 366 W 52nd St, entre Eighth y Ninth Ave, Midtown West; *ramen* desde 10 US$; ⊙12.00-16.30 y 17.30-24.00 lu-sa, 16.00-23.00 do; Ⓢ C/E hasta 50th St) Aunque tienen otros dos locales en Midtown, ninguno supera al original, con solo 20 sillas. Se escribe el nombre y número de comensales en la tablilla con sujetapapeles y se espera turno. La recompensa es un *ramen* extraordinario.

Es mejor obviar el pollo y apostar por el cerdo, en platos como miso *ramen* (con pasta de soja fermentada, huevo, cebolleta, judías germinadas, cebolla y pasta de chile casera).

Burger Joint
Hamburguesas $

(plano p. 252; ☎212-708-7414; www.burgerjoint ny.com; Le Parker Meridien, 119 W 56th St, entre Sixth y Seventh Ave, Midtown West; hamburguesas desde 8,50 US$; ⊙11.00-23.30 do-ju, hasta 24.00 vi y sa; Ⓢ F hasta 57th St) Señalizado con una pequeña hamburguesa de neón, este local se oculta tras una cortina del vestíbulo del hotel Le Parker Meridien. Pese a no ser tan moderno o secreto como antes, ofrece la misma exitosa fórmula de paredes decoradas con grafitis, reservados retro y un personal atento que prepara hamburguesas con maestría.

ViceVersa
Italiana $$

(plano p. 252; ☎212-399-9291; www.vicever sanyc.com; 325 W 51st St, entre Eighth y Ninth Ave, Midtown West; almuerzo 2 platos 25 US$. principales cena 24-32 US$; ⊙12.00-14.30 y 16.30-23.00 lu-vi, 16.30-23.00 sa, 11.30-15.00 y 16.30-22.00 do; Ⓢ C/E hasta 50th St) Es el italiano típico: refinado, sofisticado, afable y delicioso. En la carta hay platos de diversas regiones, como *arancini* con trufas negras y queso fontina. Un clásico es *casoncelli alla bergamasca* (raviolis de ternera picada,

Nueva York en bandeja

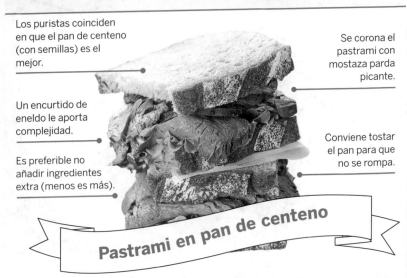

Los puristas coinciden en que el pan de centeno (con semillas) es el mejor.

Se corona el pastrami con mostaza parda picante.

Un encurtido de eneldo le aporta complejidad.

Conviene tostar el pan para que no se rompa.

Es preferible no añadir ingredientes extra (menos es más).

LISOVSKAYA NATALIA / SHUTTERSTOCK ©

Pastrami en pan de centeno

La experiencia del sándwich de pastrami

Hincar el diente a un sándwich de pastrami es una experiencia clásica neoyorkina. Para ello, nada mejor que una de las delicatesen judías tradicionales, con luces de neón, asientos en la barra y un personal seco pero afectuoso. El sándwich se sirve con una montaña de tiernas y jugosas lonchas de pastrami algo picante, que contrastan con el crujir del pan de centeno tostado, y la vigorosa mostaza que lo unifica todo: una obra de arte exquisita.

Katz's Delicatessen.
CRISTINAMURACA / SHUTTERSTOCK ©

Los cinco mejores pastramis

Katz's Delicatessen (plano p. 246; 212-254-2246; www.katzsdelicatessen.com; 205 E Houston St, en Ludlow St; sándwiches 15-22 US$; 8.00-22.45 lu-mi y do, hasta 2.45 ju, toda la noche vi y sa; S F hasta 2nd Ave)

Dickson Farmstand Meats (www.chelseamarket.com; mercado de Chelsea; plano p. 252; 75 9th Ave, entre 15th y 16th St; 7.00-21.00 lu-sa, 8.00-20.00 do; S A/C/E hasta 14th St)

Zabar's (plano p. 250; 212-787-2000; www.zabars.com; 2245 Broadway esq. 80th St; 8.00-19.30 lu-vi, hasta 20.00 sa, 9.00-18.00 do; S 1 hasta 79th St)

Eisenberg's (plano p. 252; www.eisenbergsnyc.com; 174 Quinta Avenida, en 22nd St; sándwiches 7-12 US$; 6.30-20.00 lu-vi, 9.00-18.00 sa, hasta 17.00 do)

Barney Greengrass (p. 136)

pasas y galletas *amaretto* con salvia, mantequilla, panceta y Grana Padano), un guiño al origen lombardo del chef Stefano Terzi. La barra es ideal para comensales solitarios, y el frondoso patio, un lugar divertido para dejarse ver en el *brunch* dominical.

Hangawi Coreana $$

(plano p. 252; ☎212-213-0077; www.hangawirestaurant.com; 12 E 32nd St, entre Quinta Avenida y Madison Ave; principales almuerzo 11-30 US$, cena 19-30 US$; ⏲12.00-14.30 y 17.30-22.15 lu-vi, 13.00-22.30 sa, 17.00-21.30 do; 🖉; [S] B/D/F/M, N/Q/R hasta 34th St-Herald Sq) Su fuerte es la cocina coreana vegetariana. Tras descalzarse, se llega a un espacio zen de música para meditar, asientos bajos y platos limpios y complejos. Las crepes de puerro y el seductor tofu en olla de barro con salsa de jengibre son sensacionales.

Le Bernardin Pescado y marisco $$$

(plano p. 252; ☎212-554-1515; www.le-bernardin.com; 155 W 51st St, entre Sixth y Seventh Ave, Midtown West; menús almuerzo/cena 80/140 US$, degustación 170-205 US$; ⏲12.00-14.30 y 17.15-22.30 lu-ju, hasta 23.00 vi, 17.15-23.00 sa; [S] 1 hasta 50th St; B/D, E hasta 7th Ave) Ha elevado sutilmente el tono para una clientela joven (el imponente tríptico con motivo de tormenta es obra de Ran Ortner, artista de Brooklyn), pero con sus tres estrellas Michelin sigue siendo un edén del lujo y la buena cocina. El chef francés Éric Ripert está al timón; su marisco de engañosa sencillez roza lo trascendental.

Artisanal Francesa $$$

(plano p. 252; ☎212-725-8585; www.artisanalbistro.com; 2 Park Ave S, entre 32nd y 33rd St, Midtown East; principales 24-50 US$; ⏲10.00-24.00 lu-vi, desde 9.00 sa y do; 🖉; [S] 6 hasta 33rd St) Esta versión moderna de un antiguo bistró parisino es el paraíso del queso, con más de 200 variedades, desde el picante italiano canestrato al penetrante francés livarot. Se puede probar una cata de queso y vino o aventurarse con una de sus *fondues*. Además, ofrecen una serie de clásicos de bistró, desde sopa de cebolla gratinada (con una mezcla de tres quesos) hasta bullabesa.

🍴 Upper East Side

Café Sabarsky Austriaca $$

(plano p. 250; ☎212-288-0665; www.kg-ny.com; 1048 Quinta Avenida esq. E 86th St; principales 18-30 US$; ⏲9.00-18.00 lu y mi, hasta 21.00 ju-do; 🖉 👪; [S] 4/5/6 hasta 86th St) En este concurrido café, que evoca la opulenta Viena de finales del s. XIX, se forman largas colas por sus sabrosos platos, como crepes de trucha ahumada, *goulash* y *bratwurst* asada, además de su amplia oferta de dulces, como la deliciosa tarta Sacher (chocolate negro con confitura de albaricoque).

Beyoglu Turca $$

(plano p. 250; ☎212-650-0850; 1431 Third Ave esq. 81st St; principales 16-18 US$, para compartir 6-8 US$; ⏲12.00-22.00 do-ju, hasta 23.00 vi y sa; 🖉; [S] 6 hasta 77th St, 4/5/6 hasta 86th St) Veterano clásico para vecinos ávidos de sabores mediterráneos, que sirve fuentes de *meze* (aperitivos) para compartir: rico y cremoso *hummus*, jugosos *kebabs* de cordero, tiernas hojas de parra y pulpo a la parrilla con aroma de limón. Tiene un amplio y cómodo interior y terraza los días de sol.

Boqueria Española $$

(plano p. 250; ☎212-343-2227; www.boqueriaanyc.com; 1460 Second Ave, entre 76th y 77th St; tapas 6-16 US$, paella 2 personas 38-46 US$; ⏲12.00-23.00 lu-vi, 11.00-23.00 sa y do; [S] 6 hasta 77th St) Este alegre y apreciado bar de tapas traslada parte del atractivo de Downtown a Upper East Side, con sus patatas bravas, su jamón ibérico y su pulpo a la gallega. El chef barcelonés Marc Vidal prepara una exquisita paella de marisco.

Tanoshi Sushi $$$

(☎917-265-8254; www.tanoshisushinyc.com; 1372 York Ave, entre 73rd y 74th St; selección *sushi* del chef 80 US$ aprox.; ⏲18.00-22.30 lu-sa; [S] 6 hasta 77th St) No es fácil conseguir uno de los 20 taburetes de este popularísimo restaurante de *sushi*. El marco es modesto, pero espléndidos los sabores de las vieiras de Hokkaido, el sábalo atlántico, el salmón flambeado o el delicioso *uni* (erizo de mar).

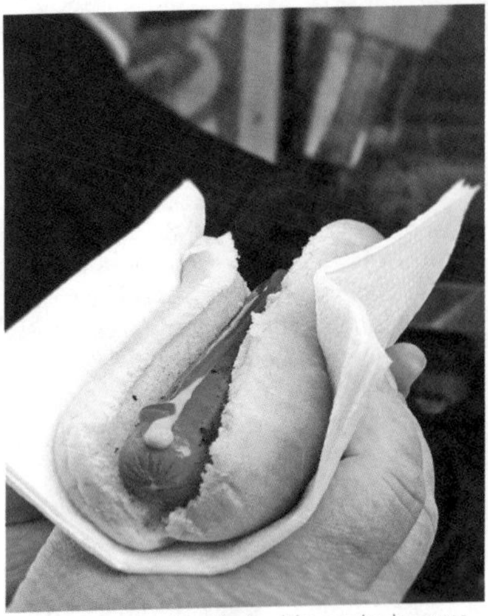

CHAMELEONSEYE / SHUTTERSTOCK ©

PETER PTSCHELINZEW / GETTY IMAGES ©

Arriba: clásico perrito caliente; dcha.: cocina japonesa en St Mark's Place; pág. siguiente: vendedor de perritos calientes y *pretzels*.

Solo sirven *sushi* en *omakase:* selección del chef de lo mejor del día. Hay que llevar la bebida y reservar con mucha antelación.

🍴 Upper West Side y Central Park

Barney Greengrass Delicatesen **$$**
(plano p. 250; ☎212-724-4707; www.barneygreengrass.com; 541 Amsterdam Ave esq. 86th St; principales 12-22 US$; 🕐8.30-16.00 ma-vi, hasta 17.00 sa y do; [S]1 hasta 86th St) El autoproclamado "rey del esturión" sirve los suculentos platos que le dieron fama cuando abrió hace un siglo: huevos y salmón ahumado, excelente caviar y *babkas* de chocolate que se derrite en la boca. Ideal para tonificarse por la mañana o almorzar algo rápido sobre destartaladas mesas en pasillos llenos de productos.

Jacob's Pickles Estadounidense **$$**
(plano p. 250; ☎212-470-5566; www.jacobspickles.com; 509 Amsterdam Ave, entre 84th y 85th St; principales 15-26 US$; 🕐10.00-2.00 lu-ju, hasta 4.00 vi, 9.00-4.00 sa, hasta 2.00 do; [S]1 hasta 86th St) Tentador local de cálida iluminación en una zona de restaurantes de Amsterdam Ave, que ensalza el modesto encurtido. Además de pepinillos y otras conservas, sirven generosas porciones de comida casera de calidad, como tacos de bagre, muslos de pavo estofados al vino y macarrones gratinados con setas. Las galletas son deliciosas.

Dovetail Estadounidense moderna **$$$**
(plano p. 250; ☎212-362-3800; www.dovetailnyc.com; 103 W 77th St esq. Columbus Ave; menú degustación 58-135 US$; 🕐17.30-22.00 lu-ju, hasta 23.00 vi y sa, 17.00-22.00 do; 🌿; [S]A/C, B hasta 81st St-Museum of Natural History, 1 hasta 79th St) Restaurante con estrella Michelin, belleza zen (ladrillo visto, mesas desnudas) y exquisitos menús de temporada: lubina rayada con tupinambo y trufa de San Juan, y venado con beicon, remolacha dorada y verduras silvestres. Cada noche hay dos menús degustación de siete platos: uno para omnívoros (135 US$) y otro para vegetarianos (108 US$).

✖ Harlem y Upper Manhattan

Red Rooster Estadounidense moderna **$$**

(☎212-792-9001; www.redroosterharlem.
com; 310 Malcolm X Blvd, entre 125th y 126th St,
Harlem; principales 18-30 US$; ⏱11.30-22.30
lu-ju, hasta 23.30 vi, 10.00-23.30 sa, 10.00-22.00
do; ⓢ2/3 hasta 125th St) El superchef Marcus
Samuelsson adorna sus impecables platos
caseros con un universo de sabores en
su atractiva y jovial *brasserie*. Aquí los
macarrones con queso se combinan con
la langosta, el bagre dorado con el mango
en escabeche, y las albóndigas suecas
homenajean a su país de origen. El menú
de almuerzo (25 US$) es una ganga.

Amy Ruth's Restaurant Estadounidense **$$**

(☎212-280-8779; www.amyruthsharlem.com;
113 W 116th St, entre Malcolm X Blvd y Adam
Clayton Powell Jr. Blvd, Harlem; gofres 10-18 US$,
principales 14-25 US$; ⏱11.00-23.00 lu, 8.30-
23.00 ma-ju, 24 h vi y sa, hasta 23.00 do; ⓢB,
C, 2/3 hasta 116th St) Siempre lleno, sirve
comida clásica sureña, desde bagre frito a
macarrones gratinados y esponjosas galletas. Pero son los gofres los que justifican el
viaje; hay hasta 14 variedades, incluido uno
con gambas. El favorito de los autores es
el Rev Al Sharpton, con un suculento pollo
frito.

Dinosaur Bar-B-Que Barbacoa **$$**

(☎212-694-1777; www.dinosaurbarbque.
com; 700 W 125th St esq. Twelfth Ave, Harlem;
principales 12,50-25 US$; ⏱11.30-23.00 lu-ju,
hasta 24.00 vi y sa, 12.00-22.00 do; ⓢ1 hasta
125th St) Deportistas, *hipsters* y familias:
todos se ensucian las manos con sus
costillas marinadas asadas a fuego lento,
jugosos filetes y suculentas hamburguesas.
Quienes cuidan la línea cuentan con platos
de pollo a la parrilla con un ligero aderezo.
Entre las escasas opciones vegetarianas
hay una gran versión de huevos rellenos
con especias criollas picantes.

Obras de arte callejero contemplan las mesas al aire libre de Williamsburg.

El arte mural está de moda en el lado de Brooklyn de Williamsburg Bridge.

✕ Brooklyn

Champs
Vegana $

(📞718-599-2743; www.champsdiner.com; 197 Meserole St esq. Humboldt St; sándwiches y ensaladas 9-12 US$; ⏰8.00-24.00; 🛜🚯; Ⓢ L hasta Montrose) 🌱 Este amplio *diner* sirve deliciosos platos caseros con ingredientes veganos. Precios razonables y desayunos todo el día lo mantienen siempre lleno. Se aconseja probar la tostada francesa con revuelto de tofu y beicon de *tempeh*, las crepes con pepitas de chocolate y plátano, los macarrones gratinados o la *bacon cheeseburger* (hamburguesa de judías negras con beicon de *tempeh* y queso vegetal).

Pok Pok
Tailandesa $$

(📞718-923-9322; www.pokpokpdx.com; 117 Columbia St esq. Kane St, Columbia Street Water-front District; para compartir 12-20 US$; ⏰17.30-22.00 lu-vi, desde 10.00 sa y do; Ⓢ F hasta Bergen St) El divertido y destartalado local neoyorkino de Andy Ricker es un éxito incontestable con una rica y elaborada carta inspirada en la comida callejera del norte de Tailandia: abrasadoras alitas de pollo con salsa de pescado, ensalada picante de papaya verde con cangrejo negro salado, ensalada de berenjena ahumada y panceta dulce con jengibre, cúrcuma y tamarindo. Hay que reservar con antelación.

Roberta's
Pizza $$

(📞718-417-1118; www.robertaspizza.com; 261 Moore St, cerca de Bogart St, Bushwick; *pizzas* 14-18 US$; ⏰11.00-24.00 lu-vi, desde 10.00 sa y do; 🚯; Ⓢ L hasta Morgan Ave) Este almacén de Bushwick lleno de *hipsters* sirve algunas de las mejores *pizzas* de NY. El servicio puede ser indolente y la espera larga (el almuerzo es la mejor hora), pero las *pizzas*, hechas en horno de ladrillo, poseen la textura perfecta. La clásica margarita es sencilla pero sublime, aunque los paladares más atrevidos optarán por clásicos de tem-

SASCHA KILMER / GETTY IMAGES ©

porada como la Speckenwolf (mozzarella, beicon, champiñones y cebolla).

Rabbit Hole
Estadounidense moderna $$

(718-782-0910; www.rabbitholerestaurant. com; 352 Bedford Ave, entre S 3rd y 4th St, Williamsburg; principales desayuno 9-14 US$, cena 15-22 US$; 9.00-23.00; ; L hasta Bedford Ave; J/M/Z hasta Marcy Ave) Este cálido y tentador restaurante del sur de Williamsburg es perfecto para desaparecer, sobre todo si apetece desayunar (hasta 17.00). Delante hay una cafetería informal con buen café y pasteles caseros. La parte trasera o el relajante jardín son ideales para saborear cremosos huevos benedictinos o fruta fresca y cereales.

Por la noche, sus suelos de madera y techos de zinc transforman el interior en un *gastropub*, con hamburguesas de cordero, lubina flambeada, cervezas artesanas y cócteles tradicionales.

Zenkichi
Japonesa $$

(718-388-8985; www.zenkichi.com; 77 N 6th St esq. Wythe Ave; raciones 9-18 US$, menú degustación 65 US$; 18.00-24.00 lu-sa, 17.30-23.30 do; L hasta Bedford Ave) Templo a la cocina japonesa refinada, con atractivos platos en un marco pintoresco que ha impresionado a *gourmets* de todas partes. Se aconseja el *omakase* (menú degustación de temporada de ocho platos, en el que destacan *sashimi* curado con algas konbu, gambas en *tempura* con setas trompeta negra, bacalao negro a la parrilla y sopa de miso).

Roman's
Italiana $$

(718-622-5300; www.romansnyc.com; 243 Dekalb Ave, entre Clermont y Vanderbilt Ave; principales 18-28 US$; 17.00-23.00 lu-vi, desde 12.00 sa y do; G hasta Clinton-Washington Ave) Pequeño y animado local de la zona de Dekalb Ave, dedicado a la cocina de proximidad y de temporada con una decidida carta que cambia cada noche. Los platos, de granjas pequeñas y sostenibles, ofrecen imaginativas combinaciones y están elaborados a la perfección: remolacha con naranjas y anchoas, *maccheroni* con salchicha de cerdo y ricota, y filete de lubina con aceitunas.

Paulie Gee's
Pizza $$

(347-987-3747; www.pauliegee.com; 60 Greenpoint Ave, entre West y Franklin St, Greenpoint; *pizzas* 14-18 US$; 18.00-23.00 lu-vi, desde 17.00 sa, 17.00-22.00 do; ; G hasta Greenpoint Ave) La mejor pizzería de Greenpoint posee un acogedor ambiente de cabaña del bosque, con velas y ritmos tradicionales. La clientela se apiña en grandes mesas de madera para dar cuenta de deliciosas *pizzas* de base fina con creativos ingredientes. La experiencia se remata con cerveza artesana, una asequible carta de vinos, vigorosas ensaladas y postres sibaritas (tarta de chocolate sin harina o helado Van Leeuwen).

Marlow & Sons
Estadounidense moderna $$

(718-384-1441; www.marlowandsons. com; 81 Broadway, entre Berry St y Wythe Ave, Williamsburg; principales almuerzo 14-18 US$, cena 25-28 US$; 8.00-24.00; J/M/Z hasta Marcy Ave; L hasta Bedford Ave) Este local de madera, tenue iluminación y animado ambiente nocturno parece un viejo café rural. Comensales y bebedores se dan cita para tomar ostras, cócteles sublimes y una rotativa carta diaria de platos de proximidad (lomo de cerdo ahumado, *pizzas* crujientes, nabos caramelizados, esponjosas tortillas a la española). El *brunch* es también un gran reclamo, aunque hay colas.

Juliana's
Pizza $$

(plano p. 246; 718-596-6700; www.julianaspizza.com; 19 Old Fulton St, entre Water y Front St, Dumbo; *pizzas* 17-32 US$; 11.30-23.00; A/C hasta High St) El legendario maestro pizzero Patsy Grimaldi ha vuelto a Brooklyn, con deliciosas *pizzas* de base fina en combinaciones clásicas y creativas, como la n° 5, con salmón ahumado, queso de cabra y alcaparras. Está ubicado en Dumbo y en el paseo marítimo de Brooklyn.

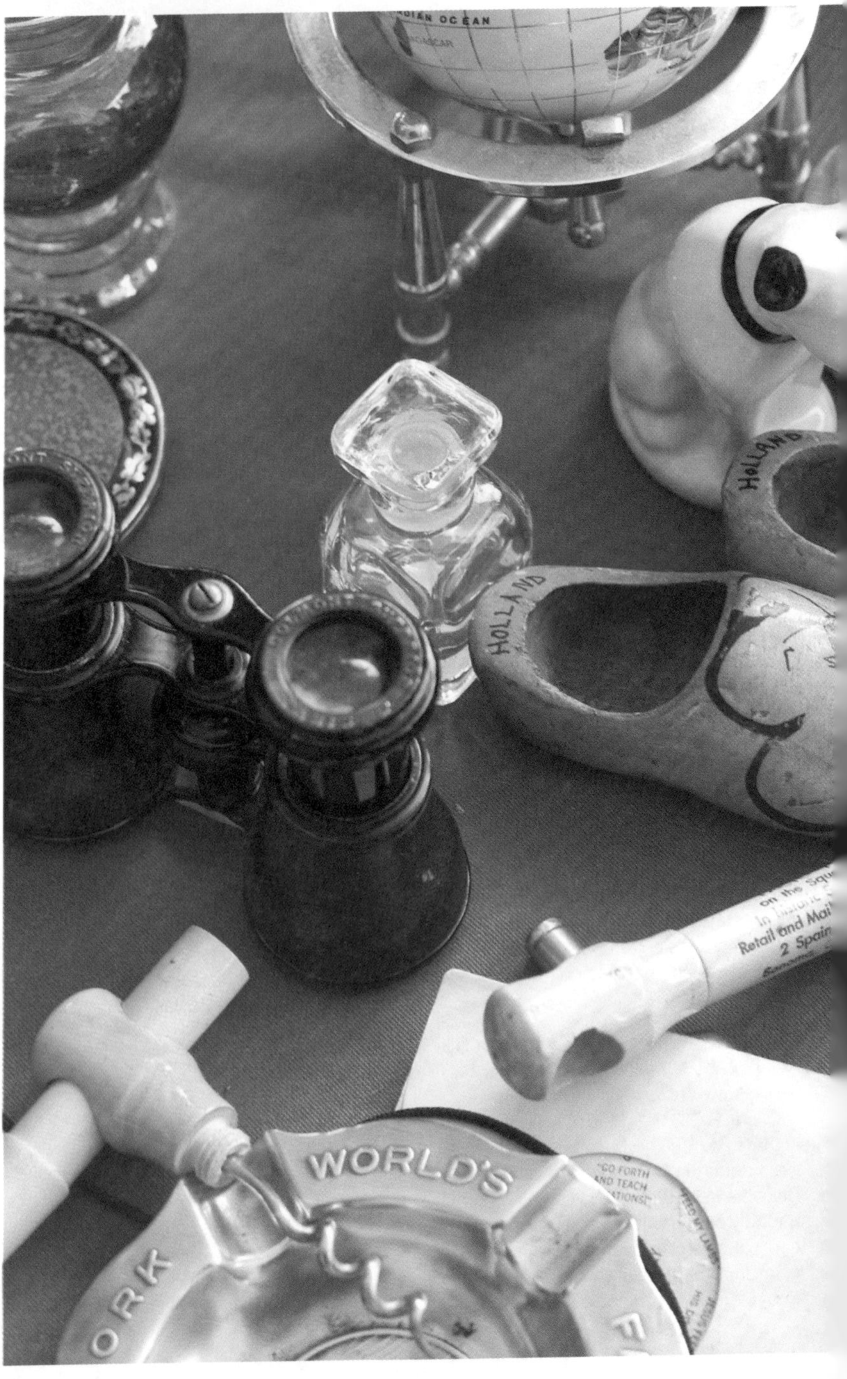

DOROTHY ALEXANDER / ALAMY STOCK PHOTO ©

DE COMPRAS

En busca de tesoros

De compras

Los neoyorkinos viven en una ciudad de tentaciones. 'Boutiques' de colores pastel, vanguardistas tiendas de música, sugestivos anticuarios, salones de té...; sea cual sea la debilidad del viajero, encontrará todo lo que desea y muchas curiosidades cuya existencia desconocía.

Comprar en Nueva York no es solo coleccionar objetos bellos e imaginativos, sino vivirla en toda su variedad y conectar con sus numerosas subculturas: desde curiosear LP clásicos de 'soul' en una tienda de East Village hasta competir con entendidos de la moda en una venta de muestras en Nolita, el visitante hallará a su tribu. Se venden juguetes tradicionales, joyas artesanas 'punk-rock', libros de anticuario, ropa vegana, prendas de marca en buen estado, adornos de hogar de 'decoupage' y monografías de artistas: para todo lo que se pueda pensar, casi seguro habrá una tienda.

Sumario

Financial District y
Lower Manhattan.............................. 146

SoHo y Chinatown 147

East Village y Lower East Side 150

West Village, Chelsea
y Meatpacking District 153

Union Square, Flatiron
District y Gramercy........................... 154

Midtown.. 155

Upper East Side 156

Upper West Side y Central Park....... 158

Harlem y Upper Manhattan 158

Brooklyn 158

Blogs de moda

Racked (www.ny.racked.com) Blog de compras que toma el pulso a la actualidad.

New York Magazine (www.nymag.com) Opiniones fiables sobre los mejores sitios para utilizar la tarjeta en la Gran Manzana.

The Glamourai (www.theglamourai. com) Blog de la rutilante moda de Downtown lleno de vanguardistas ideas de estilo.

Upper West Side y Central Park
Las tiendas más caras del país están
en Madison Ave (p. 158).

Midtown
Grandes almacenes épicos, cadenas
internacionales y algún que otro tesoro (p. 155).

**West Village, Chelsea
y Meatpacking District**
Boutiques y compras exclusivas en Bleecker
St, Washington St, Hudson St y W 14th St (p. 153).

**Union Square, Flatiron
District y Gramercy**
Bares antiguos, coctelerías de moda
y divertidos locales de estudiantes (p. 154).

SoHo y Chinatown
West Broadway es un centro comercial al
aire libre de inmensas proporciones (p. 147).

East Village y Lower East Side
Tesoro de artículos *vintage*
y de diseño (p. 150).

Financial District y Lower Manhattan
Sucesión de joyas, desde antiguos
carteles de cine, vinos difíciles de
encontrar y ropa *hipster-chic* (p. 146).

Brooklyn
Mezcla de *boutiques* independientes
y tiendas de segunda mano (p. 158).

Horario comercial

En general, la mayoría de las tiendas
abre de 10.00 a alrededor de las 19.00
los días laborables y de 11.00 a 20.00
los sábados. Los domingos varían:
algunas cierran y otras abren como en
los días laborables. En los barrios de
Downtown suelen cerrar más tarde.
Las *boutiques* pequeñas tienen horario
variable; muchas abren a las 12.00.

Rebajas

Las hay de ropa todo el año, normalmente al final de cada temporada, para
vender el género antiguo. Hay también
grandes rebajas durante las vacaciones,
sobre todo las semanas antes de
Navidad.

Lo mejor

Comprar hasta caer rendido en las mejores tiendas de Nueva York

'Boutiques' de moda

Steven Alan (p. 146) Moda de inspiración tradicional, con sucursales por toda la ciudad.

Marc by Marc Jacobs (p. 153) Clásico de Downtown y Uptown, sobre todo en West Village.

Rag & Bone (p. 147) Excelente ropa a medida para hombres y mujeres.

John Varvatos (p. 151) Ropa resistente y sofisticada en un antiguo club de *rock* de Downtown.

Opening Ceremony (p. 147) En el SoHo, prendas vanguardistas llamativas y zapatos para los más atrevidos.

Mujeres

Verameat (p. 150) Exquisitas joyas entre bellas y caprichosas.

Beacon's Closet (p. 158) El no va más para amantes del *vintage,* en múltiples ubicaciones.

MIN New York (p. 148) Perfumes únicos en un entorno de botica.

Niños

Dinosaur Hill (p. 153) En East Village, diversión y creativos juguetes, libros y música que despertarán las mentes más jóvenes.

Books of Wonder (p. 155) Grandes ideas para regalar y lecturas en la propia tienda, cerca de Union Square.

Librerías

Strand Book Store (arriba; p. 153) La mejor librería de viejo de Nueva York.

McNally Jackson (p. 148) Genial para curiosear y asistir a lecturas de autores en el SoHo.

Housing Works Book Store (p. 148) Libros de ocasión y cafetería en un pintoresco enclave de Nolita.

192 Books (p. 154) Perfecta librería de barrio, en Chelsea.

Tiendas de música

Rough Trade (p. 159) El vinilo está muy vivo en esta nueva y amplia tienda de música y sala de conciertos de Williamsburg.

Other Music (p. 148) Icono de Downtown con una gran oferta de músicas difíciles de encontrar.

A-1 Records (arriba; p. 151) Infinitas cajas llenas de discos, en East Village.

Recuerdos únicos

Obscura Antiques (arriba; p. 150) Tienda de curiosidades con objetos singulares.

Amé Amé (p. 155) Bonitos paraguas e impermeables de bella factura, además de caramelos.

Top Hat (p. 153) Coleccionables con encanto de todo el planeta.

Bowne Stationers & Co (p. 146) Imprenta de gran tradición que tiene desde carteles antiguos a artículos de papelería sobre Nueva York.

Hombres

By Robert James (p. 150) Prendas resistentes de un nuevo pero célebre diseñador local.

Nepenthes New York (p. 155) Colectivo japonés que vende marcas muy apreciadas por los entendidos.

Odin (p. 149) Pequeña *boutique* masculina con piezas únicas.

★ La selección de Lonely Planet

Barneys (p. 115) Los incondicionales de la moda compran (o al menos curiosean) en esta tienda, conocida por sus certeras colecciones de primeras marcas.

Brooklyn Flea (p. 157) En los mercadillos de Brooklyn no faltan muebles de época, prendas retro y antiguallas, así como buenos puestos de comida callejera.

ABC Carpet & Home (p. 154) Como en un museo, sus seis plantas están repletas de tesoros, desde muebles hasta joyas y regalos de todo el mundo.

MoMA Design & Book Store (p. 155) Ideal para comprar libros de gran formato, reproducciones de arte, atrevidas joyas e insólitos artículos del hogar.

🔒 Financial District y Lower Manhattan

Century 21 — Moda
(plano p. 246; 📞212-227-9092; www.c21stores.com; 22 Cortlandt St, entre Church St y Broadway; ⏰7.45-21.00 lu-vi, 10.00-21.00 sa, 11.00-20.00 do; 🚇A/C, J/Z, 2/3, 4/5 hasta Fulton St; R hasta Cortlandt St) Estos grandes almacenes con precios reducidos son adictivos para los ahorradores, pues en sus estantes se ven prendas de marca rebajadas hasta en un 65%. No todo es una maravilla o una ganga, pero la constancia tiene premio. También tienen accesorios, zapatos, cosméticos, menaje y juguetes.

Shinola — Accesorios
(plano p. 246; 📞917-728-3000; www.shinola.com; 177 Franklin St, entre Greenwich y Hudson St; ⏰11.00-19.00 lu-sa, 12.00-18.00 do; 🚇1 hasta Franklin St) Famosa por sus deseados relojes de pulsera, esta marca de Detroit posee una modernísima selección de artículos nacionales, como fundas de piel para iPad, forros de diario y neceseres, productos de belleza, joyas y bicicletas de edición limitada con bolsas a medida. Obsequian la inscripción de iniciales en artículos de piel y papelería, y disponen de cafetería. **Smile** (plano p. 246; 📞917-728-3023; www.thesmilenyc.com; 177 Franklin St, entre Greenwich y Hudson St; ⏰7.00-19.00 lu-vi, 8.00-19.00 sa, 8.00-18.00 do; 🚇1 hasta Franklin St).

Steven Alan — Moda, accesorios
(plano p. 246; 📞212-343-0692; www.stevenalan.com; 103 Franklin St, entre Church St y W Broadway; ⏰11.30-19.00 lu-mi, vi y sa, 11.30-20.00 ju, 12.00-18.00 do; 🚇A/C/E hasta Canal St; 1 hasta Franklin St) Este diseñador neoyorkino combina sus modernas prendas masculinas y femeninas de inspiración clásica con una línea de marcas *indie-chic,* como la francesa Arpenteur y la escandinavas Acne y Norse Projects. Entre sus accesorios hay fragancias poco comunes, bolsos, joyas y zapatos de marcas como Common Projects e Isabel Marant Étoile.

Bowne Stationers & Co — Regalos
(plano p. 246; 📞646-315-4478; 211 Water St, entre Beekman y Fulton St; ⏰11.00-19.00; 🚇2/3, 4/5, A/C, J/Z hasta Fulton St) Ubicada en la adoquinada South Street Seaport, esta

Arriba: MoMA Design Store (p. 148); dcha.: Century 21; pág. siguiente: Shinola.

tienda del s. xviii tiene reproducciones de carteles antiguos, blocs de notas, estuches, postales, sellos, y hasta papel de regalo con motivos neoyorkinos. En el taller de al lado se pueden encargar tarjetas de visita personalizadas o asistir a uno de sus cursos mensuales de impresión.

Citystore Recuerdos
(plano p. 246; ☎212-386-0007; a856-citystore. nyc.gov; Municipal Bldg, North Plaza, 1 Centre St; ⏰10.00-17.00 lu-vi; Ⓢ J/Z hasta Chambers St; 4/5/6 hasta Brooklyn Bridge-City Hall) Placas de taxi genuinas, posavasos en forma de tapa de alcantarilla, calcetines con referencias al metro, gorras de béisbol de la policía, bolsas para vino de Manhattan y Brooklyn, así como una gran oferta de libros sobre la ciudad.

Philip Williams Posters Vintage
(plano p. 246; ☎212-513-0313; www.postermu seum.com; 122 Chambers St, entre Church St y W Broadway; ⏰10.00-19.00 lu-sa; Ⓢ A/C, 1/2/3 hasta Chambers St) Este cavernoso local alberga más de medio millón de carteles, desde grandes anuncios franceses de perfume y coñac hasta pósteres de filmes soviéticos, o bien promociones *retro* de la aerolínea TWA. Los precios oscilan entre los 15 US$ de una reproducción pequeña y los varios miles de las piezas originales más raras. Hay otra entrada en 52 Warren St.

🔒 SoHo y Chinatown

Opening Ceremony Moda, calzado
(plano p. 246; ☎212-219-2688; www.opening ceremony.us; 35 Howard St, entre Broadway y Lafayette St; ⏰11.00-20.00 lu-sa, 12.00-19.00 do; Ⓢ N/Q/R, J/Z, 6 hasta Canal St) Esta tienda unisex es famosa por su amena y exclusiva selección de marcas *indie,* con una oferta cambiante de diseñadores de todo el globo, consolidados y emergentes, complemen- tada por sus audaces creaciones propias. En sus estantes no faltan modelos urbanos, atrevidos e inesperados, que dan mucho que hablar.

Rag & Bone Moda
(plano p. 246; ☎212-219-2204; www.rag-bone. com; 119 Mercer St, entre Prince y Spring St; ⏰11.00-20.00 lu-sa, 12.00-19.00 sa; Ⓢ N/R

hasta Prince St) Marca de Downtown que triunfa entre los neoyorkinos con más estilo. Entre sus prendas, llenas de detalles, hay camisas y chaquetas de *sport* de corte limpio, camisetas estampadas, suéteres monocromáticos, vaporosos vestidos de tirantes, artículos de piel y los apreciados vaqueros Rag & Bone. El corte suele ser impecable y además tienen calzado, sombreros, bolsos y carteras.

MiN New York   Belleza

(plano p. 246; 212-206-6366; www.min.com; 117 Crosby St, entre Jersey y Prince St; 11.00-19.00 ma-sa, 12.00-18.00 lu y do; B/D/F/M hasta Broadway-Lafayette St; N/R hasta Prince St) Esta elegante botica con aire de biblioteca posee una soberbia colección rotativa de exclusivos y raros perfumes, artículos de cuidado personal y velas perfumadas. Además de las históricas fragancias europeas, destacan otras artesanales autóctonas como Strangelove NYC y Vagabond Prince, así como su propia línea de productos capilares.

Screaming Mimi's   Vintage

(plano p. 246; 212-677-6464; www.screamingmimis.com; 382 Lafayette St, entre E 4th y Great Jones St; 12.00-20.00 lu-sa, 13.00-19.00 do; 6 hasta Bleecker St; B/D/F/M hasta Broadway-Lafayette St) Esta divertida tienda enloquecerá a los amantes de la ropa *vintage*. Ofrece una gran selección de prendas organizadas por décadas, desde los años cincuenta a los noventa. Si se pide, se puede ver la pequeña muestra que guardan de los años veinte a cuarenta.

Other Music   Música

(plano p. 246; 212-477-8150; www.othermusic.com; 15 E 4th St, entre Lafayette St y Broadway; 11.00-20.00 lu-mi, 11.00-21.00 ju y vi, 12.00-20.00 sa, 12.00-19.00 do; 6 hasta Bleecker St; B/D/F/M hasta Broadway-Lafayette St) Tienda *indie* con una clientela fiel y una cuidada selección de CD de *lounge*, música psicodélica, electrónica o *indie rock* poco convencional, nuevos y usados. El afable y entendido personal ayuda a traducir los caprichos musicales más íntimos en discos reales. Además tienen una excelente selección de vinilos nuevos y de ocasión.

McNally Jackson   Libros

(plano p. 246; 212-274-1160; www.mcnallyjackson.com; 52 Prince St, entre Lafayette y Mulberry St; 10.00-22.00 lu-sa, a 21.00 do; N/R hasta Prince St; 6 hasta Spring St) Animada librería independiente con una gran oferta de revistas y volúmenes de ficción contemporánea, cocina, arquitectura, diseño, arte e historia. Su cafetería es ideal para relajarse leyendo o para asistir a una de las frecuentes lecturas de autores y firmas de ejemplares.

MoMA Design Store   Regalos

(plano p. 246; 646-613-1367; www.momastore.org; 81 Spring St, con Crosby St; 10.00-20.00 lu-sa, 11.00-19.00 do; N/R hasta Prince St; 6 hasta Spring St) La tienda del Museum of Modern Art posee un amplio surtido de elegantes, selectos e ingeniosos objetos para el hogar, la oficina y el guardarropa, como despertadores modernistas, escultóricos jarrones y joyas, lámparas surrealistas, sofisticados utensilios de cocina, así como juegos de inteligencia, marionetas, originales bufandas, libros de gran formato y otros muchos regalos únicos.

Housing Works Book Store   Libros

(plano p. 246; 212-334-3324; www.housingworks.org/usedbookcafe; 126 Crosby St, entre E Houston y Prince St; 9.00-21.00 lu-vi, 10.00-17.00 sa y do; B/D/F/M hasta Broadway-Lafayette St; N/R hasta Prince St) Relajado, desenfadado y con una gran selección de libros de segunda mano, vinilos, CD y DVD (los beneficios se destinan a comunidades de seropositivos y enfermos de SIDA sin hogar), este chirriante escondite con cafetería propia es un sitio muy neoyorkino para pasar una apacible tarde.

Evolution   Regalos

(plano p. 246; 212-343-1114; www.theevolutionstore.com; 120 Spring St, entre Mercer y Greene St; 11.00-20.00; N/R hasta Prince St; 6 hasta Spring St) Su peculiar oferta de coleccionables de historia natural, propia de un museo, lo convierten en el lugar ideal

para adquirir –o contemplar– escarabajos y mariposas enmarcados, insectos en cubos de ámbar, loros disecados, pieles de cebra y dientes de tiburón, aparte de maravillas pétreas como meteoritos, fragmentos de Marte y fósiles de 100 millones de años.

3x1
Moda

(plano p. 246; ☎212-391-6969; www.3x1.us; 15 Mercer St, entre Howard y Grand St; ☼11.00-19.00 lu-sa, 12.00-18.00 do; ⓢN/Q/R, J/Z, 6 hasta Canal St) En esta fábrica-tienda de vaqueros a medida, con tres niveles de servicios, el visitante puede diseñar sus jeans más seductores. El "listo para llevar" permite elegir el dobladillo de los vaqueros (mujeres desde 195 US$, hombres desde 245 US$); el "personalizado", la tela y detalles de un modelo ya existente (525 a 750 US$), y en el "a medida" (1200 US$) se diseña el vaquero perfecto.

Odin
Moda

(plano p. 246; ☎212-966-0026; www.odinnewyork.com; 199 Lafayette St, entre Kenmare y Broome St; ☼11.00-20.00 lu-sa, 12.00-19.00 do; ⓢ6 hasta Spring St; N/R hasta Prince St) La tienda insignia de esta *boutique* masculina comercializa marcas de moda en Downtown, como Thom Browne, Rag & Bone, Duckie Brown y Public School NYC, y cuenta con una selecta oferta de importación, como las nórdicas Acne y Won Hundred. Tiene otras tentaciones como velas, fragancias, joyas de diseñadores de Brooklyn como Naval Yard y Uhuru, gafas de sol Oliver Peoples y calzado urbano de marcas de culto como Common Projects.

Uniqlo
Moda

(plano p. 246; ☎877-486-4756; www.uniqlo.com; 546 Broadway, entre Prince y Spring St; ☼10.00-21.00 lu-sa, 11.00-20.00 do; ⓢN/R hasta Prince St; 6 hasta Spring St) Gran emporio japonés de tres plantas, popular por sus prendas atractivas, de calidad y rebajadas. Hay desde vaqueros japoneses, cachemir mongol, camisetas estampadas, sofisticadas faldas, prendas térmicas de alta tecnología e interminables estantes de artículos *pret-a-porter*, casi todo por menos de 100 US$.

 Símbolos neoyorkinos

Algunas tiendas han cimentado su estatus mítico y Nueva York no sería igual sin ellas. Para los cazadores de marcas, Century 21 (p. 146) es toda una institución, con prendas de D&G, Prada, Marc Jacobs y muchas otras a precios bajos. Other Music (p. 148) es una veterana en música *indie* (CD y vinilos), que crece pese a las dificultades. Los librófilos se dan cita en Strand (p. 153), la mayor y mejor librería de la ciudad. Dirigida por judíos jasídicos y empleando fantasía mecanizada, B&H Photo Video (p. 156) es un paraíso para fans del audio y la imagen digital. En cuanto a ropa, muebles y libros de segunda mano, Housing Works (p. 153), con sus muchas sucursales, es un clásico.

Prada, Quinta Avenida.

Will Leather Goods
Accesorios

(plano p. 246; ☎212-925-2824; www.willleathergoods.com; 29 Prince St, en Mott St; ☼10.00-20.00 lu-sa, 11.00-19.00 do; ⓢN/R hasta Prince St; 6 hasta Spring St) Tienda de importación de Oregón regentada por una familia y repleta de artículos de piel clásicos y con buen corte. Tienen desde carteras y cinturones hasta correas para mascotas, pero son los bolsos los que dejan sin habla. Elaboran con piel de EE UU e Italia maletines, carteras de colegial, bolsas de mensajería, exclusivos bolsos de viaje, de mano y bandoleras. Además venden piezas *vintage*, como las carteras del servicio de correos.

🔒 East Village y Lower East Side

By Robert James
Moda

(plano p. 246; 📞 212-253-2121; www.byrobert james.com; 74 Orchard St; ⏱12.00-20.00 lu-sa, a 18.00 do; Ⓢ F hasta Delancey St; J/M/Z hasta Essex St) Ropa masculina resistente y bien confeccionada es el mantra de Robert James, que emplea materiales autóctonos y cuyo estudio está en la planta superior. En sus percheros hay ajustados vaqueros, atractivas camisas y chaquetas deportivas de línea clásica, y a veces merodea por la tienda Lola, su labrador negro. Tiene otro local en Williamsburg.

Verameat
Joyas

(plano p. 246; 📞 212-388-9045; www.verameat. com; 315 E 9th St, entre First y Second Ave; ⏱12.00-20.00; Ⓢ 6 hasta Astor Pl; F hasta 2nd Ave) Vera Balyura crea pequeñas y exquisitas piezas con toques de humor negro en esta deliciosa tiendecita de 9th St. Los diminutos y bien elaborados colgantes, anillos, pendientes y pulseras se antojan demasiado preciosos, hasta que al verlos de cerca se comprueba que se trata de zombis, robots de Godzilla, cabezas de animales, dinosaurios y garras, todo un mundo nuevo de complejidad en miniatura.

John Derian
Menaje

(plano p. 246; 📞 212-677-3917; www.johnderian. com; 6 E 2nd St, entre Bowery y Second Ave; ⏱11.00-19.00 ma-do; Ⓢ F/V hasta Lower East Side-Second Ave) Es famoso por su *decoupage:* fragmentos de reproducciones originales de animales y plantas grabadas en cristal. El resultado único es un bello surtido de platos, pisapapeles, posavasos, lámparas, cuencos y vasos.

Still House
Menaje

(plano p. 246; 📞 212-539-0200; www.stillhou senyc.com; 117 E 7th St; ⏱12.00-20.00; Ⓢ 6 hasta Astor Pl) Pequeña y apacible *boutique,* ideal para curiosear escultóricos objetos de cerámica y cristal: jarrones artesanales, objetos geométricos de mesa, cuencos, tazas de cerámica, y otros detalles para el hogar. También tienen joyería minimalista, libretas de delicada encuadernación y pequeñas obras de arte para colgar.

Reformation
Ropa

(plano p. 246; 📞 646-448-4925; www.there formation.com; 156 Ludlow St, entre Rivington y Stanton St; ⏱12.00-20.00 lu-sa, a 19.00 do; Ⓢ F hasta Delancey St; F hasta 2nd Ave; J/M/Z hasta Essex St) 🏷 Elegante *boutique* que ofrece prendas de bello diseño y mínimo impacto medioambiental, como tops, blusas, jerséis y vestidos únicos, a precios razonables comparados con el resto del barrio.

Moo Shoes
Calzado

(plano p. 246; 📞 212-254-6512; www.mooshoes. com; 78 Orchard St, entre Broome y Grand St; ⏱11.30-19.30 lu-sa, 12.00-18.00 do; Ⓢ F hasta Delancey St; J/M/Z hasta Essex St) Esta tienda respetuosa con los animales y el planeta vende elegantes zapatos, bolsos y billeteros de microfibra. Tiene elegantes bailarinas de Love is Mighty, robustos zapatos masculinos Oxford de Novacos, y estilosos monederos de Matt & Nat.

Tokio 7
Moda

(plano p. 246; 📞 212-353-8443; www.tokio7.net; 83 E 7th St, cerca de First Ave; ⏱12.00-20.00; Ⓢ 6 hasta Astor Pl) En un sombreado tramo de E 7th St, esta venerada y moderna tienda japonesa de ocasión ofrece ropa masculina y femenina de marca en buen estado, a precios algo elevados. Cuenta con bellas piezas de Issey Miyake y Yohji Yamamoto, así como una cuidada selección de Dolce & Gabbana, Prada, Chanel y otras primeras marcas.

Obscura Antiques
Antigüedades

(plano p. 246; 📞 212-505-9251; www.obscu raantiques.com; 207 Ave A, entre 12th y 13th St; ⏱12.00-20.00 lu-sa, a 19.00 do; Ⓢ L hasta 1st Ave) Tiendecita de curiosidades que atrae por igual a amantes de lo macabro y a fanáticos de las antigüedades: cabezas de animales disecados, cráneos y esqueletos de roedores, mariposas en urnas, fotos de muertos, inquietante instrumental (¿de dentista?), banderas alemanas para minas terrestres (apilables para ser vistas por los tanques), viejas botellas de veneno y ojos de cristal.

Edith Machinist
Vintage

(plano p. 246; ☎212-979-9992; www.edith machinist.com; 104 Rivington St, en Ludlow St; ⏱12.00-19.00 ma-sa, hasta 18.00 do y lu; Ⓢ F hasta Delancey St; J/M/Z hasta Essex St) Para pasear por Lower East Side hay que vestir con propiedad. Esta tienda ayuda al visitante a lograr ese aspecto desaliñado pero elegante con glamurosas botas de ante hasta la rodilla, vestidos de seda de los años treinta y bailarinas.

John Varvatos
Moda

(plano p. 246; ☎212-358-0315; www.johnvarva tos.com; 315 Bowery, entre 1st y 2nd St; ⏱12.00-20.00 lu-sa, a 18.00 do; Ⓢ F hasta 2nd Ave; 6 hasta Bleecker St) En el que fue el sagrado club de punk **CBGB** (plano p. 246; 315 Bowery, entre 1st y 2nd St; Ⓢ F hasta 2nd Ave; 6 hasta Bleecker St), esta tienda fusiona moda y *rock and roll,* y vende discos, equipo de audio de los años setenta y hasta guitarras eléctri-cas, además de prendas vaqueras, botas de cuero y camisetas estampadas.

A-1 Records
Música

(plano p. 246; ☎212-473-2870; www.a1re cordshop.com; 439 E 6th St, entre First Ave y Ave A; ⏱13.00-21.00; Ⓢ F/V hasta Lower East Side-2nd Ave) Una de las supervivientes de las muchas tiendas de discos de East Village, ofrece una gran selección de *jazz, funk* y soul, y sus estrechos pasillos atraen a aficionados de todas partes.

No Relation Vintage
Vintage

(plano p. 246; ☎212-228-5201; http://nore lationvintage.com; 204 First Ave, entre 12th y 13th St; ⏱12.00-20.00; Ⓢ L hasta First Ave) Apuesta segura entre las muchas tiendas *vintage* de East Village por sus variadas colecciones, desde ropa vaquera y chaque-tas de cuero hasta pantalones de franela, zapatillas de deporte, camisas escocesas, camisetas en tonos pastel, chaquetas de-

Zapatos, bolsos y monederos de microfibra muy elegantes.

Botas de piel de imitación en Moo Shoes.

Cinco recuerdos indispensables

FRANCES ROBERTS / ALAMY STOCK PHOTO ©

MIKE PONT / GETTY IMAGES ©

TERESE LOEB KREUZER / ALAMY STOCK PHOTO ©

Bolsa de tela

Se puede presumir de reputación literaria con una **bolsa de tela** de Strand Book Store (p. 153), la mayor y mejor librería independiente de NY.

Ritmos neoyorkinos

Nuevos sonidos (en vinilo o CD): ritmos *underground* a descubrir en la magnífica colección de Other Music (p. 148).

Copias antiguas

Las **reproducciones** de Nueva York en Bowne Stationers & Co (p. 146) se convierten en grandes obras al ser enmarcadas, y en magníficos recuerdos.

JAXPIX / ALAMY STOCK PHOTO ©

Esterilla

En Citystore (p. 147), venden una **esterilla** estampada con la poética leyenda de las alcantarillas de Nueva York.

El jarrón de Aalto

El jarrón ondulado de **Aalto** de la MoMA Design Store (p. 148) es un gran tema de conversación en cualquier mesa.

portivas y bolsos. La competencia es feroz: muchos *hipsters* se dan cita aquí los fines de semana.

Dinosaur Hill — Niños
(plano p. 246; 📞212-473-5850; www.dinosaur hill.com; 306 E 9th St; ⏲11.00-19.00; 🚇6 hasta Astor Pl) Pequeña juguetería tradicional, más inspirada en la imaginación que en las películas de Disney, con buenas ideas para regalar: marionetas checas, sombras chinescas, juegos de construcción, material de caligrafía, pianos de juguete, kits de arte y ciencia, CD de música infantil de todo el mundo, bloques de madera en seis idiomas distintos y ropa infantil de fibras naturales.

Top Hat — Accesorios
(plano p. 246; 📞212-677-4240; www.tophatnyc. com; 245 Broome St, entre Ludlow y Orchard St; ⏲12.00-20.00; 🚇B/D hasta Grand St) Caprichosa tiendecita con curiosidades de todo el planeta, desde lápices italianos antiguos y diarios de piel en miniatura hasta reclamos para pájaros en madera tallada. Ya sea un disco con el sonido infinito de la lluvia, un clarinete de juguete, tejidos japoneses, un arrugado mapa celeste nocturno o geométricos juegos de café españoles, aquí hay de todo.

🛍 West Village, Chelsea y Meatpacking District

Strand Book Store — Libros
(plano p. 246; 📞212-473-1452; www.strand books.com; 828 Broadway, en 12th St; ⏲9.30-22.30 lu-sa, desde 11.00 do; 🚇L, N/Q/R, 4/5/6 hasta 14th St-Union Sq) La librería más venerada y célebre de NY vende desde 1927 ejemplares nuevos, usados y raros, que ocupan unos increíbles 29 km (hay más de 2,5 millones de libros), en tres laberínticas plantas.

Story — Regalos
(plano p. 252; http://thisisstory.com; 144 Tenth Ave, entre 18th y 19th St; ⏲11.00-20.00 lu-vi,

desde 10.00 sa y do; 🚇C/E hasta 23rd St; 1 hasta 18th St) Esta tienda conceptual próxima a la High Line funciona como una galería, y presenta productos y temáticas nuevas cada uno o dos meses. En sus 185 m² hay desde creativas joyas y llamativos accesorios a material de papelería, juguetes que estimulan la imaginación, libros ilustrados de gran formato, jabones respetuosos con el medio ambiente y caprichosos recuerdos.

Personnel of New York — Moda, accesorios
(plano p. 246; 📞212-924-0604; personnelofnew york.com; 9 Greenwich Ave entre Christopher y W 10th St; ⏲11.00-20.00 lu-sa, 12.00-19.00 do; 🚇A/C/E, B/D/F/M hasta W 4th St; 1 hasta Christopher St-Sheridan Sq) Deliciosa tiendecita *indie* que vende ropa femenina de marcas exclusivas de la costa este, oeste y el resto del mundo, desde cómodos vestidos de Sunja Link, suaves jerséis de Ali Golden, joyas personales de Marisa Mason, cómodas deportivas de lona de Shoes Like Pottery hasta prendas de alta costura de Rodebjer.

Marc by Marc Jacobs — Moda
(plano p. 246; 📞212-924-0026; www.marcjac obs.com; 403 Bleecker St; ⏲11.00-19.00 lu-sa, 12.00-18.00 do; 🚇A/C/E hasta 14th St; L hasta 8th Ave) Con cinco tiendas en West Village, Marc Jacobs mantiene una gran presencia en este acomodado barrio. Los grandes ventanales permiten curiosear, excepto en rebajas, cuando solo se ven hordas de compradores.

Housing Works Thrift Shop — Vintage
(plano p. 252; 📞718-838-5050; 143 W 17th St, entre Sixth y Seventh Ave; ⏲10.00-19.00 lu-vi, a 18.00 sa, 12.00-18.00 do; 🚇1 hasta 18th St) Su ostentoso escaparate da a esta tienda de segunda mano un aire de *boutique,* pero la ropa, los accesorios, muebles, libros y discos ofrecen una gran relación calidad-precio. Los beneficios se destinan a personas sin techo seropositivas o enfermas de SIDA. Cuenta con otras 11 sucursales por toda la ciudad.

Homenaje al lujo

Como una de las capitales de la moda, Nueva York no deja de marcar tendencias al resto del planeta. Para contemplar los últimos diseños que llegan a la calle, merece la pena visitar algunas de sus *boutiques* más apreciadas, aún sin intención de comprar. Entre los clásicos destacan Opening Ceremony, Issey Miyake, Marc Jacobs, Steven Alan, Rag & Bone, John Varvatos, By Robert James y Piperlime.

Si hay poco tiempo o se quieren ver muchas marcas a la vez, lo mejor es acudir a esos embriagadores conglomerados conocidos como grandes almacenes. NY posee una mezcla especial de seductores reclamos; no hay que perderse Barneys (p. 115), Bergdorf Goodman (p. 155), **Macy's** (plano p. 252; ☎212-695-4400; www.macys.com; 151 W 34th St, en Broadway; 🕘9.30-22.00 lu y mi-vi, hasta 21.30 ma, 10.00-22.00 sa, 11.00-21.00 do; [S]B/D/F/M, N/Q/R hasta 34th St-Herald Sq) y Bloomingdale's (p. 155).

Opening Ceremony (p. 147).
HEMIS / ALAMY STOCK PHOTO ©

192 Books Libros
(plano p. 252; ☎212-255-4022; www.192books.com; 192 Tenth Ave, entre 21st y 22nd St; 🕘11.00-19.00; [S]C/E hasta 23rd St) En pleno barrio de las galerías, esta librería independiente posee secciones de ficción, historia, viajes, arte y crítica. Monta exposiciones temporales, durante las cuales, los dueños exhiben libros vinculados al tema o artista presentado. Asimismo, organizan lecturas semanales con reconocidos escritores, habitualmente neoyorkinos.

McNulty's Tea & Coffee Co, Inc Comida y bebida
(plano p. 246; ☎212-242-5351; http://mcnultys.com; 109 Christopher St; 🕘10.00-21.00 lu-sa, 13.00-19.00 do; [S]1 hasta Christopher St-Sheridan Sq) Pasados varios *sex-shops*, este bello local con gastados suelos de madera, aromáticos sacos de café y grandes tarros de cristal con té es reflejo de una época ya pasada de Greenwich Village. Vende tés y cafés de *gourmet* desde 1895.

Union Square, Flatiron District y Gramercy

ABC Carpet & Home Menaje
(plano p. 252; ☎212-473-3000; www.abchome.com; 888 Broadway, en 19th St; 🕘10.00-19.00 lu-mi, vi y sa, hasta 20.00 ju, 11.00-18.30 do; [S]4/5/6, N/Q/R, L hasta 14th St-Union Sq) Muy inspiradoras para diseñadores y decoradores, las siete plantas de este cuidado templo al buen gusto acogen artículos de menaje de todo tipo y tamaño. Hay adornos fáciles de meter en la maleta, tejidos y joyas, así como piezas personales, lámparas de diseño, cerámica y alfombras de anticuario. En Navidad ofrece un aspecto maravilloso.

DSW Calzado
(plano p. 246; ☎212-674-2146; www.dsw.com; 4 Union Sq S, entre University Pl y Broadway; 🕘10.00-21.30 lu-sa, hasta 20.00 do; [S]4/5/6, N/Q/R, L hasta 14th St-Union Sq) El paraíso de los zapatos a precio rebajado es esta extensa cadena unisex que los tiene desde formales a atléticos, y no faltan marcas populares y exclusivas.

Idlewild Books Libros
(plano p. 252; ☎212-414-8888; www.idlewildbooks.com; 12 W 19th St, entre Quinta Avenida y Sixth Ave; 🕘12.00-19.30 lu-ju, hasta 18.00 vi y sa, hasta 17.00 do; [S]4/5/6, N/Q/R, L hasta 14th St-Union Sq) Llamada así por el nombre original del aeropuerto JFK, esta librería de viajes

alternativa despierta las ganas de ponerse en marcha. Los libros están divididos por zonas y venden tanto guías como ficción, diarios de viaje, historia, manuales de cocina y otras estimulantes lecturas para ampliar conocimientos sobre el planeta. Además ofrecen clases de francés, italiano, español y alemán; para más información, véase la web.

Books of Wonder — Libros

(plano p. 252; 212-989-3270; www.bookso fwonder.com; 18 W 18th St, entre Quinta Avenida y Sixth Ave; 10.00-19.00 lu-sa, 11.00-18.00 do; F/M hasta 14th St, L hasta 6th Ave) Fantástica librería para niños y adolescentes, ideal para un día de lluvia, sobre todo si un autor ofrece una lectura o actúa algún cuentacuentos. Posee una impresionante oferta de libros ilustrados sobre Nueva York, una sección de ejemplares infantiles raros y antiguos y obras de arte de edición limitada.

Midtown

MoMA Design & Book Store — Regalos, libros

(plano p. 252; 212-708-9700; www.momastore. org; 11 W 53rd St, entre Quinta Avenida y Sixth Ave; 9.30-18.30 sa-ju, hasta 21.00 vi; E, M hasta 5th Ave-53rd St) La tienda insignia del Museum of Modern Art es ideal para hacerse con muchos recuerdos de una vez. Aparte de libros bellísimos (arte y arquitectura, cultura pop e infantiles ilustrados), venden reproducciones y carteles de arte, además de objetos únicos. Enfrente, la MoMA Design Store tiene muebles, lámparas, menaje, joyas, bolsos y artículos de MUJI.

Nepenthes New York — Moda

(plano p. 252; 212-643-9540; www.nepenthes ny.com; 307 W 38th St, entre Eighth y Ninth Ave, Midtown West; 12.00-19.00 lu-sa, a 17.00 do; A/C/E hasta 42nd St-Port Authority Bus Terminal) En una antigua mercería de Garment District, este colectivo japonés de culto vende rompedoras prendas masculinas de Engineered Garments y Needles, conocidas por sus peculiares detalles y producción artesanal (p. ej., pantalones de tweed y encaje), además de bolsos y carteras escolares, guantes, gafas y calzado.

Mercadillo de Hell's Kitchen — Mercado

(plano p. 252; 212-243-5343; www.annex markets.com; 39th St, entre Ninth y Tenth Ave, Midtown West; 9.00-17.00 sa y do; A/C/E hasta 42nd St) Mercadillo de fin de semana que atrae por igual a coleccionistas y curiosos con sus fantásticos muebles de época, accesorios, ropa y ambiguos objetos antiguos.

Bergdorf Goodman — Grandes almacenes

(plano p. 250; 212-753-7300; www.berg dorfgoodman.com; 754 Quinta Avenida, entre 57th y 58th St; 10.00-20.00 lu-sa, 11.00-19.00 do; N/Q/R hasta 5th Ave-59th St; F hasta 57th St) No solo apreciado por sus escaparates navideños (los mejores de NY), este lujoso establecimiento es líder en tendencias gracias a Linda Fargo, su directora de moda. Dispone de exclusivas colecciones de zapatos de Tom Ford y Chanel y una excelente sección de calzado de mujer. La tienda masculina se halla enfrente.

Bloomingdale's — Grandes almacenes

(plano p. 250; 212-705-2000; www.blooming dales.com; 1000 Third Ave, en E 59th St, Midtown East; 10.00-20.30 lu y ma, hasta 22.00 mi-sa, hasta 21.00 do; ; 4/5/6 hasta 59th St; N/Q/R hasta Lexington Ave-59th St) Popular establecimiento, bien surtido de ropa y zapatos de múltiples diseñadores nacionales, y colecciones de creadores emergentes.

Amé Amé — Accesorios

(plano p. 252; 646-867-2342; www.amerain. com; 17 W 29th St, en Broadway; 12.00-19.00; N/R hasta 28th St) ¿Artículos para la lluvia y caramelos? Teresa, su propietaria, aclara la filosofía de la marca y su peculiar combinación, y además disuade al viajero de adquirir paraguas desechables. Aquí solo venden artículos duraderos: botas Aigle adaptables, atractivos abrigos Barbour, elegantes bufandas y regalos caprichosos y poco convencionales.

B&H Photo Video Electrónica
(plano p. 252; 📞212-444-6615; www.bhphoto
video.com; 420 Ninth Ave, entre 33rd y 34th St,
Midtown West; 🕙9.00-19.00 lu-ju, hasta 14.00
vi, 10.00-18.00 do; Ⓢ A/C/E hasta 34th St-Penn
Station) Visitar la tienda de cámaras más
popular de NY es en sí una experiencia:
enorme, abarrotada y llena de dependien-
tes judíos jasídicos vestidos de negro y
expertos en tecnología. Una vez elegido
un artículo se pone en un cubo que sube y
cruza el techo hasta la zona de pago, donde
hay que volver a hacer cola.

🔒 Upper East Side

Encore Ropa
(plano p. 250; 📞212-879-2850; www.encoreresa
le.com; 1132 Madison Ave, entre 84th St y 85th St;
🕙10.30-18.30 lu-sa, 12.00-18.00 do; Ⓢ 4/5/6
hasta 86th St) Exclusiva tienda de segunda
mano que lleva desde la década de 1950
vaciando los armarios de Upper East Side
(Jacqueline Kennedy Onassis vendía su
ropa aquí). Cuenta con una selección de
artículos poco usados de primeras marcas
como Louboutin, Fendi y Dior. Los precios,
aunque altos, son mucho mejores que en
las *boutiques*.

Blue Tree Moda, menaje
(plano p. 250; 📞212-369-2583; www.bluetree
nyc.com; 1283 Madison Ave, entre 91st y 92nd St;
🕙10.00-18.00 lu-vi, 11.00-18.00 sa; Ⓢ 4/5/6
hasta 86th St) Encantadora y cara *boutique*,
propiedad de la actriz Phoebe Cates Kline
(protagonista de *Aquel excitante curso*)
con una refinada colección de prendas
femeninas, bufandas de cachemir, objetos
de metacrilato, caprichosos accesorios y
diseño para el hogar.

🔒 Upper West Side y Central Park

Magpie Artesanía
(plano p. 250; 📞646-998-3002; http://magpie
newyork.com; 488 Amsterdam Ave, entre 83rd
y 84th St; 🕙11.00-19.00 ma-sa, hasta 18.00 do;

SIMON LEIGH / ALAMY STOCK PHOTO ©

🛍 Mercadillos y aventuras 'vintage'

Pese al afecto de los neoyorkinos por lo brillante y nuevo, resulta muy divertido revolver en armarios de artículos no deseados. El mercadillo más popular es el **Brooklyn Flea** (www.brooklynflea.com; 50 Kent Ave, entre 11th y 12th St, Williamsburg; 🕙10.00-17.00 do abr-oct; Ⓢ L hasta Bedford Ave; G hasta Nassau Ave), que ocupa todo tipo de espacios durante el año. El mejor de Manhattan es el de Hell's Kitchen (p. 155), mientras que East Village es el barrio de tiendas *vintage* y de ocasión, donde la inquebrantable legión de *hipsters* buscan ropa.

IZDA: PICTURE PARTNERS / ALAMY STOCK PHOTO ©. DCHA: AUDREY CONNOLLY / GETTY IMAGES ©

Arriba: mercado de Smorgasburg, en Brooklyn (p. 131), izda. y dcha.: mercadillo de Hell's Kitchen (p. 155).

[S] 1 hasta 86th St) 🍃 Si el visitante anda falto de ideas para regalar, esta encantadora tienda ofrece un gran surtido de objetos respetuosos con el medio ambiente. Elegantes artículos de papelería, velas de cera de abeja, tazas pintadas a mano, bufandas de algodón de cultivo ecológico, collares de resina reciclada y diarios de fieltro teñidos a mano son algunos de los que llaman la atención. La mayoría son productos de comercio justo, elaborados con materiales sostenibles o diseñados y realizados localmente.

West Side Kids Juguetes
(plano p. 250; ☎212-496-7282; www.westsidekidsnyc.com; 498 Amsterdam Ave; 🕒10.00-19.00 lu-sa, 11.00-18.00 do; [S] 1 hasta 86th St) Lugar ideal para escoger un regalo para esa personita especial de cualquier edad. Tienen muchas actividades interactivas y juegos divertidos pero educativos, además de puzzles, mini instrumentos musicales, juegos de magia, kits de ciencia, electrónicos y de construcción y tradicionales trenes de madera.

🛍 Harlem & Upper Manhattan

Flamekeepers Hat Club Accesorios
(☎212-531-3542; www.flamekeepershatclub.com; 273 W 121st St, en St Nicholas Ave; 🕒12.00-19.00 do-mi, hasta 20.00 ju y vi, a 21.00 sa; [S] A/C, B/D hasta 125th St) Llamativa tienda de sombreros, propiedad de Marc Williamson, afable vecino de Harlem, con un género cuidadosamente elegido: suaves fieltros Barbisio de Italia, chisteras Selentino de la República Checa, y gorras de lana de *patchwork* de los irlandeses Hanna Hats, de Donegal. Los precios oscilan entre 85 y 350 US$, con servicio personalizado.

Trunk Show Designer Consignment Vintage
(plano p.250; ☎212-662-0009; www.trunkshowconsignment.com; 275-277 W 113th St, en Eighth Ave; 🕒13.30-19.00 lu-ju, previa cita vi-do; [S] B, C hasta 110th St-Cathedral Parkway, 2/3 hasta 110th St-Central Park North) Pequeña tienda de segunda mano en Harlem que vende una fabulosa selección de artículos unisex. Cada dos días llega género nuevo, por lo que es fácil conseguir piezas de alta costura, ya sea una chaqueta de cuero de John Varvatos, un vestido de Valentino o un par de zapatos estilo piel de serpiente de Lanvin. El horario es irregular; conviene llamar antes.

🛍 Brooklyn

Beacon's Closet (Greenpoint) Segunda mano
(☎718-486-0816; www.beaconscloset.com; 74 Guernsey St, entre Nassau y Norman Ave, Greenpoint; 🕒11.00-20.00; [S] L hasta Bedford Ave) Gran almacén de 510 m² de ropa *vintage*, frecuentado por una clientela veinteañera y que oculta auténticas joyas. Hay muchas chaquetas, tops de poliéster y camisetas de los años noventa dispuestas por colores, pero se precisa tiempo para verlo todo. También tienen zapatos de todo tipo, pantalones de franela, sombreros, bolsos, grandes joyas y gafas de sol de colores.

Artists & Fleas Mercadillo
(www.artistsandfleas.com; 70 N 7th Ave, entre Wythe y Kent Ave, Williamsburg; 🕒10.00-19.00 sa y do; [S] L hasta Bedford Ave) Este popular mercadillo *vintage* de artistas y diseñadores de Williamsburg, activo desde hace más de una década, ofrece una gran selección de creativos artículos. Hay más de 100 puestos de ropa *vintage*, discos, cuadros, fotos, sombreros, joyas artesanales, camisetas únicas, bolsos de lona y mucho más. Hay un local más pequeño (abierto a diario) en el mercado de Chelsea.

Buffalo Exchange Ropa
(☎718-384-6901; www.buffaloexchange.com; 504 Driggs Ave, en 9th St, Williamsburg; 🕒11.00-20.00 lu-sa, 12.00-19.00 do; [S] L hasta Bedford Ave) Esta tienda de ropa nueva y usada, con prendas (no solo de marca), zapatos, joyas y accesorios, es un sitio de referencia para los vecinos de Brooklyn sujetos a presu-

puesto. La colección está bien organizada, aunque hay que contar con dedicarle algún tiempo.

Spoonbill & Sugartown   Libros
(☎718-387-7322; www.spoonbillbooks.com; 218 Bedford Ave, en 5th St, Williamsburg; ⊗10.00-22.00; ⓢL hasta Bedford Ave) La librería favorita de Williamsburg posee una interesante oferta de libros de arte y fotografía, de segunda mano, raros, publicaciones culturales y obras locales que no se venden en otra parte.

A&G Merch   Menaje
(☎718-388-1779; http://aandgmerch.com; 111 N 6th St, entre Berry y Wythe St, Williamsburg; ⊗11.00-19.00; ⓢL hasta Bedford Ave) Tienda entretenida, mezcla de fantasía y elegancia. Hay placas antiguas decoradas con cabezas de animales, cestas rústicas de mimbre, sujetalibros de hierro fundido en forma de ballena, candelabros de ramas en plata, lámparas de mesa industriales de latón y otros artículos que dan al hogar ese ingenioso aspecto rústico tan reconocible en el Brooklyn de hoy.

Rough Trade   Música
(☎718-388-4111; www.roughtradenyc.com; 64 N 9th St, entre Kent y Wythe Ave, Williamsburg; ⊗11.00-23.00 lu-sa, a 21.00 do; ⓢL hasta Bedford Ave) Esta extensa tienda de discos de 930 m², importada de Londres, ofrece miles de títulos en vinilo y CD. Tiene *disc jockeys* que pinchan en la tienda, zonas de escucha, exposiciones de arte, y se puede tomar café y té de la mano de Five Leaves, proveedor de Greenpoint.

JENA CUMBO /GETTY IMAGES ©

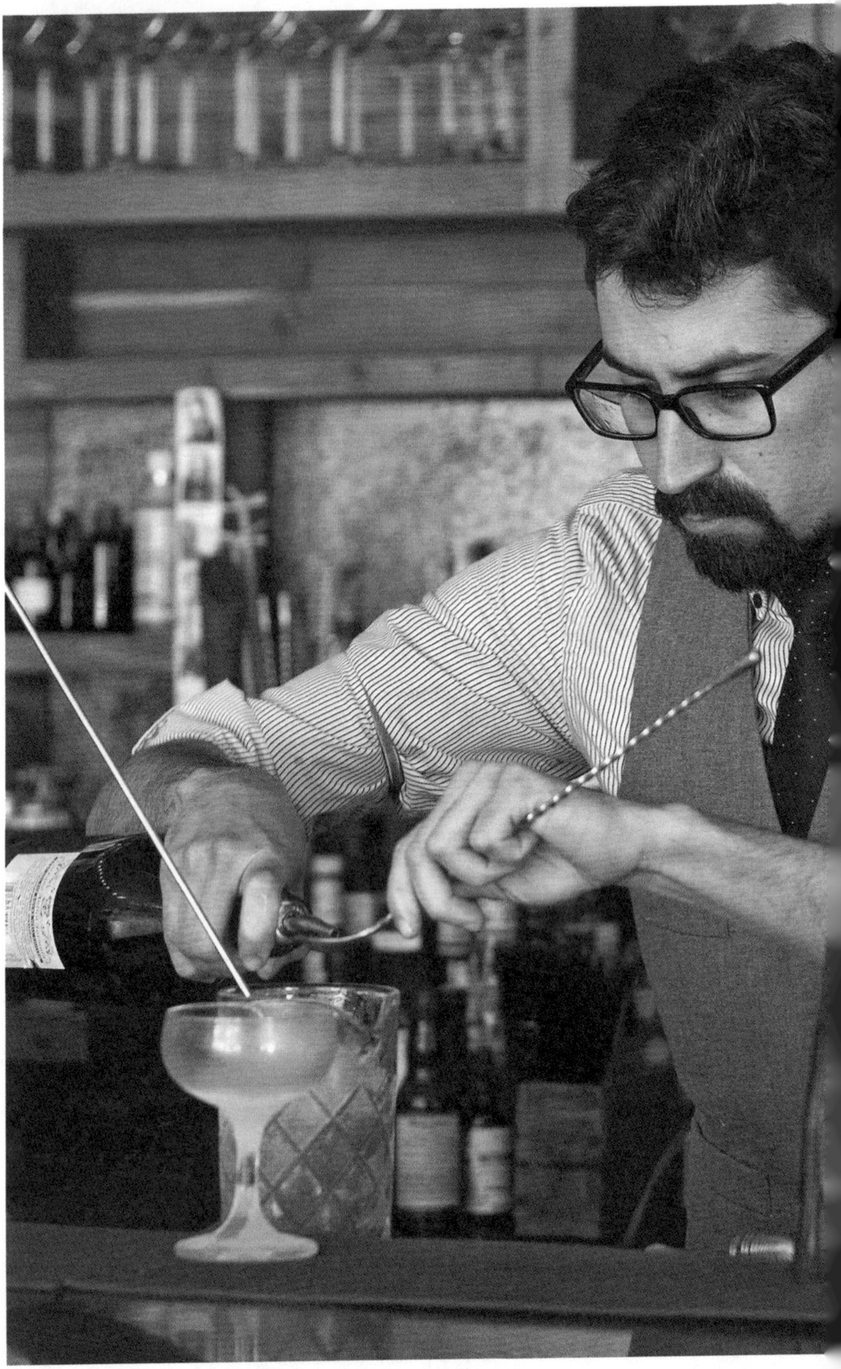

DE COPAS

Cervezas vespertinas, cócteles
nocturnos y mucho más

De copas

Teniendo en cuenta que se cree que Manhattan procede de la palabra en lengua munsi "manahactanienk" (lugar de embriaguez general), no sorprende que Nueva York haga honor a su fama de ser la ciudad que nunca duerme. Hay todo tipo de opciones para saciar la sed, desde coctelerías premiadas y bares históricos hasta un número cada vez mayor de locales especializados. Y luego está la legendaria vida nocturna, en la que caben desde clásicos para famosos a crudos locales 'indie'.

En la tierra donde se inventó la palabra "cóctel", los combinados aún se sirven con la mayor seriedad. La cultura de la cerveza artesanal de la ciudad es muy dinámica, con un creciente número de productores, bares y tiendas que ofrecen elaboraciones artesanales locales. En Nueva York hay bebidas para todos los gustos.

Sumario

Lo mejor..............................164

Financial District y
Lower Manhattan.............................166

SoHo y Chinatown 167

East Village y Lower East Side 169

West Village, Chelsea y
Meatpacking District 171

Union Square, Flatiron District
y Gramercy..172

Midtown...174

Upper East Side 177

Upper West Side y Central Park........177

Harlem y Upper Manhattan 178

Brooklyn 179

Horario comercial

Los horarios varían. Algunos bares abren a las 8.00, pero la mayoría empieza a funcionar hacia las 17.00. Muchos locales no cierran hasta las 4.00, otros a la 1.00 a principios de semana y a las 2.00 de jueves a sábado. Los clubes suelen abrir de 22.00 a 4.00 o 5.00.

Harlem y Upper Manhattan
Efervescente mezcla de bares de estilo
clandestino, locales *hipsters* y clásicos
con emotiva música de *jazz* y blues **(p. 178)**.

Midtown
Bares en azoteas que dominan la ciudad,
coctelerías históricas y garitos de toda la vida (p. 174).

**West Village, Chelsea y
Meatpacking District**
La alta sociedad frecuenta los bares
de vinos, los *lounges* recónditos y los
locales de ambiente de esta zona (p. 171).

Union Square, Flatiron District y Gramercy
Bares vintage, coctelerías desenfadadas
y establecimientos donde se divierten
los estudiantes (p. 172).

East Village y Lower East Side
Lower East Side es moderno y atrevido;
en East Village abundan los garitos (p. 169).

**Financial District y
Lower Manhattan**
Cervecerías especializadas, bares
de brandi y coctelerías veneradas.
En verano, el gentío se concentra
en Stone St (p. 166).

Brooklyn
Ofrece el espectro nocturno completo,
con Williamsburg como epicentro (p. 179).

Precios/propinas

Una cerveza de barril cuesta 6 US$ o
más en la mayoría de los locales; un
vaso de vino, desde 9 US$; y los cócte-
les, 12 US$ o más.
Al tomar una cerveza en la barra, los
camareros esperan una propina de al
menos 1 US$ por consumición, 2 o 3
US$ para los cócteles más elaborados.

Blogs/webs

New York Magazine (www.nymag.com/
nightlife) Multitud de recomendaciones
noctámbulas de los que más saben.

Thrillist (www.thrillist.com) Un resumen de
lo que está de moda o a punto de estarlo en la
noche de NY.

Urbandaddy (www.urbandaddy.com) Información al minuto.

Time Out (www.timeout.com/newyork
/nightlife) Críticas y listas de sitios para bailar
y beber.

Lo mejor

Locales de copas para disfrutar la noche

Cócteles

Dead Rabbit (p. 166) Cócteles bien trabajados, zumos y *pop-inn* (cervezas de sabores con algo de lúpulo) en este garito del distrito financiero.

Employees Only (p. 171) Camareros premiados e impresionantes brebajes en el eterno West Village.

Lantern's Keep (p. 175) Bebidas clásicas y elegantes en un hotel histórico de Midtown.

Genuine Liquorette (p. 167) Una bodega al estilo de Cali en Little Italy, donde se unen bebidas innovadoras e irreverencia juguetona.

Cerveza

Spuyten Duyvil (p. 180) Popular local de Williamsburg con una cerveza artesanal única.

Keg No 229 (p. 166) Compendio de fermentados estadounidenses.

West End Hall (p. 178) Gran cervecería con elaboraciones artesanales de Bélgica, Alemania, EE UU y otros países.

Bares clásicos para citas

Pegu Club (p. 167) Mezclas innovadoras en un escondite del SoHo de inspiración birmana.

Ten Bells (p. 169) Una preciosidad con grandes bebidas y tapas a la luz de las velas en Lower East Side.

Buvette (p. 171) Bar de vinos iluminado con velas en una calle arbolada de West Village.

Selección de vinos

La Compagnie des Vins Surnaturels (p. 168) Una declaración de amor a los vinos galos.

Barcibo Enoteca (p. 177) Cita obligada para enófilos antes o después de un espectáculo en el vecino Lincoln Center.

Immigrant (p. 171) Vino y servicio maravillosos en un austero local de East Village.

Licores

Rum House (p. 175) Rones cotizados y únicos en Midtown, además con pianista.

Mayahuel (p. 171) Sofisticado templo del mezcal y el tequila en East Village.

Dead Rabbit (p. 166) La mejor colección de *whiskys* irlandeses raros en el distrito financiero.

Garitos

Spring Lounge (p. 168) Beodos, corbatas y gente guapa se juntan en este clásico rebelde de Nolita.

Jimmy's Corner (p. 177) Leyendas del boxeo decoran las paredes de este bar canalla en torno a Times Square.

Clubes de baile y DJ

Cielo (p. 172) Clásico moderno atronador en Meatpacking District.

Le Bain (p. 172) Una clientela bien vestida sigue acudiendo a este clásico cerca de la High Line.

Berlin (p. 171) El gusto por el baile de espíritu libre sigue vivo en este refugio secreto de East Village.

Bossa Nova Civic Club (p. 181) Pequeño local moderno en Bushwick para quienes buscan sensaciones nuevas.

★ La selección de Lonely Planet

Campbell Apartment (p. 175) Kentucky Gingers en la espléndida oficina en Grand Central de un pez gordo de la década de 1920.

Little Branch (p. 172) La elegancia de lo clandestino es lo último, y nadie lo hace tan bien como este local de West Village.

Maison Premiere (p. 179) Absenta, julepes y ostras brillan en este tributo a Nueva Orleans en Williamsburg.

🍷 Financial District y Lower Manhattan

Dead Rabbit Coctelería

(plano p. 246; ☎646-422-7906; www.deadrabbit nyc.com; 30 Water St; ⏱bar 11.00-4.00; salón 17.00-2.00 lu-mi, hasta 3.00 ju-sa; Ⓢ R hasta Whitehall St; 1 hasta South Ferry) Bautizado en honor a una temible banda irlandesa-estadounidense, este "conejo" es elegido una y otra vez como uno de los mejores bares del mundo. De día se pueden tomar cervezas especiales, zumos y *pop-inn* (cervezas de sabores con algo de lúpulo) en su bar con suelo de serrín. Al llegar la noche, en el acogedor salón de la planta superior se sirven más de 70 cócteles cuidadosamente elaborados. Hay que llegar antes de las 17.30 para evitar una larga espera.

Bares en azoteas con vistas a la ciudad, coctelerías históricas y garitos improvisados.

Keg No 229 Cervecería

(plano p. 246; ☎212-566-2337; www.kegno229. com; 229 Front St, entre Beekman St y Peck Slip; ⏱11.30-24.00 do-mi, hasta 2.00 ju-sa; Ⓢ A/C, J/Z, 2/3, 4/5 hasta Fulton St; R hasta Cortlandt St) Si alguien sabe que Flying Dog Raging Bitch ("Zorra rabiosa del perro volador") es una cerveza artesanal y no un insulto, esta es su cervecería. De Elysian Space Dust a Abita Purple Haze, su legión de grifos, botellas y latas son un compendio de pequeños productores estadounidenses. En la acera de enfrente, Bin No 220 es su equivalente dedicado al vino.

Ward III Coctelería

(plano p. 246; ☎212-240-9194; www.ward3tribe ca.com; 111 Reade St, entre Church St y W Broadway; ⏱16.00-4.00 lu-vi, 17.00-4.00 sa, hasta 2.00 do; Ⓢ A/C, 1/2/3 hasta Chambers St) Oscuro y abarrotado, Ward III mantiene un desenfado a la antigua, con sus elegantes brebajes, su atmósfera retro (con vieja máquina de coser Singer bajo la barra) y sus normas de cortesía (la segunda: "No seas asqueroso"). Para evocar el pasado ante un Moroccan martini o disfrutar de la envidiable colección de *whiskys*. Hasta

Midtown y el SoHo iluminados por la noche.

RYAN D. BUDHU / GETTY IMAGES ©

la hora de cierre se sirven bocados de primera.

Weather Up — Coctelería

(plano p. 246; 📞212-766-3202; www.weath erupnyc.com; 159 Duane St, entre Hudson St y W Broadway; ⏱17.00-madrugada lu-sa; §1/2/3 hasta Chambers St) Azulejos del metro suavemente iluminados, camareros simpáticos y cócteles seductores forman un trío cautivador. Para seducir al personal, nada mejor que un Whizz Bang (*whisky* escocés, vermú seco, granadina casera, *orange bitters* y absenta). Si eso no funciona, puede uno consolarse picando algo.

Pier A Harbor House — Bar

(plano p. 246; 📞212-785-0153; www.piera.com; 22 Battery Pl; ⏱11.00-4.00; 📶; §4/5 hasta Bowling Green; R hasta Whitehall St; 1 hasta South Ferry) Con un aspecto elegante tras una profunda renovación, es ahora un amplio local de copas y comida informal junto al puerto. Si el tiempo acompaña, se puede buscar sitio en la terraza, donde la sillas de pícnic, las sombrillas y la vista del perfil de NY crean un ambiente ideal para disfrutar de cervezas artesanales o un cóctel de grifo.

🍸 SoHo y Chinatown

Pegu Club — Coctelería

(plano p. 246; 📞212-473-7348; www.peguclub. com; 77 W Houston St, entre W Broadway y Wooster St; ⏱17.00-2.00 do-ju, hasta 4.00 vi y sa; §B/D/F/M hasta Broadway-Lafayette St; C/E hasta Spring St) El oscuro y elegante Pegu Club (que debe su nombre a un legendario club masculino en el Rangún colonial) es parada obligatoria para expertos en cócteles. En su salón aterciopelado se puede disfrutar de brebajes sin fin como el sedoso Earl Grey MarTEAni (ginebra infundida en té, zumo de limón y clara de huevo). La oferta de comida es adecuadamente asiática, como el pato braseado con salsa barbacoa de frutas tropicales sobre panecillos tostados.

LOCOS POR LOS CÓCTELES

De Jillian Vose en Dead Rabbit a Eben Freeman en Genuine Liquorette, los mejores camareros de la ciudad son casi celebridades y su habilidad les ha llevado a crear algunos de los brebajes más sofisticados e innovadores del mundo. A menudo, son copas llenas de historia: la obsesión de Nueva York por redescubrir recetas y el estilo de la Ley Seca sigue orientando buena parte de la oferta de cócteles. Camareros antes desconocidos, como Harry Johnson o Jerry Thomas son ahora leyendas renacidas y sus creaciones de época son recuperadas por una nueva generación de profesionales con tirantes. Ingredientes históricos, como el licor de violeta, la ginebra Old Tom y el aguardiente Batavia vuelven a estar de moda. En Financial District, la coctelería Dead Rabbit (p. 166) va más allá y recupera la práctica del s. XVII del *pop-inn*, una bebida que combina cerveza, licores, especias y extractos de plantas.

También están los reverenciados locales de la ciudad consagrados a un solo producto, como el Mayahuel (p. 171), especializado en tequila y mezcal, en East Village; el Ward III (p. 166) en Tribeca, dedicado al *whisky;* y Rum House (p. 175), en Midtown, cuyo nombre, "casa del ron", lo dice todo.

Genuine Liquorette — Coctelería

(plano p. 246; http://genuineliquorette.com; 191 Grand St, en Mulberry St; ⏱18.00-24.00 ma y mi, desde 2.00 ju-sa; §J/Z, N/Q/R, 6 hasta Canal St;

CERVEZAS ARTESANALES

La elaboración de cerveza fue una industria próspera en la ciudad: en la década de 1870 había 48 productores en Brooklyn. Casi todas ubicadas en Williamsburg, Bushwick y Greenpoint, barrios repletos de inmigrantes alemanes con experiencia en el sector. Justo antes de la Prohibición, en 1919, el barrio era uno de los principales distribuidores de cerveza del país, tan famoso por los chicos cargados con jarras de cerveza como por sus puentes. Al terminar la Prohibición, en 1933, la mayoría de las fábricas habían cerrado. Y aunque la industria renació con la II Guerra Mundial, no pudo hacer frente a las grandes marcas del Medio Oeste.

Hoy en día, Brooklyn vuelve a ser sinónimo de buena cerveza gracias a un puñado de productores artesanales que han devuelto la honestidad a los barriles. Ya no es el gran exportador de antaño, pero modernos elaboradores como Brooklyn Brewery (www.brooklynbrewery.com), Sixpoint (www.sixpoint.com) y KelSo (www.kelsobeer.com) le han situado de nuevo en el mapa. En Queens hay microprodutores, como Rockaway Brewing Company (www.rockawaybrewco.com), SingleCut Beersmiths (www.singlecutbeer.com) y Big Alice Brewery (www.bigalicebrewing.com). Los aventureros urbanos pueden atreverse incluso con Gun Hill Brewing Co (www.gunhillbrewing.com) en el Bronx, o Flagship Brewery (www.theflagshipbrewery.com) en Staten Island.

B/D hasta Grand St) ¿Cómo no enamorarse de este bar ruidoso en un sótano que sirve Cha-Chunkers (cócteles en lata) y rinde homenaje a Farah Fawcett en los aseos? Incluso se permite a los clientes crear sus propias mezclas (las botellas se pesan antes y después). Al timón está el prolífico Eben Freeman, que invita periódicamente a los mejores camareros de Nueva York a crear cócteles con los licores menos populares.

Apothéke   Coctelería

(plano p. 246; ☎212-406-0400; www.apothekenyc.com; 9 Doyers St; ⏰18:30-2.00 lu-sa, 20.00-2.00 do; Ⓢ J/Z hasta Chambers St; 4/5/6 hasta Brooklyn Bridge-City Hall) Cuesta un poco encontrar este antiguo fumadero de opio reconvertido en farmacia y ahora en un bar en Doyers St. Los competentes camareros trabajan como químicos, usando productos locales de temporada del mercado para producir recetas intensas y deliciosas. Un brindis saludable con hallazgos como MVO Negative, una mezcla humeante de ginebra infundida en té Lapsang, Antica Formula, Campari y Peychaud's Bitters.

La Compagnie des Vins Surnaturels   Bar de vinos

(plano p. 246; ☎212-343-3660; www.compagnienyc.com; 249 Centre St, entre Broome y Grand St; ⏰17.00-1.00 lu-mi, hasta 2.00 ju-sa; Ⓢ6 hasta Spring St; N/R hasta Prince St) Mezcla acogedora de papel pintado de motivos franceses, esbeltos sillones y velas, La Compagnie des Vins Surnaturels es una sucursal de un bar parisino del mismo nombre. El sumiller Caleb Ganzer gestiona una impresionante lista de 600 vinos con fuerte presencia francesa, muchos servidos por copas. El reducido pero sofisticado menú incluye charcutería casera y, con suerte, *rillettes* de alitas de pollo.

Spring Lounge   Bar

(plano p. 246; ☎212-965-1774; www.thespringlounge.com; 48 Spring St, en Mulberry St; ⏰8.00-4.00 lu-sa, desde 12.00 do; Ⓢ6 hasta Spring St; N/R hasta Prince St) Este local rebelde de neón rojo nunca ha dejado que nada

Pintura mural del Spring Lounge.

impidiera la diversión: en los tiempos de la ley seca, traficaba con cubos de cerveza y en los sesenta el sótano era un local de apuestas clandestinas. Hoy es conocido por sus extraños tiburones disecados, sus madrugadores clientes habituales y sus largas juergas multitudinarias.

🍷 East Village y Lower East Side

Ten Bells   Bar

(plano p. 246; 📞212-228-4450; www.tenbellsnyc.com; 247 Broome St, entre Ludlow y Orchard St; ⏰17.00-2.00 lu-vi, desde 15.00 sa y do; 🚇F hasta Delancey St; J/M/Z hasta Essex St) Este escondido bar de tapas tiene aspecto de cueva, con velas parpadeantes, oscuros techos de chapa, paredes de ladrillo y una barra en forma de U perfecta para charlar. El menú se expone en la pared y cuenta con excelentes vinos por copas que maridan con boquerones, chipirones en su tinta y quesos regionales. Durante la hora feliz, las ostras están a 1 US$ la unidad y la jarra

de vino a 15 US$. Es fácil no ver la entrada porque no hay letrero; está al lado de la tienda Top Hat.

Barrio Chino   Coctelería

(plano p. 246; 📞212-228-6710; www.barriochinonyc.com; 253 Broome St, entre Ludlow y Orchard St; ⏰11.30-16.30 y 17.30-1.00; 🚇F, J/M/Z hasta Delancey St-Essex St) Un restaurante que se transforma fácilmente en una fiesta, con un ambiente que mezcla La Habana con Pekín y centrado en los mejores tequilas, aunque también hay margaritas de naranja sanguina o ciruela negra, guacamole y tacos de pollo.

Ten Degrees Bar   Bar de vinos

(plano p. 246; 📞212-358-8600; www.10degreesbar.com; 121 St Marks Pl, entre First Ave y Ave A; ⏰24.00-4.00; 🚇F hasta Second Ave; L hasta First Ave; L hasta Third Ave) Pequeño local con encanto en St Marks, iluminado con velas, con sofás de cuero, sillones delante y mesitas al fondo, camareros amables y una excelente carta de cócteles y vinos, es perfecto para empezar la noche. De 12.00 a 20.00 las copas son más baratas (11-15

Camarero sirviendo un Manhattan en Employees Only (p. 171).

Preparación de brebajes adictivos como el Ginger Smash o el Mata Hari.

US$ en otro horario) y hay botellas de vino a mitad de precio el lunes por la noche.

Wayland
Bar

(plano p. 246; ☏212-777-7022; www.thewayland-nyc.com; 700 E 9th St esq. Ave C; ⏱17.00-4.00; Ⓢ L hasta 1st Ave) Paredes blancas, parqué envejecido y lámparas recicladas dan a este local urbano un toque del Misisipi, acorde a la música en directo (*bluegrass, jazz,* folk) los lunes y los miércoles. Pero su atractivo son las copas: hay que probar el I Hear Banjos, a base de licor de tarta de manzana, *whisky* de centeno y humo de manzano, que sabe como una fogata (aunque quema algo menos).

Angel's Share
Bar

(plano p. 246; ☏212-777-5415; 2.ª pt, 8 Stuyvesant St, cerca de Third Ave y E 9th St; ⏱6.00-1.30 do-ju, hasta 2.30 vi y sa; Ⓢ6 hasta Astor Pl) Hay que ir pronto y hacerse con un asiento

en esta joya oculta junto a un restaurante japonés en la misma planta. Es tranquilo, elegante, con cócteles creativos, pero no se puede estar de pie y los asientos escasean.

Rue B
Bar

(plano p. 246; www.ruebnyc188.com; 188 Ave B, entre 11th y 12th St; ⏱24.00-4.00; Ⓢ L hasta 1st Ave) Hay *jazz* en directo y una extraña banda de *rockabilly* cada noche desde las 20.30 en este pequeño garito, en una zona repleta De copas de Avenue B. Atrae a una clientela joven y entusiasta y el espacio es reducido, así que hay que es posible acabar en el regazo del trombonista.

Bar Goto
Bar

(plano p. 246; ☏212-475-4411; http://bargoto.com; 245 Eldridge St, entre E Houston y Stanton St; ⏱17.00-24.00 ma-ju y do, hasta 2.00 vi y sa; Ⓢ F hasta 2nd Ave) El atrevido barman Kenta Goto seduce a los entendidos en cócteles en su local. Bebidas elegantes y precisas que revelan el origen japonés de Koto (el Sakura martini con sake es fantástico) junto a bocados caseros nipones como las *okonomiyaki* (tortas saladas).

Immigrant
Bar

(plano p. 246; ✆646-308-1724; 341 E 9th St, entre First y Second Ave; ☉17.00-1.00 do-mi, hasta 2.00 ju-sa; Ⓢ L hasta 1st Ave; 4/6 hasta Astor Pl) Sin ninguna pretensión, esta pareja De copas diminutos puede convertirse en el local preferido. El personal, experto y amable, charla con los clientes mientras sirve platos de olivas y rellena vasos con licores importados. A la derecha está el bar de vinos, con una excelente oferta por copas. A la izquierda, la cervecería, especializada en microproductores. El diseño de ambos es similar: candelabros, ladrillo visto, encanto retro.

Berlin
Club

(plano p. 246; 25 Ave A, entre 1st y 2nd Ave; ☉22.00-4.00; Ⓢ F hasta 2nd Ave) Como un búnker escondido entre las calles cada vez más burguesas de East Village, supone una vuelta a los tiempos más salvajes de baile y locura del barrio. Una vez localizada la entrada sin letrero, hay que bajar al espacio con aires de cueva y bóveda de ladrillo, larga barra y minúscula pista para bailar a ritmo de *funk* y sonidos de vanguardia.

Death + Co
Lounge

(plano p. 246; ✆212-388-0882; www. deathandcompany.com; 433 E 6th St, entre First Ave y Ave A; ☉18.00-1.00 do-ju, hasta 2.00 vi y sa; Ⓢ F hasta 2nd Ave; L hasta 1st Ave; 6 Astor Pl) Para relajarse entre luces suaves y grueso parqué mientras los camareros, doctores en coctelería, hacen su magia agitando y removiendo cócteles perfectos (desde 15 US$).

Mayahuel
Coctelería

(plano p. 246; ✆212-253-5888; www. mayahuelny.com; 304 E 6th St, en Second Ave; ☉18.00-2.00; Ⓢ L hasta 3rd Ave; L hasta 1st Ave; 6 hasta Astor Pl) Lo menos parecido al típico puesto de tequila veraniego, Mayahuel es como la celda de un monje. Los devotos del agave fermentado pueden probar decenas de cócteles (todos a 15 US$) acompañados de quesadillas y tamales.

🍷 West Village, Chelsea y Meatpacking District

Employees Only
Bar

(plano p. 246; ✆212-242-3021; www.employees onlynyc.com; 510 Hudson St, cerca de Christopher St; ☉18.00-4.00; Ⓢ 1 hasta Christopher St-Sheridan Sq) Hay que agacharse bajo el letrero "Psychic" para encontrar este garito. El bar se llena a medida que avanza la noche. Los camareros son expertos en cócteles y preparan brebajes adictivos como el Ginger Smash o el Mata Hari. Perfecto para comer o beber a última hora, pues su restaurante sirve hasta las 3.30.

Buvette
Bar de vinos

(plano p. 246; ✆212-255-3590; www. ilovebuvette.com; 42 Grove St, entre Bedford y Bleecker St; ☉9.00-2.00; Ⓢ 1 hasta Christopher St-Sheridan Sq; A/C/E, B/D/F/M hasta W 4th St) Decoración rústica y elegante (delicados azulejos metálicos y barra de mármol), que invita a una copa a cualquier hora. Se recomienda sentarse a una mesa de esta autoproclamada *gastrothèque* y picar algo disfrutando de vinos europeos (sobre todo de Francia e Italia).

Bell Book & Candle
Bar

(plano p. 246; ✆212-414-2355; www.bband cnyc.com; 141 W 10th St, entre Waverley Pl y Greenwich Ave; ☉17.30-2.00 do-mi, hasta 4.00 ju-sa; Ⓢ A/B/C, B/D/F/M hasta W 4th St; 1 hasta Christopher St-Sheridan Sq) En este *gastropub* iluminado con velas se ofrecen bebidas creativas y fuertes (hay que probar el margarita de tequila con canela) y sabrosos bocados informales. Los veinteañeros se reúnen en la barra (ostras a 1 US$ y copas más baratas a primera hora), aunque hay más espacio al fondo, con grandes reservados para grupos.

Marie's Crisis
Bar

(plano p. 246; ✆212-243-9323; 59 Grove St, entre Seventh Ave y Bleecker St; ☉16.00-4.00; Ⓢ 1 hasta Christopher St-Sheridan Sq) Reinas de Broadway de cierta edad, gais forasteros perplejos, turistas divertidos y amantes de los musicales se reúnen en torno al piano y se turnan para entonar melodías, a menudo coreadas por la concurrencia o algún famoso de paso (Jimmy Fallon cantó "Summer Nights", de *Grease*, en el 2015).

Happiest Hour Coctelería

(plano p. 246; ☎212-243-2827; www.happiesthournyc.com; 121 W 10th St, entre Greenwich St y Avenue of the Americas/Sixth Ave; 🕒17.00-madrugada lu-vi, desde 14.00 sa y do; [S]A/C/E, B/D/F/M hasta W 4th St; 1 hasta Christopher St-Sheridan Sq) Relajada coctelería exótica, salpicada de fotos de palmeras, pop de los sesenta y combinados divertidos. Debajo está su hermana seria, Slowly Shirley, un templo subterráneo de trabajados brebajes.

Little Branch Coctelería

(plano p. 246; ☎212-929-4360; 20 Seventh Ave, en Leroy St; 🕒19.00-3.00; [S]1 hasta Houston St) Si no fuera por el portero, nadie adivinaría que una sencilla puerta metálica oculta un encantador local en este cruce. Una vez dentro, se descubre un bar que parece sacado de los tiempos de la Ley Seca: suena *jazz* clásico mientras los clientes brindan con originales y sofisticados cócteles.

Cielo Club

(plano p. 246; ☎212-645-5700; www.cieloclub.com; 18 Little W 12th St; con consumición 15-25 US$; 🕒22.00-5.00 lu y mi-sa; [S]A/C/E, L hasta 8th Ave-14th St) Este club veterano reúne una clientela natural y un excelente sistema de sonido. El DJ François K pincha *dub* y ritmos alternativos los lunes en el Deep Space Monday. Otras noches toman el relevo DJ europeos que invitan a bailar con sonidos hipnóticos y seductores.

Le Bain Club

(plano p. 246; ☎212-645-7600; www.standardculture.com/lebain.com; 848 Washington St, entre 13th y Little W 12th St; 🕒16.00-24.00 lu, hasta 4.00 ma-ju, 14.00-4.00 vi-do; [S]L hasta 8th Ave; 1/2/3, A/C/E hasta 14th St) Situado en la amplia terraza del moderno Standard Hotel, acoge un desfile de promotores de fiestas todos los días. Hay que prepararse para vistas panorámicas, una pista con un *jacuzzi* gigante en medio y una multitud ecléctica que abusa de licores caros. Hay un puesto de crepes en la azotea abierto toda la noche.

Frying Pan Bar

(plano p. 252; ☎212-989-6363; www.fryingpan.com; muelle 66, en W 26th St; 🕒12.00-24.00 may-oct; [S]C/E hasta 23rd St) Recuperado del fondo del mar (o de Chesapeake Bay), el buque insignia *Frying Pan* y el bar de dos plantas de su interior son estupendos para una copa al atardecer. Si hace bueno, el rústico espacio al aire libre atrae a multitudes a descansar en sus tumbonas y beber cerveza helada (artesanales 7 US$, jarra 25 US$). También hay hamburguesas a la parrilla y se puede admirar la vista de Nueva Jersey.

Bathtub Gin Coctelería

(plano p. 252; ☎646-559-1671; www.bathtubginnyc.com; 132 Ninth Ave, entre 18th y 19th St; 🕒18.00-1.30 do-ma, hasta 3.30 mi-sa; [S]A/C/E hasta 14th St; L hasta 8th Ave; A/C/E hasta 23rd St) En plena obsesión neoyorkina por los locales de aire clandestino, este destaca con su puerta supersecreta, oculta en la pared de un discreto café (Stone Street Coffee Company).

Los asientos cómodos, la música suave y el amable personal lo convierten en un buen sitio para degustar cócteles a medida con amigos.

🍷 Union Square, Flatiron District y Gramercy

Old Town Bar & Restaurant Bar

(plano p. 252; ☎212-529-6732; www.oldtownbar.com; 45 E 18th St, entre Broadway y Park Ave S; 🕒11.30-1.00 lu-vi, 12.00-2.00 sa, 13.00-24.00 do; [S]4/5/6, N/Q/R, L hasta 14th St-Union Sq) Un viaje a 1892: con baldosas y techos de hojalata originales, es un clásico de otro tiempo para hombres (y mujeres, pues Madonna fumó en este bar, cuando fumar era legal, para su vídeo *Bad girl*). Hay cócteles, pero la mayoría viene por la cerveza y las hamburguesas (desde 12,50 US$).

🍷 La vida nocturna

Los neoyorkinos siempre están a la caza de lo último, así que la vida nocturna de la ciudad cambia a toda velocidad. Los promotores reclutan gente con ganas de marcha para asistir a fiestas semanales en los mejores locales. Y cuando no hay nada a la vista, es el momento de bailar en los clásicos que nunca fallan.

Al salir de noche, no está de más tenerlo todo previsto; figurar en una lista de invitados evita frustraciones y decepciones innecesarias. Los no iniciados deben actuar como si lo fueran, y si los porteros se ponen pesados insistiendo en que se entra solo con invitación, siempre cabe la posibilidad de tirarse un farol, aunque lo más probable es que no cuele. También conviene llevar bastante dinero en efectivo, porque muchos locales (incluso los más exclusivos) no aceptan tarjetas de crédito y los cajeros interiores cobran unas comisiones altísimas.

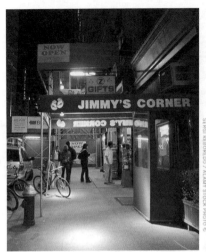

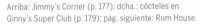
Arriba: Jimmy's Corner (p. 177); dcha.: cócteles en Ginny's Super Club (p. 179); pág. siguiente: Rum House.

Raines Law Room — Coctelería

(plano p.252; www.raineslawroom.com; 48 W 17th St, entre Quinta Avenida y Sixth Ave; ⏰17.00-2.00 lu-mi, hasta 3.00 ju-sa, 19.00-1.00 do; Ⓢ F/M hasta 14th St, L hasta 6th Ave, 1 hasta 18th St) Un mar de terciopelo y sillas de cuero recargadas, la dosis perfecta de ladrillo visto y cócteles de licores añejos preparados con mimo: los dueños saben crear una atmósfera intensa. Solo se admiten reservas (recomendadas) de domingo a martes. Se impone arreglarse y sumergirse en una época pasada más lujosa.

Pete's Tavern — Bar

(plano p. 252; ☎212-473-7676; www.petestavern.com; 129 E 18th St, en Irving Pl; ⏰11.00-2.00; Ⓢ 4/5/6, N/Q/R, L hasta 14th St-Union Sq) Con los espejos originales del s. XIX, su techo de latón y su barra de palisandro, este local oscuro y evocador tiene el sello de un clásico de NY. Sirven una respetable hamburguesa de ternera y 17 cervezas de barril. La clientela va de parejas que salen del teatro y expatriados irlandeses a sensatos estudiantes de la Universidad de Nueva York o famosos (véanse las fotos de los aseos).

Flatiron Lounge — Coctelería

(plano p. 252; ☎212-727-7741; www.flatiron lounge.com; 37 W 19th St, entre Quinta Avenida y Sixth Ave; ⏰16.00-2.00 lu-mi, hasta 3.00 ju, hasta 4.00 vi, 17.00-4.00 sa, 17.00-2.00 do; ☎; Ⓢ F/M, N/R, 6 hasta 23rd St) Una espectacular arcada da paso a una oscura fantasía tipo *art déco* con reservados rojos, temas de *jazz* y una clientela madura y descarada que toma copas de temporada. El Beijing Mule (vodka de jazmín, zumo de lima, sirope de jengibre y melaza de granada) es delicioso, y el genial Flight of the Day (trío de minicócteles) despeja dudas y confunde a la vez. Cócteles a 10 US$ en la hora feliz (16.00-18.00 entre semana).

🍷 Midtown

SixtyFive — Coctelería

(plano p. 252; ☎212-632-5000; www.rainbow-room.com; 30 Rockefeller Plaza, entrada por W 49th St; ⏰17.00-24.00 lu-vi; Ⓢ B/D/F/M hasta 47th-50th St-Rockefeller Center) Imprescindible y sofisticado bar en la planta 65ª del edificio GE, en el Rockefeller Center. Hay

RICHARD LEVINE / ALAMY STOCK PHOTO ©

que ir bien vestido (ni *sport* ni menores de 21 años) y llegar sobre las 17.00 para conseguir una mesa con vistas impagables. Aunque no haya sitio en la terraza o junto a la ventana, hay que asomarse para apreciar el impresionante panorama neoyorkino.

Al otro lado del pasillo está el reformado Rainbow Room, legendario club nocturno de elite convertido en restaurante de lujo, que sirve *brunch* los domingos y cenas en fechas selectas (consúltese web).

Rum House Coctelería

(plano p. 252; ☎646-490-6924; www.therumhousenyc.com; 228 W 47th St,entre Broadway y Eighth Ave, Midtown West; ⏰13.00-4.00; [S]N/Q/R hasta 49th St) Este seductor fragmento reformado de la vieja NY es idolatrado por sus rones y *whiskys* para entendidos. Hay que saborearlos solos o en impecables cócteles como el Dark & Stormy (ron, cerveza de jengibre y lima). La música añade magia con pianistas, tríos de *jazz* o divas sentimentales.

Lantern's Keep Coctelería

(plano p. 252; ☎212-453-4287; www.thelanternskeep.com; Iroquois Hotel, 49 W 44th St, entre Quinta Avenida y Sixth Ave; ⏰17.00-23.30 lu-vi, 19.00-00.30 sa; [S]B/D/F/M hasta 42nd St-Bryant Park) Solo quien sea capaz de guardar un secreto debe cruzar el vestíbulo del Iroquois Hotel y entrar en esta oscura e íntima coctelería. Su especialidad son los tragos clásicos, agitados y removidos por camareros apasionados y amables. Quien quiera algo especiado puede probar el Gordon's Breakfast, mezcla de ginebra, salsa Worcestershire, salsa picante, una mezcla de lima y pepino, sal y pimienta. Es recomendable reservar.

Campbell Apartment Coctelería

(plano p. 252; ☎212-953-0409; www.hospitalityholdings.com; estación Grand Central, 15 Vanderbilt Ave, en 43rd St; ⏰12.00-1.00 lu-ju, hasta 2.00 vi y sa, hasta 24.00 do; [S]S, 4/5/6, 7 hasta Grand Central-42nd St) Fiestas como las de 1928. Esta joya sublime y exclusiva de Grand Central fue la oficina de un magnate del ferrocarril de los años veinte, apasionado por las rarezas europeas: alfombras de estilo florentino, techos con vigas de madera decorativas y una impresionante ventana de vidrio emplomado. Protegido

Nueva York en una copa

60 ml de *whisky* de centeno

30 ml de vermú dulce

1 cereza al marrasquino

cáscara de naranja

2 chorros de angostura

hielo

Cóctel Manhattan

Cómo preparar un Manhattan

Poner hielo en la coctelera.

Añadir el *whisky,* el vermú y la angostura.

Frotar la cáscara de naranja contra el borde de la copa de cóctel.

Servir la bebida en la copa.

Añadir la cereza al marrasquino y ia disfrutar!

La historia del Cóctel

Complejo, elegante y atemporal, el Manhattan es, sencillamente, uno de los mejores cócteles del mundo. Según la leyenda, se creó en 26th St esq. Madison Ave, en el ya desaparecido Manhattan Club. Fue con ocasión de una fiesta supuestamente organizada en 1874 por Jennie Churchill (la madre de Winston). Uno de los camareros decidió crear una bebida para señalar la ocasión y la bautizó con el nombre del bar.

★ Los cinco mejores bares de Nueva York

Pegu Club (p. 167)

Pouring Ribbons (plano p. 246; ☎917-656-6788; www.pouringribbons.com; 225 Avenue B, 2ª pt; ⏰18.00-2.00; Ⓢ🚌 hasta 1st Ave)

Little Branch (p. 172)

Lantern's Keep (p. 175)

Flatiron Room (plano p. 252; ☎212-725-3860; www.theflatironroom.com; 37 W 26th St, entre Sixth Ave y Broadway; ⏰16.00-2.00 lu-vi, 17.00-2.00 sa, 17.00-24.00 do; ⓈN/R hasta 28th St, F/M hasta 23rd St)

de las hordas, se accede con el ascensor anejo al Oyster Bar o por las escaleras a West Balcony.

Jimmy's Corner — Bar

(plano p. 252; ☎212-221-9510; 140 W 44th St, entre Sixth y Seventh Ave, Midtown West; ☺11.00-4.00 lu-vi, desde 15.00 do; ⓢN/Q/R, 1/2/3, 7 hasta 42nd St-Times Sq; B/D/F/M hasta 42nd St-Bryant Park) Este local acogedor y sin pretensiones cerca de Times Square está dirigido por un antiguo entrenador de boxeo, como se adivina por las fotos de grandes púgiles (y otros no tanto). La gramola va de la Stax a Miles Davis, a un volumen que permite mantener una charla tras el trabajo.

Waylon — Bar

(plano p. 252; ☎212-265-0010; www.thewaylon. com; 736 Tenth Ave, en 50th St, Midtown West; ☺14.00-4.00 lu-vi, desde 12.00 sa do; ⓢC/E hasta 50th St) Es el momento de calzarse las botas de vaquero y bailar en el *honky-tonk*. Un homenaje al estilo Dixie en este local, tipo salón del oeste, donde la gramola hace bailar a la clientela al ritmo del 'corazón roto' de Tim McGraw, los camareros sirven *whisky* y tequila y se come *frito pie* tejano y bocadillos de filete empanado. Conciertos de *country-and-western* los jueves de 20.00 a 23.00.

Industry — Gay

(plano p. 252; ☎646-476-2747; www.indus-try-bar.com; 355 W 52nd St, entre Eighth y Ninth Ave, Midtown West; ☺16.00-4.00; ⓢC/E, 1 hasta 50th St) Antaño un garaje y hoy uno de los bares gay más en boga de Hell's Kitchen, con 370 m² de bonitos salones, una mesa de billar y un escenario para excelentes *drag queens*. De 16.00 a 21.00 sirven dos copas al precio de una, y más tarde se inunda de gente guapa. Solo efectivo.

🍸 Upper East Side

The Daisy — Bar

(plano p. 250; ☎646-964-5756; 1641 Second Ave, en 85th St; ☺16.00-1.00 do-mi, hasta 2.00 ju-sa; ⓢ4/5/6 hasta 86th St) Definido como un *gastropub* de ágave, sirve cócteles de mezcal, bebidas (michelada) y platos (arroz con pato) de inspiración latina, además de comida clásica de bar, como patatas fritas en grasa de pato y pulpo a la parrilla. A diferencia de otros bares del barrio, no hay televisión ni gritos, es tranquilo, poco iluminado, con buena música, camareros expertos y una clientela sociable.

The Penrose — Bar

(plano p. 250; ☎212-203-2751; www.penrosebar. com; 1590 Second Ave,entre 82nd y 83rd St; ☺12.00-4.00 lu-vi, 10.00-4.00 sa y do; ⓢ4/5/6 hasta 86th St) Aporta estilo al barrio con cervezas artesanales, paredes de ladrillo, espejos antiguos, papel pintado de flores, detalles de madera reciclada y amables camareros que facilitan una agradable velada entre amigos.

Drunken Munkey — Lounge

(plano p. 250; ☎646-998-4600; www.drunken munkeynyc.com; 338 E 92nd St, entre First y Second Ave; ☺11.00-2.00 lu-ju, hasta 3.00 vi-do; ⓢ6 hasta 96th St) Este *lounge* juguetón mezcla el Bombay colonial con papel pintado retro, bolas de críquet en los pomos y personal vestido con estilo. A pesar de los candelabros en forma de mono, los cócteles caseros y los sabrosos curris (raciones para compartir) son cosa seria. La ginebra es la estrella: hay que probar el Bramble (ginebra Bombay, licor de mora y zumo de limón y moras).

🍸 Upper West Side y Central Park

Barcibo Enoteca — Bar de vinos

(plano p. 250; ☎212-595-2805; www. barciboenoteca.com; 2020 Broadway esq. 69th St; ☺16.30-23.30 ma-vi, desde 15.30 sa-lu; ⓢ1/2/3 hasta 72nd St) Al norte del Lincoln Center, este local elegante pero informal con mesas de mármol es perfecto para un trago, con una larga carta de vinos italianos, 40 de ellos por copas. Tiene

Arriba: vino blanco; dcha.: Radegast Hall & Biergarten (p. 180); pág. siguiente: Spuyten Duyvil (p. 180).

un menú escueto de platos ligeros y un personal capaz de aconsejar.

Manhattan
Cricket Club — Salón de cócteles

(plano p. 250; 📞646-823-9252; www.mccn-ewyork.com; 226 W 79th St, entre Amsterdam Ave y Broadway; 🕐18.00-2.00; 🚇1 hasta 79th St) Encima del bar australiano Burke & Wills, este elegante salón hereda la clase de los clubes de críquet anglo-australianos de principios del s. xx. Fotos en sepia de bateadores decoran las paredes con brocados dorados y estanterías de caoba, y sillones Chesterfield crean ambiente para trasegar cócteles bien hechos, pero caros. Perfecto para una cita.

West End Hall — Cervecería al aire libre

(plano p. 250; 📞212-662-7200; www.westend-hall.com; 2756 Broadway, entre 105th y 106th St; 🕐16.00-1.00 lu-vi, desde 11.00 sa y do; 🚇1 hasta 103rd St) Ofrece elaboraciones artesanales de Bélgica, Alemania, EE UU y más. Hay unas 20 cervezas de barril que van rotando y otras 30 en botella, muchas de las cuales maridan bien con

el menú a base de salchichas, escalopes, minihamburguesas de cerdo y una excelente hamburguesa con trufa.

Dead Poet — Bar

(plano p. 250; 📞212-595-5670; www.thedead-poet.com; 450 Amsterdam Ave, entre 81st y 82nd St; 🕐12.00-4.00; 🚇1 hasta 79th St) Este estrecho *pub* con paneles de caoba es un clásico del barrio desde hace más de un decenio, donde se mezclan vecinos y estudiantes para beber pintas de Guinness y cócteles con nombres de poetas muertos, como el té helado de Long Island Walt Whitman (11 US$) o la sangría de ron especiada Pablo Neruda (9 US$), aunque siempre se ha pensado que a él le gustaba el *pisco sour*.

🍷 Harlem y Upper Manhattan

Paris Blues — Bar

(📞212-222-9878; www.parisbluesharlem.com; 2021 Adam Clayton Powell Jr. Blvd, en 121st St, Harlem; 🕐12.00-3.00; 🚇A/C, B

hasta 116th St, 2/3 hasta 125th St) Este local sencillo debe su nombre a una película de 1961 protagonizada por Sidney Poitier y Paul Newman sobre dos expatriados que viven y aman en París. Está un poco gastado y la selección de copas es limitada, pero son generosas, desborda encanto y hay conciertos de *jazz* desde las 21.00.

Ginny's Supper Club — Coctelería

(📞212-421-3821, reservas para el brunch 212-792-9001; www.ginnyssupperclub.com; 310 Malcolm X Blvd, entre 125th y 126th St, Harlem; ⏱18.00-23.00 ju, hasta 3.00 vi y sa, 10.30-14.00 do; 🚇2/3 hasta 125th St) Como recién sacado de *Boardwalk Empire*, a este animado y lujoso club no le faltan clientes trasegando cócteles y picando exótica comida sureña (de la cocina del Red Rooster, en la planta superior) a ritmo de *jazz* en directo (desde 19.30 ju-sa) y con DJ (desde 23.00 vi y sa). Para empezar el domingo con alma, hay que probar el *brunch gospel*, que se celebra semanalmente (se recomienda reservar).

🍷 Brooklyn

Maison Premiere — Coctelería

(📞347-335-0446; www.maisonpremiere.com; 298 Bedford Ave, entre S 1st y Grand St, Williamsburg; ⏱16.00-2.00 lu-vi, desde 11.00 sa y do; 🚇L hasta Bedford Ave) En cualquier mornento podría aparecer Dorothy Parker en este local a la antigua, con una barra elegante llena de siropes y esencias, camareros con tirantes y música de *jazz* que recuerda aún más al barrio francés de Nueva Orleans. Los cócteles son cosa seria: la lista incluye más de una docena de combinados con absenta, varios julepes y un surtido de especialidades. La marisquería despacha deliciosas ostras y platos más consistentes. Hay un patio al pasar la barra.

Hotel Delmano — Coctelería

(📞718-387-1945; www.hoteldelmano.com; 82 Berry St, en N 9th St, Williamsburg; ⏱17.00-2.00 lu-vi, desde 2.00 sa y do; 🚇L hasta Bedford Ave) Esta coctelería íntima busca una atmósfera clandestina, con viejos espejos ahumados, suelos sin pulir y candelabros de época. Basta con acomodarse en uno de los

 El astuto Tom Collins

Un clásico de Nueva York, el estival Tom Collins, nació en la década de 1870. Mezcla de ginebra seca, azúcar, zumo de limón y soda, el nombre de este trago largo se debe a una complicada broma por la cual se informó a cientos de personas de que un tal Tom Collins había estado mancillando su buen nombre. Mientras muchos lo buscaban, los camareros, que estaban al tanto del engaño, siguieron la broma creando la bebida y dándole el nombre del supuesto alborotador. Cuando los agraviados entraban en los bares preguntando por un tal Tom Collins, se les servía la bebida para enfriar los ánimos.

IVAN MATEEV / SHUTTERSTOCK ©

rincones del fondo o sentarse ante la barra curva de mármol y ver a los bigotudos camareros preparar una oferta cambiante de cócteles creativos (los preferidos, de *whisky,* ginebra y mezcal).

También hay un buen surtido de charcutería, quesos y mariscos (ostras, chirlas, cócteles de gambas). Se entra por N 9th St.

Spuyten Duyvil
Bar

(📞718-963-4140; www.spuytenduyvilnyc. com; 359 Metropolitan Ave, entre Havemayer y Roebling, Williamsburg; 🕑17.00-madrugada lu-vi, desde 12.00 sa y do; 🚇L hasta Lorimer St; G hasta Metropolitan Ave) Modesto bar de Williamsburg que parece un rastrillo, con mapas de época en las paredes y sillas raídas, pero la selección de cervezas es in-

creíble, los clientes de distintas edades son agradables y hay un gran patio con árboles para los días cálidos, además de una buena gramola.

Skinny Dennis
Bar

(www.skinnydennisbar.com; 152 Metropolitan Ave, entre Wythe Ave y Berry St, Williamsburg; 🕑12.00-4.00; 🚇L hasta Bedford Ave) Sin necesidad de ir a Austin, se puede bailar en el *honky-tonk* de este salón de carretera en la concurrida Metropolitan Ave. Además de carteles de Kinky Friedman y un reverencial retrato de Willie Nelson, cáscaras de cacahuete en el suelo y una gramola del tamaño de Patsy Cline en un rincón, actúan cantantes de *country* de noche ante una clientela ruidosa y amante de la cerveza.

Radegast Hall & Biergarten
Cervecería

(📞718-963-3973; www.radegasthall.com; 113 N 3rd St, en Berry St, Williamsburg; 🕑12.00-2.00 lu-vi, desde 11.00 sa y do; 🚇L a Bedford Ave) Esta cervecería austrohúngara en Williamsburg ofrece una enorme selección de elaboraciones bávaras y carnes. Se puede permanecer en la oscura barra de madera o sentarse en la sala contigua, con techo retráctil y mesas comunes, para tomar *pretzels,* salchichas y hamburguesas.

OTB
Bar

(www.otbbk.com; 141 Broadway, entre Bedford y Driggs Ave, Williamsburg; 🕑17.00-2.00 lu-vi, desde 14.00 sa y do; 🚇J/M hasta Marcy Ave) OTB, siglas de *off-track betting* (apuesta libre), rinde homenaje a los purasangres de carreras con decoración ecuestre (formularios de apuestas para los menús, fotos en blanco y negro de bonitos ponis y caballos en las paredes de los baños), aunque los candelabros, las velas y los muebles de madera crean un ambiente más elegante.

61 Local
Bar

(📞718-875-1150; www.61local.com; 61 Bergen St, entre Smith St y Boerum Pl, Cobble Hill; 🕑7.00-24.00 lu-vi, desde 9.00 sa y do; 🛜; 🚇F, G hasta Bergen) Gran sala de ladrillo y madera en Cobble Hill que consigue ser cálida y elegante a la vez, con grandes mesas comunes, ambiente apacible y una buena selección de cervezas artesanales (como KelSo, Ommegang o Allagash). Hay un menú sencillo de charcutería, cerveza y otros bocados, como tacos de carnitas de cerdo, quiche o platos mediterráneos (*hummus, labneh,* aceitunas).

Royal Palms Bar

(www.royalpalmsshuffle.com; 514 Union St, entre 3rd Ave y Nevins St, Gowanus; ⏰18.00-24.00 lu-ju, hasta 2.00 vi, 12.00-2.00 sa, 12.00-22.00 do; [S] R hasta Union St) Para quien quiera hacer algo de deporte sin alejarse demasiado de la barra. En sus más de 1500 m² hay 10 pistas de tejo y juegos de mesa (gigantescos Jenga y Cuatro en raya), cervezas artesanales, cócteles y tentempiés servidos en una gastroneta que rota cada semana. El ambiente recuerda a la Florida subtropical, aunque lanzar los discos de tejo en la estrecha pista es más cosa de modernos que de viejos. Solo para mayores de 21 años.

Pine Box Rock Shop Bar

(☎718-366-6311; www.pineboxrockshop.com; 12 Grattan St, entre Morgan Ave y Bogart St, Bushwick; ⏰16.00-4.00 lu-vi, desde 14.00 sa y do; [S] L hasta Morgan Ave) El cavernoso Pine Box es una antigua fábrica de ataúdes de Bushwick con 16 cervezas de barril para elegir y pintas de Bloody Mary especiados. Dirigido por una afable pareja de músicos, las paredes están repletas de arte local y en el escenario trasero hay frecuentes conciertos.

Rookery Bar

(www.therookerybar.com; 425 Troutman St, entre St Nicholas y Wyckoff Ave, Bushwick; ⏰12.00-4.00; [S] L hasta Jefferson St) Cada semana aparece una nueva hornada de restaurantes Km 0 y locales creativos. Un pilar de la oferta de Bushwick es el industrial Rookery, con terraza en Troutman Ave, llena de murales. La oferta incluye cócteles, cervezas artesanales, comida de *pub* renovada (pastel de cabra al curri, bocadillo de rabo de buey), *electro pop* alternativo y una atmósfera relajada.

Der Schwarze Köelner Pub

(☎347-841-4495; http://dsk-brooklyn.com; 710 Fulton St, esq. Hanson Pl, Fort Greene; ⏰15.00-1.00 lu-vi, desde 14.00 sa y do; [S] C hasta Lafayette Ave; G hasta Fulton St) Esta cervecería informal al aire libre, con suelo ajedrezado, muchas ventanas y una clientela animada y mixta está a pocas manzanas de la Brooklyn Academy of Music. Hay 18 cervezas de barril, que maridan bien con un *brezel* (*pretzel* alemán tierno).

Bossa Nova Civic Club Club

(www.bossanovacivicclub.com; 1271 Myrtle Ave, entre Evergreen y Central Ave, Bushwick; ⏰19.00-4.00; [S] M hasta Central Ave) Otra razón para no querer salir de Brooklyn es este diminuto club, un gran lugar para dejarse llevar por el ritmo de los DJ, que mezclan gran variedad de sonidos en un interior vagamente tropical. Gran equipo de sonido, bebidas a precios razonables para ser un club y algo de comer (empanadas, guiso de cerdo, arepas).

ESPECTÁCULOS

De las comedias nocturnas
a la ópera inspiradora

Espectáculos

Escenarios luminosos, garitos de jazz, salas de baile de techos altos y óperas diseñadas para el melodrama: desde hace más de un siglo, Nueva York es la capital cultural de EE UU. Y aunque el aburguesamiento ha expulsado a muchos artistas, sigue siendo un centro neurálgico para la música, el teatro y la danza.

En cuanto al ocio, la ciudad es conocida sobre todo por los musicales de Broadway. Se representan en cualquiera de sus 40 teatros oficiales —opulentas joyas de principios del s. XX en torno a Times Square— y son parte esencial de la vida cultural de Nueva York. Más allá de Broadway existen salas experimentales en el centro, los venerados auditorios del Met y música en directo por toda la ciudad. Lo difícil es elegir.

Sumario

Financial District y
Lower Manhattan..............................186

SoHo y Chinatown 186

East Village y Lower East Side 186

West Village, Chelsea
y Meatpacking District 187

Midtown...190

Upper West Side y Central Park........192

Harlem y Upper Manhattan 193

Brooklyn 193

Entradas

Para comprar entradas se puede ir directamente a la taquilla o recurrir a agencias como Telecharge (www.telecharge.com) o Ticketmaster (www.ticketmaster.com).

Para conseguir entradas rebajadas a espectáculos de Broadway el mismo día, se puede ir a un puesto de TKTS (www.tdf.org). Y para ocio al margen de Broadway (comedias, cabaré, artes escénicas, música, danza y teatro en el centro), conviene consultar SmartTix (www.smarttix.com).

Times Square (p. 62).

Lo mejor

Espectáculos de Broadway

Book of Mormon (p. 190) Premiado espectáculo de los creadores de *South Park*.

Chicago (p. 191) Uno de los montajes más brillantes de Broadway.

Kinky Boots (p. 190) Hay que reservar con mucha antelación para conseguir entradas para este musical desmesurado.

An American in Paris (p. 191) Exuberante coreografía y románticos escenarios parisinos.

Música en directo

Jazz at Lincoln Center (p. 192) Programa innovador bajo la batuta de la estrella del *jazz* Wynton Marsalis.

Village Vanguard (p. 187) Legendario club de *jazz* de West Village.

Smalls (p. 188) Diminuto local en West Village con el sabor de décadas pasadas.

Barbès (p. 194) Ritmos globales poco conocidos pero alegres en Park Slope.

Birdland (p. 192) Elegante local en Midtown con grandes orquestas, *jazz* afrocubano y mucho más.

Minton's (p. 193) Clientela con estilo, metales cautivadores y un *brunch* dominical a ritmo de *jazz* en Harlem.

☆ Financial District y Lower Manhattan

Flea Theater
Teatro

(plano p. 246; ☎entradas 212-352-3101; www.theflea.org; 41 White St, entre Church St y Broadway; Ⓢ1 hasta Franklin St; A/C/E, N/Q/R, J/Z, 6 hasta Canal St) Una de las mejores compañías del *off-off-Broadway,* el Flea es famoso por sus obras innovadoras y oportunas en sus dos escenarios. Figuras como Sigourney Weaver y John Lithgow han pisado sus tablas y la programación incluye espectáculos musicales y de danza.

☆ SoHo y Chinatown

Joe's Pub
Música en directo

(plano p. 246; ☎212-539-8500, entradas 212-967-7555; www.joespub.com; Public Theater, 425 Lafayette St, entre Astor Pl y 4th St; Ⓢ6 hasta Astor Pl; R/W hasta 8th St-NYU) Mitad bar, mitad cabaré y sala de espectáculos, el recoleto Joe's propone tanto obras emergentes como espectáculos de primera. Entre

los intérpretes invitados figuran la ácida humorista Sandra Bernhard y la cantante británica Adele, que actuó aquí por primera vez en EE UU, en 2008.

Film Forum
Cine

(plano p. 246; ☎212-727-8110; www.filmforum.com; 209 W Houston St, entre Varick St y Sixth Ave; Ⓢ1 hasta Houston St) Este cine con tres salas programa una selección de películas independientes, reestrenos y retrospectivas de grandes como Sidney Lumet. Las salas son pequeñas, como las pantallas, así que conviene ir temprano para conseguir un buen sitio. Las proyecciones se combinan con charlas de directores o debates.

☆ East Village y Lower East Side

La MaMa ETC
Teatro

(plano p. 246; ☎646-430-5374; www.lamama.org; 74A E 4th St; entrada 25 US$; Ⓢ F hasta Second Ave) Este veterano centro de experimentación escénica (ETC son las siglas de *Experimental Theater Club*) es un complejo

Arriba: Rockwood Music Hall; dcha.: Village Vanguard; pág. siguiente: Blue Note.

de tres salas con un café, una galería de arte y un estudio donde se representan dramas vanguardistas, monólogos y todo tipo de lecturas. Hay 10 entradas a 10 US$ para cada espectáculo, pero han de reservarse con tiempo.

New York Theatre Workshop
Teatro

(plano p. 246; 212-460-5475; www.nytw.org; 79 E 4th St, entre Second y Third Ave; F hasta 2nd Ave) Con 25 años recién cumplidos, esta sala de producción innovadora es un tesoro para quien busca obras de vanguardia con mensaje. Fue origen de dos grandes éxitos de Broadway, *Rent* y *Urinetown,* y tiene una oferta constante y de calidad.

Rockwood Music Hall
Música en directo

(plano p. 246; 212-477-4155; www.rockwood musichall.com; 196 Allen St, entre Houston y Stanton St; 18.00-2.00 lu-vi, desde 15.00 sa y do; F/V hasta Lower East Side-Second Ave) Abierta por el roquero independiente Ken Rockwood, esta diminuta sala tiene tres escenarios en los que se suceden grupos y cantautores. Si el presupuesto escasea, en el escenario 1 hay conciertos gratuitos de un máximo de 1 h por grupo (se pueden ver cinco bandas o más por noche). La música empieza a las 15.00 los fines de semana y a las 18.00 los demás días.

☆ West Village, Chelsea y Meatpacking District

Village Vanguard
Jazz

(plano p. 246; 212-255-4037; www.villagevan guard.com; 178 Seventh Ave, en 11th St; cubierto alrededor de 33 US$; 7.30-00.30; 1/2/3 a 14th St) Posiblemente el club de *jazz* más prestigioso de la ciudad, el Vanguard ha recibido a todas las grandes estrellas de los últimos 50 años. Empezó como sala de monólogos y de vez en cuando vuelve a sus raíces, aunque la mayor parte de las noches suena *jazz* atrevido y de calidad.

Blue Note
Jazz

(plano p. 246; 212-475-8592; www.bluenote. net; 131 W 3rd St, entre Sixth Ave y MacDougal St; A/C/E, B/D/F/M hasta W 4th St-Washington Sq) Es el club de *jazz* más famoso (y caro)

 El mundo de la danza

Durante casi 100 años, Nueva York ha sido el epicentro de la danza estadounidense. Aquí se fundó en 1949 el American Ballet Theatre (ABT; www.abt.org), dirigido por el mítico George Balanchine. La compañía fomentó la idea de cultivar el talento contratando a bailarines nacidos en EE UU y produciendo obras de coreógrafos como Jerome Robbins, Twyla Tharp y Alvin Ailey. Sigue actuando en NY y en todo el mundo.

Pero la ciudad es más conocida por ser cuna de una generación de coreógrafos modernos, con figuras como Martha Graham, que desafió los conceptos tradicionales de la danza con movimientos mecánicos e industriales y decorados desnudos, casi abstractos. Otros fueron incluso más allá, como Merce Cunningham, quien separó la danza de la música. Hoy, compañías como Streb (www.streb.org) están llevando la danza a sus límites. El Lincoln Center (p. 76) y la Brooklyn Academy of Music (p. 193) ofrecen espectáculos regulares, mientras que los emergentes se presentan en espacios como Kitchen, en Chelsea (p. 189), Joyce Theater y New York Live Arts (www.newyorklivearts.org), o en el Baryshnikov Arts Center (www.bacnyc. org) en Midtown.

de la ciudad. Muchos conciertos cuestan 30 US$ en la barra o 45 US$ en mesa, y más para las grandes estrellas. También hay otros a 20 US$, así como un *brunch* dominical a ritmo de *jazz* a las 11.30. Para ir y guardar silencio: lo importante ocurre en el escenario.

Smalls   Jazz
(plano p. 246; 212-252-5091; www.smallslive. com; 183 W 10th St; con consumición 20 US$ 19.30-00.30; 10 US$ después 00.30; 19.30-4.00 lu-ju, desde 16.00 vi-do; S 1 hasta Christopher St-Sheridan Sq) Como su nombre indica, este reducido pero atractivo club de *jazz* ofrece actuaciones sorprendentes cada noche. La entrada cuesta 20 US$ y está permitido levantarse para comer.

Joyce Theater   Danza
(plano p. 252; 212-691-9740; www.joyce. org; 175 Eighth Ave; S C/E hasta 23rd St; A/C/E hasta Eighth Ave-14th St; 1 hasta 18th St) Clásico entre los adictos a la danza por su excelente visibilidad y sus propuestas no convencionales, es un local pequeño de 472 butacas en un cine renovado. Se centra en compañías modernas como Pilobolus, Stephen Petronio Company y Parsons Dance, y en estrellas mundiales como Dance Brazil, el Ballet Hispánico y MalPaso Dance Company.

Sleep No More   Teatro
(plano p. 252; www.sleepnomorenyc.com; McKittrick Hotel, 530 W 27th St; entradas desde 91 US$; 19.00-24.00 lu-sa; S C/E hasta 23rd St) Una de las mejores experiencias teatrales, *Sleep No More,* es una relectura libre de *Macbeth* escenificada en almacenes redecorados como un hotel abandonado.

Es una vivencia única en la que los espectadores pueden deambular entre los ambientes (sala de baile, cementerio, taller de taxidermia, hospital psiquiátrico) e interactuar con los actores, que interpretan escenas que oscilan entre lo extravagante y lo atrevido. Es obligatorio dejar en consigna los objetos personales (abrigos, bolsos, móviles) y ponerse una máscara como en *Eyes Wide Shut.*

Upright Citizens Brigade Theatre   Comedia
(plano p. 252; 212-366-9176; www.ucbtheatre. com; 307 W 26th St, entre Eighth y Ninth Ave;

El Comedy Cellar junto a cafés con terraza.

entrada 0-10 US$; ⏱19.00-00.00; 🚇C/E hasta 23rd St) Humoristas profesionales e hilarantes improvisaciones reinan en este popular local de 74 butacas, por el que suelen pasarse directores de reparto. La entrada es barata, al igual que el vino y la cerveza. En el escenario puede reconocerse a humoristas de programas nocturnos de televisión. Gratis los domingos después de las 21.30 y los lunes después de las 23.00, con actuaciones de aficionados. Hay espectáculos de calidad cada día a partir de las 19.30, aunque la sesión Asssscat Improv de los domingos siempre es un desmadre.

Kitchen
Teatro, danza

(plano p. 252; 📞212-255-5793; www.thekitchen. org; 512 W 19th St, entre Tenth y Eleventh Ave; 🚇A/C/E hasta 14th St; L hasta 8th Ave) Espacio experimental con aspecto de ático en el oeste de Chelsea con representaciones teatrales atrevidas, lecturas y conciertos. Se ofrecen obras nuevas y progresivas y trabajos en curso de agitadores locales.

Le Poisson Rouge
Música en directo

(plano p. 246; 📞212-505-3474; www.lepoisson rouge.com; 158 Bleecker St; 🚇A/C/E, B/D/F/M hasta W 4th St-Washington Sq) Este depurado espacio artístico propone un programa de conciertos ecléctico con nombres como Deerhunter, Marc Ribot o Cibo Matto en los últimos años. Hay mucha experimentación y fecundos cruces entre música clásica, folk, ópera y demás.

Comedy Cellar
Comedia

(plano p. 246; 📞212-254-3480; www.comedyce llar.com; 117 MacDougal St, entre W 3rd y Minetta Lane; con consumición 12-24 US$; 🚇A/C/E, B/D/F/M hasta W 4th St-Washington Sq) Este veterano club de comedias de Greenwich Village ofrece obras comerciales y una buena lista de habituales (Colin Quinn, Darrell Hammond de *Saturday Night Live*, Wanda Sykes), más ocasionales de primera fila como Dave Chappelle. Su éxito continúa y tiene otra sede al doblar la esquina, en W 3rd St.

Duplex Cabaré

(plano p. 246; ☎212-255-5438; www.theduplex.com; 61 Christopher St; con consumición 5-15 US$; 🕒16.00-4.00; [S]1 hasta Christopher St-Sheridan Sq) Cabaré, karaoke y bailes horteras son parte del menú del legendario Duplex. Fotos de Joan Rivers decoran las paredes y a los actores les gusta imitar su fresca autocrítica y hacer también chistes a costa del público. Es divertido y sin pretensiones, no apto para tímidos.

En el piano bar de la planta baja (desde 21.00) se puede cantar o admirar a los talentos habituales (incluidos actores de Broadway) y al personal que entona éxitos. Mínimo dos consumiciones.

IFC Center Cine

(plano p. 246; ☎212-924-7771; www.ifccenter.com; 323 Sixth Ave, en 3rd St; entradas 14 US$; [S]A/C/E, B/D/F/M hasta W 4th St-Washington Sq) Cine de arte y ensayo en la zona universitaria, que programa una cuidadosa selección de películas independientes, clásicas y extranjeras. Se pueden ver cortometrajes, documentales, reestrenos de los ochenta, series dedicadas a directores, fines de semana clásicos y ciclos especiales, p. ej.: obras de culto *(El resplandor, Taxi Driver, Alien)* a medianoche.

☆ Midtown

Book of Mormon Musical

(Eugene O'Neill Theatre; plano p. 252; ☎entradas 212-239-6200; www.bookofmormonbroadway.com; 230 W 49th St, entre Broadway y Eighth Ave, Midtown West; [S]N/Q/R hasta 49th St; 1 hasta 50th St; C/E hasta 50th St) Afilada sátira musical subversiva, obscena y absurdamente divertida, de los creadores de *South Park* Trey Parker y Matt Stone y del compositor de *Avenue Q* Robert Lopez. Ganadora de nueve premios Tony, narra las peripecias de dos inocentes mormones enviados como misioneros para salvar una aldea ugandesa.

Kinky Boots Musical

(Hirschfeld Theatre; plano p. 252; ☎entradas 212-239-6200; www.kinkybootsthemusical.com; 302 W 45th St, entre Eighth y Ninth Ave, Midtown West; [S]A/C/E hasta 42nd St-Port Authority Bus Terminal) Adaptación de una película

Kinky Boots.

AF ARCHIVE / ALAMY STOCK PHOTO ©

británica independiente del 2005, este gran éxito de Harvey Fierstein y Cyndi Lauper cuenta la historia de una fábrica de zapatos inglesa condenada al fracaso y salvada por Lola, una *drag queen* con talento para los negocios. Sus sólidos personajes y su energía han convencido a la crítica, y ha ganado seis premios Tony, entre ellos el de mejor musical del 2013.

Hamilton
Musical

(Richard Rodgers Theatre; plano p. 252; ☎entradas 877-250-2929; www.hamiltonbroadway.com; 226 W 46th St, entre Seventh y Eighth Ave, Midtown West; Ⓢ N/Q/R hasta 49th St) Lo último en Broadway es el aclamado musical de Lin Manuel Miranda, que recurre a temas de *hip hop* contemporáneos para revisar la vida del padre fundador de los EE UU, Alexander Hamilton. Inspirado en la biografía de Ron Chernow, ha ganado múltiples galardones, entre ellos el de musical destacado en los Drama Desk Awards y el de mejor musical en los premios del círculo de críticos teatrales de NY.

An American in Paris
Musical

(Palace Theatre; plano p. 252; ☎212-730-8200, entradas 877-250-2929; www.anamericaninparisbroadway.com; 1564 Broadway, en 47th St, Midtown West; Ⓢ N/Q/R hasta 49th St) Adaptación de la película protagonizada en 1951 por Gene Kelly, este musical aplaudido por la crítica versa sobre un exsoldado estadounidense en el París posterior a la II Guerra Mundial, donde persigue sus sueños artísticos y se enamora de una bailarina. Repleto de melodías pegadizas de Gershwin, está dirigido por el reputado coreógrafo inglés Christopher Wheeldon.

Chicago
Musical

(Ambassador Theater; plano p. 252; ☎entradas 212-239-6200; www.chicagothemusical.com; 219 W 49th St, entre Broadway y Eighth Ave, Midtown West; Ⓢ N/Q/R hasta 49th St; 1, C/E hasta 50th St) Es más fácil conseguir entradas para este clásico popular de Bob Fosse, John Kander y Fred Ebb que para algunos nuevos musicales de Broadway. Cuenta la historia de la vedette Velma Kelly,

 Artes escénicas

Los clásicos están muy vivos en el Lincoln Center (p. 76). Aquí la Metropolitan Opera (p. 192) propone un vasto programa de óperas famosas, desde *Aida* de Verdi hasta *Don Giovanni* de Mozart. La Filarmónica de Nueva York (p. 193), dirigida en su momento por Leonard Bernstein, uno de los grandes maestros del s. xx, también tiene aquí su sede. El Carnegie Hall (p. 192), el Merkin Concert Hall (www.kaufman-center.org /mch) y la **Frick Collection** (plano p. 250; ☎212-288-0700; www.frick.org; 1 E 70th St, Quinta Avenida; entrada 40 US$; Ⓢ 6 hasta 68th St-Hunter College) también ofrecen espacios maravillosos (y más íntimos) para disfrutar de excelente música clásica.

Para una oferta más vanguardista están el Center for Contemporary Opera (www.centerforcontemporaryopera.org) y la Brooklyn Academy of Music (p. 193), uno de los núcleos vitales de ópera y música clásica de la ciudad. Otro local excelente, con obras experimentales, es St Ann's Warehouse (p. 195), en Brooklyn; una referencia para quien guste de los espectáculos atrevidos.

Filarmónica de Nueva York (p. 193).
HIROYUKI ITO / GETTY IMAGES ©

la aspirante Roxie Hart, el abogado Billy Flynn y los sórdidos tejemanejes de los bajos fondos de Chicago. Recuperada por el director Walter Bobbie, su energía fresca y contagiosa compensa la estrechez de las butacas.

 Metrópoli Musical

Esta es la ciudad en la que músicos de *jazz* como Ornette Coleman, Miles Davis y John Coltrane llevaron al límite la improvisación en la década de 1950. Donde diferentes sonidos latinos –del chachachá a la rumba y el mambo– se unieron para formar el híbrido que hoy se llama salsa, donde cantantes folk como Bob Dylan y Joan Baez entonaron canciones protesta en cafés, y donde bandas como New York Dolls y Ramones destrozaron escenarios en el descarnado centro de Manhattan. Fue la zona cero de la música disco y el crisol donde se cultivó y explotó el *hip hop.*

NY sigue siendo un imán para los músicos. La escena de *rock* independiente es vibrante, con grupos como Yeah Yeah Yeahs, LCD Soundsystem y Animal Collective. Williamsburg es el centro de referencia, repleto de clubes y bares, además de sellos discográficos independientes y emisoras de radio por internet.

Jazz at Lincoln Center Jazz

(plano p. 250; 🎵entradas Dizzy's Club Coca-Cola 212-258-9595, Rose Theater & Appel Room 212-721-6500; www.jazz.org; Time Warner Center, Broadway, en 60th St, Midtown West; S A/C, B/D, 1 hasta 59th St-Columbus Circle) Situado en lo alto del Time Warner Center, cuenta con tres modernos locales: el Rose Theater, de tamaño medio; la panorámica y acristalada Appel Room; y el íntimo Dizzy's Club Coca-Cola, que es el más fácil de visitar por

sus espectáculos nocturnos. El talento es muchas veces excepcional, al igual que las deslumbrantes vistas de Central Park.

Carnegie Hall Música en directo

(plano p. 252; 🎵212-247-7800; www.carnegie hall.org; W 57th St, en Seventh Ave, Midtown West; ⏱visitas 11.30, 00.30, 14.00 y 15.00 lu-vi, 11.30 y 00.30 sa, 12.30 do oct-jun; S N/Q/R hasta 57th St-7th Ave) Puede que esta legendaria sala no sea la más grande ni la más lujosa, pero sí una de las que tiene mejor acústica. Grandes de la ópera, el *jazz* y el folk actúan en el Isaac Stern Auditorium, y músicas de *jazz,* pop, clásica o del mundo más minoritarias, en el popular Zankel Hall. El íntimo Weill Recital Hall acoge música de cámara, estrenos y debates.

Jazz Standard Jazz

(plano p. 252; 🎵212-576-2232; www.jazzstand ard.com; 116 E 27th St, entre Lexington y Park Ave; S 6 hasta 28th St) Es otro de los grandes clubes de la ciudad, con servicio impecable, comida excelente y sin consumición mínima. La programación corre a cargo de Seth Abramson.

Birdland Jazz, cabaré

(plano p. 252; 🎵212-581-3080; www.birdland jazz.com; 315 W 44th St, entre Eighth y Ninth Ave, Midtown West; con consumición 20-50 US$; ⏱17.00-1.00; 📶; S A/C/E hasta 42nd St-Port Authority Bus Terminal) Este pájaro tiene un aspecto impecable, por no hablar de su leyenda: su nombre se debe al mito del *bebop* Charlie Parker (llamado Bird, "pájaro"), que actuó en la anterior sede en 52nd St, como Miles Davis, Thelonius Monk y otros (hay fotos en las paredes). El cubierto cuesta entre 20 US$ y 50 US$ y el cartel es siempre estelar.

☆ Upper West Side y Central Park

Metropolitan Opera House Ópera

(plano p. 250; 🎵entradas 212-362-6000, visitas 212-769-7028; www.metopera.org; Lincoln Center, 64th St, en Columbus Ave; S 1 hasta 66th

St-Lincoln Center) Ofrece clásicos conocidos y brillantes obras contemporáneas de septiembre a abril.

New York City Ballet Danza
(plano p. 250; ☎212-496-0600; www.nycballet.com; David H Koch Theater, Lincoln Center, Columbus Ave, en 62nd St; [S] 1 hasta 66th St-Lincoln Center) El coreógrafo de origen ruso George Balanchine fue su primer director en la década de 1940. Es la mayor compañía de danza del país, con 90 bailarines. El David H. Koch Theater del Lincoln Center acoge actuaciones 23 semanas al año.

Filarmónica de Nueva York Música clásica
(plano p. 250; ☎212-875-5656; www.nyphil.org; Avery Fisher Hall, Lincoln Center, Columbus Ave esq. 65th St; [S] 1 hasta 66 St-Lincoln Center) Celebra su temporada cada año en el Avery Fisher Hall. Es la orquesta profesional más antigua del país e interpreta una mezcla de obras clásicas y contemporáneas, además de espectáculos para niños.

Beacon Theatre Música en directo
(plano p. 250; ☎212-465-6500; www.beacontheatre.com; 2124 Broadway, entre 74th y 75th St; [S] 1/2/3 hasta 72nd St) Este histórico teatro de 1929 es un local mediano con 2600 butacas (ninguna mala) y un desfile constante de artistas populares, de Nick Cave a Bryan Adams. Una reciente restauración ha dejado como nuevos los interiores dorados, mezcla de elementos griegos, romanos, renacentistas y rococós.

Symphony Space Música en directo
(plano p. 250; ☎212-864-5400; www.symphonyspace.org; 2537 Broadway, entre 94th y 95th St; [S] 1/2/3 hasta 96th St) Es una joya pluridisciplinar apoyada por la comunidad local. A menudo acoge ciclos de tres días dedicados a un músico, y apuesta por las músicas del mundo, el teatro, el cine, la danza y la literatura (con presencia de grandes escritores).

Film Society of Lincoln Center Cine
(plano p. 250; ☎212-875-5610; www.filmlinc.com; [S] 1 hasta 66th St-Lincoln Center) Es una de las joyas cinematográficas de NY, plataforma de valor incalculable para una amplia gama de largometrajes y películas documentales, independientes, extranjeras y de vanguardia. Se proyectan en el Elinor Bunin Munroe Film Center (plano p. 250; ☎212-875-5232), más íntimo y experimental, o en el Walter Reade Theater (plano p. 250; ☎212-875-5601), con butacas amplias de tipo profesional.

☆ Harlem y Upper Manhattan

Minton's Jazz
(☎212-243-2222; www.mintonsharlem.com; 206 W 118th St, entre St Nicholas Ave y Adam Clayton Powell Jr. Blvd; ⏲18.00-23.00 mi-sa, 12.00-15.00 y 18.00-23.00 do; [S] B/C, 2/3 hasta 116th St) Cuna del *bebop*, este club de *jazz* y restaurante de Harlem es un edén musical. Todos los grandes, de Dizzy Gillespie a Louis Armstrong, han actuado aquí, y la cena (principales 20-46 US$) o el *brunch* dominical (32 US$) en su comedor son experiencias que merecen la pena.

☆ Brooklyn

Brooklyn Academy of Music Artes escénicas
(BAM; ☎718-636-4100; www.bam.org; 30 Lafayette Ave, en Ashland Pl, Fort Greene; 📶; [S] D, N/R hasta Pacific St; B, Q, 2/3, 4/5 hasta Atlantic Ave) En este complejo, la Howard Gilman Opera House y el Harvey Lichtenstein Theater programan *ballet*, danzas del mundo y moderna. Ha presentado compañías como Alvin Ailey American Dance Theater, Mark Morris Dance Group y Pina Bausch Dance Theater.

Hay que reservar con antelación para el Next Wave Festival (sep-dic), con espectáculos vanguardistas de teatro y danza de todo el mundo. También es la sede de los cines BAM Rose (entradas 12-18 US$), que proyectan estrenos y películas independientes y extranjeras. Al doblar la

RANDY DUCHAINE / ALAMY STOCK PHOTO ©

ACK VARTOOGIAN / GETTY IMAGES ©

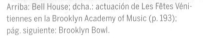

Arriba: Bell House; dcha.: actuación de Les Fêtes Vénitiennes en la Brooklyn Academy of Music (p. 193); pág. siguiente: Brooklyn Bowl.

esquina está el edificio BAM Fisher (www.bam.org/fisher; 321 Ashland Pl, Fort Greene; [S] D, N/R hasta Pacific St; B, Q, 2/3, 4/5 hasta Atlantic Ave), con una sala más recogida de 250 butacas.

Brooklyn Bowl Música en directo

(☎718-963-3369; www.brooklynbowl.com; 61 Wythe Ave, entre 11th y 12th St, Williamsburg; 🕐18.00-2.00 lu-vi, desde 11.00 sa y do; [S] L hasta Bedford Ave; G hasta Nassau Ave) Este complejo de más de 2000 m² en la antigua sede de Hecla Iron Works Company combina una bolera (p. 205), cervecerías artesanales, comida y estupenda música en directo. Además de los grupos habituales, hay noches de rugbi, karaoke o DJ.

Music Hall of Williamsburg Música en directo

(www.musichallofwilliamsburg.com; 66 N 6th St, entre Wythe y Kent Ave, Williamsburg; espectáculos 15-40 US$; [S] L hasta Bedford Ave) Esta espectacular sala de Williamsburg es el sitio para ver grupos *indie* en Brooklyn (única actuación de muchas bandas que hacen escala en NY). Es pequeña pero de programación potente.

Bell House Música en directo

(☎718-643-6510; www.thebellhouseny.com; 149 7th St, Gowanus; 🕐17.00-4.00; 📶; [S] F, G, R hasta 4th Ave-9th St) Gran local veterano en el barrio casi desértico de Gowanus, con actuaciones en directo, rock independiente, noches de DJ, humor y *burlesque*. Dispone de una amplia zona de conciertos y un bar con velas, sofás de cuero y 10 cervezas de barril o más.

Barbès Música en directo

(☎347-422-0248; www.barbesbrooklyn.com; 376 9th St, en Sixth Ave, Park Slope; donativo sugerido 10 US$; 🕐17.00-2.00 lu-ju, 14.00-4.00 vi y sa, hasta 2.00 do; [S] F hasta 7th Ave) Bar y sala de conciertos perteneciente a Olivier Conan, músico francés residente en Brooklyn que a veces sube al escenario con su grupo de estilo latino Las Rubias del Norte. La programación es impresionante y ecléctica (el bar lleva el nombre de un barrio de París de mayoría magrebí), con ritmos afroperuanos y canción francesa, entre otros.

Jalopy Música en directo

(☎718-395-3214; www.jalopy.biz; 315 Columbia St, en Woodhull St, Red Hook; [S] F, G hasta

Carroll St) Esta tienda de banyos en Carroll Gardens/Red Hook cuenta con un divertido espacio para espontáneos donde se disfrutan conciertos de *bluegrass, country* y ukelele con cerveza fría.

LoftOpera   Ópera
(www.loftopera.com; entradas desde 30 US$) Haciendo honor a su nombre, este grupo interpreta óperas en áticos de Gowanus y otros lugares de Brooklyn. Una experiencia extraordinaria incluso para quien no sea aficionado a la ópera.

Nitehawk Cinema   Cine
(www.nitehawkcinema.com; 136 Metropolitan Ave, entre Berry y Wythe, Williamsburg; Ⓢ L hasta Bedford Ave) Sus tres salas, con buen equipo de sonido y butacas confortables, programan estrenos y cintas independientes, pero su gran atractivo es que se puede cenar y tomar una copa viendo una película. El menú incluye *hummus,* bolas de *risotto* de batata o empanadas de costilla, acompañadas de una lager tostada Blue Point o quizá un Negroni. Las entradas suelen agotarse, sobre todo los fines de semana; conviene reservar en línea.

St Ann's Warehouse   Teatro
(plano p. 246; ☎ 718-254-8779; www.stann swarehouse.org; 45 Water St, Dumbo; Ⓢ A/C hasta High St) Esta compañía de vanguardia ofrece improvisaciones teatrales y de danza que atraen a los intelectuales de Brooklyn. La programación incluye óperas *rock*, música inclasificable de nuevos compositores y un extraño y asombroso teatro de marionetas. En el 2015 se trasladó a una nueva sede en el histórico Tobacco Warehouse, frente a Brooklyn Bridge Park.

DEPORTES Y ACTIVIDADES

Béisbol, correr en Central Park y mucho más

Deportes y actividades

Aunque parar un taxi en Nueva York puede parecer un deporte de riesgo y en verano hace más calor en el metro que en una sauna, a los neoyorkinos les gusta emplear de forma activa su tiempo libre. Y, teniendo en cuenta la escasez de zonas verdes, a muchos visitantes les sorprende lo activos que pueden llegar a ser. Cuando no llueve, corren en Central Park, pedalean en el Hudson River Park e improvisan partidos de baloncesto en canchas al aire libre por toda la ciudad.

Para quienes prefieren ver deporte sentados, hay un calendario completo de acontecimientos deportivos, con media docena de equipos profesionales en el área metropolitana. Fútbol americano, baloncesto, béisbol, hockey, tenis; hay una oferta inagotable a un paso.

Sumario

Béisbol 200
Baloncesto 200
Fútbol americano 200
Hockey 201
Salud 201
Actividades acuáticas 204
En familia 204
Circuitos 205

Qué ver/temporadas deportivas

La temporada de béisbol va de abril a octubre. El baloncesto le sucede de octubre a mayo o junio y se solapa con la temporada de fútbol americano (de agosto a enero) y la de *hockey* (de septiembre a abril). El US Open es el principal torneo de tenis de EE UU, a finales de agosto y septiembre.

Los Brooklyn Nets contra los Toronto Raptors.

Lo mejor

Centros de actividades

Central Park (p. 36) El mejor campo de juego de la ciudad tiene colinas, senderos frondosos, espacios abiertos y un hermoso lago.

Chelsea Piers Complex (p. 201) Cualquier actividad imaginable –del *kickboxing* al *hockey* sobre hielo– bajo un único techo gigante.

Brooklyn Bridge Park (p. 106) Zona verde recién inaugurada; es el orgullo de Brooklyn.

Prospect Park (p. 102) Maravilloso parque en Brooklyn, con senderos, colinas, un canal, un lago y praderas para huir de la multitud.

Equipos de Nueva York

New York Yankees (p. 200) Uno de los equipos de béisbol con mejor historial del país.

New York Giants (p. 200) Potencia del fútbol americano que, pese a su nombre, juega en Nueva Jersey.

New York Knicks (p. 200) Puede verse a los Knicks meter triples en el Madison Square Garden.

Brooklyn Nets (p. 200) Nuevo equipo de la NBA y símbolo del resurgir de Brooklyn.

New York Mets (p. 200) El otro equipo de béisbol de NY juega en el Citi Field de Queens.

🏃 Béisbol

Nueva York es uno de los últimos reductos de EE UU donde el béisbol reina por encima del fútbol americano y el baloncesto. Hay entradas desde 15 US$, una ganga para ver a los equipos locales jugar en sus recién inaugurados estadios. Los dos equipos de la Major League juegan 162 partidos de temporada hasta octubre, cuando empiezan las eliminatorias. En el Yankee Stadium se puede animar a los **New York Yankees** (📞718-293-4300, visitas 646-977-8687; www.yankees.com; E 161st St, en River Ave; visitas 20 US$; 🚇B/D, 4 hasta 161st St-Yankee Stadium), también llamados Bronx Bombers, la mayor potencia del béisbol estadounidense, con 27 series mundiales ganadas desde 1900. También se puede hacer cola en el Citi Field para ver a los **New York Mets** (📞718-507-8499; www.mets.com; 123-01 Roosevelt Ave, Flushing; entradas 19-130 US$; 🚇7 hasta Mets-Willets Point), el 'nuevo' equipo

> *A los New York Yankees también se les llama Bronx Bombers.*

Yankee Stadium.

de NY (miembro de la National League desde 1962), campeón en el 2015.

🏃 Baloncesto

Dos equipos de la National Basketball Association (NBA) juegan en NY. Los **New York Knicks** (plano p. 252; www.nyknicks.com; Madison Sq Garden, Seventh Ave entre 31st y 33rd St, Midtown West; entradas desde 75,50 US$; 🚇A/C/E, 1/2/3 hasta 34th St-Penn Station), de azul y naranja, son adorados por los neoyorkinos al margen de sus escándalos, mientras que los **Brooklyn Nets** (www.nba.com/nets; entradas desde 15 US$; 🚌351 desde Port Authority), antes New Jersey Nets, son el nuevo equipo de Brooklyn (el primero desde la marcha de los Dodgers) y han conquistado a la afición local.

🏃 Fútbol americano

La mayoría de los neoyorkinos simpatizan con los equipos de la National Football League (NFL): los **New York Giants** (📞20 1-935-8222; www.giants.com; Meadowlands

Stadium, Meadowlands Sports Complex, East Rutherford, NJ; 🚌351 desde Port Authority, 🚃NJ Transit desde Penn Station hasta Meadowlands) son de los más antiguos, con cuatro Super Bowls, la última en el 2011, y los **New York Jets** (📞800-469-5387; www.newyorkjets.com; Meadowlands Stadium, Meadowlands Sports Complex, East Rutherford, NJ; 🚌351 desde Port Authority, 🚃NJ Transit desde Penn Station hasta Meadowlands), que siempre llenan el estadio y arrastran nuevos seguidores con los contagiosos cánticos dedicados a los "J-E-T-S".

Ambos juegan en el nuevo Metlife Stadium en el Meadowlands Sports Complex de Nueva Jersey (desde Manhattan hay que tomar la NJ Transit vía Seacaucus Junction).

🏃 'Hockey'

La National Hockey League (NHL) tiene tres franquicias en NY; cada equipo juega tres o cuatro partidos por semana entre septiembre y abril.

Los **New York Rangers** (plano p. 252; 📞212-465-6000, entradas 800-745-3000; www. nyrangers.com; Madison Square Garden, Seventh Ave, entre 31st y 33rd St, Midtown West; entradas desde 55 US$; 🚇A/C/E, 1/2/3 hasta 34th St-Penn Station) son los favoritos de Manhattan.

Nueva York no ha dado mucho cariño a los **New York Islanders** (📞Barclays Center 917-618-6700, entradas 844-334-7537; www.new yorkislanders.com; Nassau Veterans Memorial Coliseum, 1255 Hempstead Turnpike, Long Island; entradas desde 19 US$; 🚃LIRR hasta estación Hempstead y autobús N70, N71 o N72) desde las notables cuatro copas Stanley consecutivas en los ochenta. Su cotización ha subido desde su traslado al Barclay Center de Brooklyn en el 2015.

🏃 Salud

Chelsea Piers
Complex   Salud y bienestar
(plano p. 252; 📞212-336-6666; www.chelsea piers.com; Hudson River, al final de W 23rd St;

🎾 Corriendo por la Gran Manzana

Los circuitos por Central Park son mejores sin tráfico, aunque siempre hay ciclistas y patinadores. La ruta de 2,5 km que rodea el embalse Jacqueline Kennedy Onassis (donde Jackie solía correr) es solo para corredores y peatones; se accede entre 86th St y 96th St. Una vuelta completa al parque son 9,6 km.

También es habitual correr junto al río Hudson, mejor desde 30th St, más o menos, hasta Battery Park en Lower Manhattan. En Upper East Side hay una ruta que va por FDR Dr y el East River (desde 63rd St hasta 115th St). Prospect Park, en Brooklyn, tiene muchas rutas (y un circuito circular de 4,8 km), mientras que el Brooklyn Bridge Park, con 2 km, brinda vistas magníficas de Manhattan (se puede llegar cruzando el puente de Brooklyn para aumentar la distancia). El New York Road Runners Club (www.nyrr.org) organiza salidas de fin de semana por la ciudad, incluida la maratón de Nueva York.

MATT DUTILE / GETTY IMAGES ©

🚇C/E hasta 23rd St) Enorme complejo junto al río donde se puede entrenar en el campo de prácticas de golf de cuatro niveles, patinar sobre hielo en la pista interior o hacer plenos en la llamativa bolera. Hay de todo: Hoop City para el baloncesto, una escuela de vela para niños, jaulas de bateo, un enorme gimnasio con piscina cubierta (pases diarios no socios 50 US$), rocódromos...

Arriba: puesto de alquiler de Citibike; dcha.: escalada en Brooklyn Boulders; pág. siguiente: New York Trapeze School

Central Park Tennis Center   Tenis

(plano p. 250; ☎212-316-0800; www.central parktenniscenter.com; Central Park, entre 94th y 96th St, entrada por 96th St y Central Park West; ⏰6.30-anochecer abr-oct o nov; ⟦S⟧B, C hasta 96th St) Estas instalaciones que solo funcionan con luz natural cuentan con 26 pistas de tierra de uso público y cuatro pistas duras para clases. Se puede comprar un tique para un juego (15 US$) o reservar una pista por 15 US$ en el Arsenal (plano p. 250; ☎212-360-8131; www.nycgovparks.org; Central Park, en 5th Ave y E 64th St; ⏰9.00-17.00 lu-vi; ⟦S⟧N/R/Q hasta 5th Ave-59th St). Las horas más tranquilas entre semana suelen ser de 12.00 a 16.00.

Bike and Roll
Bike Rentals   Alquiler de bicicletas

(plano p. 246; ☎212-260-0400; www.bikenew yorkcity.com; State St y Water St; 1 día desde 44 US$, circuitos desde 50 US$; ⏰variable, consúltese web; ⟦S⟧4/5 hasta Bowling Green; 1 hasta South Ferry) Al noroeste de la terminal del ferri a Staten Island hay una sucursal que también organiza rutas ciclistas, como

la que cruza el puente de Brooklyn o la que bordea el río Hudson.

Russian
& Turkish Baths   Casa de baños

(plano p. 246; ☎212-674-9250; www.russian turkishbaths.com; 268 E 10th St, entre First Ave y Ave A; visita 40 US$; ⏰12.00-22.00 lu-ma y ju-vi, desde 10.00 mi, desde 9.00 sa, desde 8.00 do; ⟦S⟧L hasta First Ave; 6 hasta Astor Pl) Desde 1892, son los mejores para desnudarse (o ponerse el bañador) y relajarse en los baños de vapor, la piscina helada, la sauna o el solárium. Son mixtos la mayor parte del día (cuando es necesario llevar traje de baño), aunque hay momentos reservados a hombres o a mujeres. Consúltense horarios en la web.

Great Jones Spa   Spa

(plano p. 246; ☎212-505-3185; www.greatjo nesspa.com; 29 Great Jones St, entre Lafayette St y Bowery; ⏰9.00-22.00; ⟦S⟧6 hasta Bleec ker St; B/D/F/M hasta Broadway-Lafayette St) No hay que escatimar en este céntrico paraíso del *feng shui,* cuya oferta incluye masajes exfoliantes con sal marina y

EUROSTYLE GRAPHICS / ALAMY STOCK PHOTO ©

rosa de Marruecos y tratamientos faciales con células madre. A partir de 100 US$ por persona (no es difícil: masajes de 1 h desde 145 US$ y tratamientos faciales de 1 h desde 135 US$) se obtiene un acceso gratuito de 3 h a las salas de agua y al *jacuzzi*, a la sauna de guijarros, a la sala de vapor con luz de *chakras* y a la piscina helada. La ropa de baño es obligatoria.

New York Trapeze School Deportes de aventura
(plano p. 246; ☎212-242-8769; www.newyork.trapezeschool.com; muelle 40, en West Side Hwy; 50-60 US$ por clase; [S]1 hasta Houston St) Para cumplir las fantasías circenses, como Carrie en *Sexo en Nueva York*, se puede volar de trapecio en trapecio en esta carpa al aire libre junto al río. Abre de mayo a septiembre en lo alto del muelle 40. Hay instalaciones cubiertas en el Circus Warehouse de Long Island City, en Queens, abiertas de octubre a abril; consúltense los horarios de las clases por teléfono o en la web. Matrícula: 22 US$.

Jivamukti Yoga
(plano p. 246; ☎212-353-0214; www.jivamuktiyoga.com; 841 Broadway, entre 13th y 14 St; clases 15-22 US$; 🕓clases 7.00-21.00 lu-ju, 7.00-20.00 vi, 8.00-20.00 sa y do; [S]4/5/6, N/Q/R, L hasta 14th St-Union Sq) El centro de yoga de Manhattan –un local de 1100 m² en Union Sq– es un lugar selecto para recibir clases de *vinyasa*, *hatha* y *ashtanga*. Las clases abiertas son aptas para novatos y expertos y hay un café ecológico y vegano. Dechen Thurman, el hermano pequeño de Uma, enseña aquí.

Brooklyn Boulders Escalada
(www.brooklynboulders.com; 575 Degraw St, en Third Ave, Boerum Hill; pase diario 28 US$, alquiler calzado 6 US$; 🕓8.00-00.00; [S]R hasta Union St) Es el mayor recinto cubierto de escalada de Brooklyn. Los techos superan los 9 m en este complejo de más de 1600 m², y sus paredes sin apoyos y sus desplomes de más de 5 m ofrecen numerosas vías para debutantes y expertos. Hay salientes de 15, 30 y 45 grados. Dan clases de escalada.

Deporte callejero

Con tanto cemento, en NY abundan los deportes y actos deportivos en la calle. Los aficionados al baloncesto pueden encontrar partidos improvisados por toda la ciudad, los más famosos en los West 4th Street Basketball Courts, conocidos como "La jaula". También están Holcombe Rucker Park en Harlem, donde se foguearon muchos grandes de la NBA, Tompkins Square Park y Riverside Park. En Hudson River Park hay canchas a la altura de Canal St y en W 11th Ave con 23rd St.

Aunque menos conocidos, el balonmano y el *stickball* también son populares. Hay canchas de una sola pared en parques de toda la ciudad. Se puede consultar a la Emperors Stickball League (www.stickball.com), con sede en el Bronx, los partidos de los domingos en los meses cálidos.

Baloncesto callejero, Greenwich Village.
CITIZEN OF THE PLANET / ALAMY STOCK PHOTO ©

Actividades acuáticas

Downtown Boathouse
Kayak

(plano p. 246; www.downtownboathouse.org; muelle 26, cerca de N Moore St; 9.00-16.30 sa y do med may-med oct, 17.00-18.30 lu-vi jul y ago; 1 hasta Houston St) El embarcadero más activo de NY ofrece sesiones gratuitas de 20 min de introducción al kayak (incl. equipo), en una rada protegida del Hudson los fines de semana y alguna tarde entre semana. Para otras actividades –excursiones en kayak, surf de remo o clases– con-

súltese en la web www.hudsonriverpark.org las otras cuatro opciones en el Hudson. También hay un centro de alquiler de kayaks en Governors Island (p. 109) abierto solo en verano.

Goleta 'Adirondack'
Navegación

(plano p. 252; 212-913-9991; www.sail-nyc.com; Chelsea Piers, muelle 62 en W 22th St; circuitos 48-78 US$; C, E hasta 23rd St) El velero de dos mástiles *'Dack* surca el puerto de NY en cuatro salidas diarias de 2 h entre mayo y octubre. El *Manhattan,* de 24 m de eslora y estilo años veinte, navega a diario a las 15.30 y 18.30, además de otras salidas entre semana. Consúltense horarios actualizados por teléfono o en la web.

En familia

Belvedere Castle
Observación de aves

(plano p. 250; 212-772-0288; Central Park, en 79th St; 10.00-17.00 ; 1/2/3, B, C hasta 72nd St) GRATIS Para hacer una expedición ornitológica con niños, el castillo de Belvedere de Central Park ofrece un kit de iniciación con prismáticos, un libro de aves, papel y lápices de colores; una forma perfecta de que se interesen por las aves. Se exige un documento de identidad con foto.

Loeb Boathouse
Kayak, ciclismo

(plano p. 250; 212-517-2233; www.thecentralparkboathouse.com; Central Park, entre 74th y 75th St; botes 15 US$/h, alquiler bicicletas 9-15 US$/h; 10.00-18.00 abr-nov; B, C a 72nd St, 6 a 77th St) El embarcadero de Central Park tiene una flota de 100 botes de remos y una góndola veneciana para seis personas más el gondolero. También se alquilan bicicletas con buen tiempo. Exigen un documento de identidad y una tarjeta de crédito e incluyen el casco.

Pista de patinaje Wollman
Patinaje

(plano p. 250; 212-439-6900; www.wollmanskatingrink.com; Central Park, entre 62nd y 63rd St; adultos lu-ju/vi-do 11/18 US$, niños 6 US$, alquiler patines 8 US$, taquilla 5 US$, espectadores 5 US$; 10.00-14.30 lu y ma, hasta 22.00

mi-sa, hasta 21.00 do nov-mar; 👪; [S] F hasta 57 St, N/Q/R hasta 5th Ave-59th St) Mayor que la del Rockefeller Center y abierta todo el día, esta pista del extremo suroriental de Central Park tiene bonitas vistas. Solo efectivo.

Pista del Rockefeller Center Patinaje
(plano p. 252; ☎212-332-7654; therinkatrockcenter.com; Rockefeller Center, Quinta Avenida, entre 49th y 50th St; adultos 25-32 US$, niños 15 US$, alquiler patines 12 US$; 🕒8.30-00.00 med oct-abr; 👪; [S] B/D/F/M hasta 47th St-50th St-Rockefeller Center) De mediados de octubre a abril, Rockefeller Plaza monta la pista de patinaje sobre hielo más famosa de NY, mágica, pero pequeña y abarrotada. Para evitar largas esperas se puede ir a primera hora (8.30). En verano, se convierte en un café.

Lakeside Patinaje, navegación
(☎718-462-0010; www.lakesideprospectpark.com; Prospect Park, cerca de Ocean y Parkside Ave; patinaje hielo 6-9 US$, alquiler patines 6 US$; 🕒10.00-18.30 lu-ju, hasta 21.00 vi, 11.00-21.00 sa, 11.00-18.30 do nov-mar; 👪; [S] B, Q hasta Prospect Park) Dos pistas (una al aire libre y otra cubierta) en Prospect Park, inauguradas a finales del 2013 como parte del Lakeside Center, un proyecto de 74 millones de US$ que ha transformado 10,5 Ha de parque en un hermoso y ecológico escenario. En verano, los niños pueden chapotear en la piscina poco profunda y los aspersores, y se ofrecen hidropedales y canoas para surcar el lago. La otra pista es para patinar sobre ruedas.

Brooklyn Bowl Bolos
(☎718-963-3369; www.brooklynbowl.com; 61 Wythe Ave, entre 11th y 12th St, Williamsburg; alquiler pista 50 US$/h, calzado 5 US$; 🕒18.00-2.00 lu-vi, desde 11.00 sa y do; [S] L hasta Bedford; G hasta Nassau Ave) Este increíble complejo ocupa la antigua sede de la Hecla Iron Works Company, de 2100 m², que producía ornamentos para lugares emblemáticos neoyorkinos a finales del s. xx. Tiene 16 pistas rodeadas de cómodos sofás y paredes de ladrillo visto. Además de la bolera, hay conciertos toda la semana y sabrosa comida.

🚶 Circuitos

New York City Audubon Circuito a pie
(plano p. 252; ☎212-691-7483; www.nycaudubon.org; 71 W 23rd St, suite 1523, en Sixth Ave; Circuitos y clases 0-170 US$; [S] F/M hasta 23rd St) Esta asociación organiza todo el año excursiones de observación de aves (también de focas y aves acuáticas en el puerto y de águilas en el valle del Hudson), conferencias y clases para principiantes.

Municipal Art Society Circuito a pie
(plano p. 250; ☎212-935-3960; www.mas.org; circuitos adulto/niño desde 20/15 US$; [S] F hasta 57th St) Ofrece rutas centradas en arquitectura y también en la historia. Entre ellas, una diaria de 75 min por la estación Grand Central que sale a las 12.30 del vestíbulo principal.

Circle Line Boat Tours Circuito en barco
(plano p. 252; ☎212-563-3200; www.circleline42.com; muelle 83, 42nd St, en Twelfth Ave, Midtown West; cruceros adulto/niño desde 29/20 US$; 🚌M42 o M50 al oeste, [S] A/C/E hasta 42nd-Port Authority) Muestra todas las grandes vistas desde un barco. La oferta incluye un crucero de 2½ h por toda la isla, una visita semicircular de 90 min y un crucero nocturno de 2 h. De mayo a octubre propone cruceros cargados de adrenalina a bordo del veloz *Beast*. Consúltense horarios en la web.

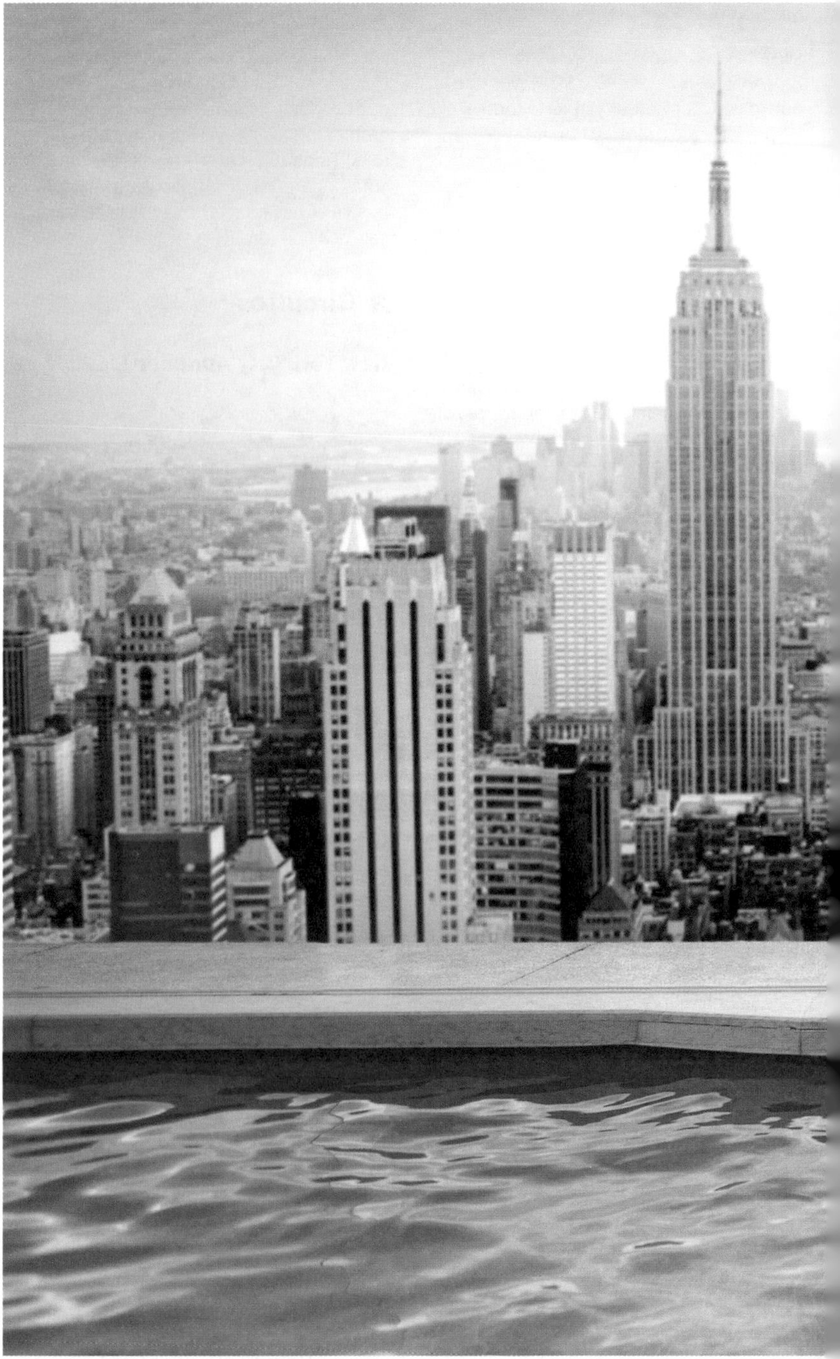

ALIJA / GETTY IMAGES ©

DÓNDE DORMIR

Cómo encontrar el mejor alojamiento

Dónde dormir

Al igual que el alumno aventajado, Nueva York siempre sabe cómo hacer bien las cosas, y su oferta de alojamiento no es una excepción. Mentes creativas han planeado sobre la ciudad que nunca duerme y concebido espacios memorables para quienes deseen echar una cabezadita durante su estancia.

Sumario

Reservas 210
Tarifas 210
Tipos de alojamiento 210

Tarifas/Propinas

Una habitación doble estándar con desayuno en un hotel económico cuesta hasta 150 US$. Si se busca una modesta opción de precio medio, habrá que gastar entre 150 y 350 US$. Los hoteles de lujo parten de 350 US$.

La propina a las camareras es de 3 a 5 US$ por noche, y a los mozos, de 1 a 2 US$ por maleta. El personal de servicio (para conseguir taxi, servicio de habitaciones, conserje) también debe recibir una propina adecuada.

Reservas

Son esenciales: conseguir habitación presentándose en un hotel sin más es prácticamente imposible, y las tarifas oficiales son casi siempre más caras que por internet. Conviene reservar lo antes posible y comprender bien las condiciones de cancelación. La entrada suele ser a media tarde, y la salida, a última hora de la mañana. Llegar temprano es poco común, aunque los hoteles de precio alto a veces lo facilitan si se avisa con antelación.

Webs útiles

newyorkhotels.com (www.newyork hotels.com) La autoproclamada web oficial de hoteles de la ciudad.

NYC (www.nycgo.com/hotels) Numerosos hoteles de la guía oficial.

Lonely Planet (lonelyplanet.es) Reservas en línea.

Alquiler en línea

Cada vez más viajeros eluden los hoteles y se alojan en apartamentos privados mediante empresas en línea como Airbnb. La oferta es abrumadora, con más de 25 000 opciones por noche en toda la ciudad. Si se desea una experiencia más de barrio, esta fórmula puede ser ideal.

No obstante, existen varias consideraciones. En primer lugar, muchos apartamentos son ilegales. Según las leyes municipales, solo pueden alquilarse por menos de 30 días si los inquilinos están presentes. Otro problema son los efectos sobre la comunidad de vecinos: quejas por el ruido, riesgos para la seguridad y la inesperada conversión del apartamento en algo parecido a un hotel. Además, cabe hablar de impactos a largo plazo sobre el mercado inmobiliario: algunos propietarios sacan partido al ver que ganan más con los alquileres vacacionales que con inquilinos fijos. Sacar miles de posibles alquileres del mercado provoca el aumento de los precios para los propios neoyorkinos.

Reservas

Aunque el precio medio por habitación supera los 300 US$, no hay que asustarse, pues se encuentran descuentos, sobre todo en internet. Para lograr las mejores gangas, la estrategia debe ser doble: si no se busca un alojamiento concreto, conviene consultar las webs de reservas genéricas. Si se tiene claro dónde se quiere ir, es mejor empezar con la web del hotel escogido, donde es habitual hallar ofertas y paquetes de descuento.

Tarifas

En Nueva York no hay temporada alta como en los destinos de playa.

Lógicamente, hay épocas del año con mayor afluencia turística, pero con más de 50 millones de visitantes anuales, a la Gran Manzana no le preocupa llenar las camas. Así pues, el precio del alojamiento fluctúa según la disponibilidad; de hecho, la práctica totalidad de los hoteles cuenta con un algoritmo de reservas que fija un precio según las habitaciones reservadas para esa noche, por lo que cuantas más reservas haya, más alto será.

Para encontrar los mejores precios, la flexibilidad es clave: los días laborables suelen ser más baratos y bajan en invierno. Si se va a viajar en fin de semana, una opción es buscar un hotel de negocios en Financial District, que suele vaciarse al término de la semana laboral.

Tipos de alojamiento

B&B y pensiones familiares

Ofrecen mobiliario heterogéneo y un ahorro considerable (si al viajero no le molestan ciertos estilos victorianos o desayunar con desconocidos).

Hoteles-'boutique'

Suelen tener habitaciones minúsculas con magníficas prestaciones, y al menos un bar en el sótano repleto de famosos, un bar de azotea o un llamativo restaurante de moda.

Hoteles clásicos

Dotados del tradicional esplendor europeo a pequeña escala; suelen costar lo mismo que los *boutique* y no siempre son más grandes.

Albergues

Dormitorios colectivos muy funcionales (literas y paredes desnudas) que aun así son comunitarios y acogedores. Muchos tienen un jardín en el patio, cocina y un bonito salón que compensa las impersonales habitaciones.

Dónde alojarse

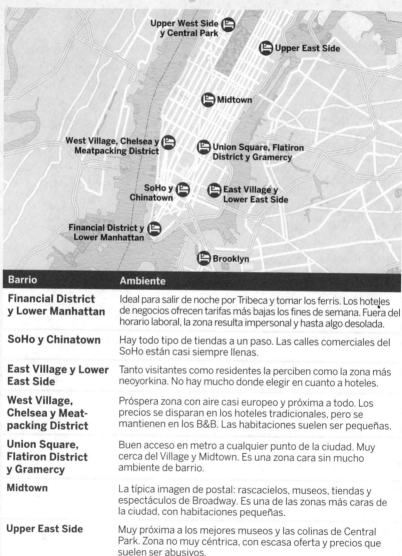

Barrio	Ambiente
Financial District y Lower Manhattan	Ideal para salir de noche por Tribeca y tomar los ferris. Los hoteles de negocios ofrecen tarifas más bajas los fines de semana. Fuera del horario laboral, la zona resulta impersonal y hasta algo desolada.
SoHo y Chinatown	Hay todo tipo de tiendas a un paso. Las calles comerciales del SoHo están casi siempre llenas.
East Village y Lower East Side	Tanto visitantes como residentes la perciben como la zona más neoyorkina. No hay mucho donde elegir en cuanto a hoteles.
West Village, Chelsea y Meat-packing District	Próspera zona con aire casi europeo y próxima a todo. Los precios se disparan en los hoteles tradicionales, pero se mantienen en los B&B. Las habitaciones suelen ser pequeñas.
Union Square, Flatiron District y Gramercy	Buen acceso en metro a cualquier punto de la ciudad. Muy cerca del Village y Midtown. Es una zona cara sin mucho ambiente de barrio.
Midtown	La típica imagen de postal: rascacielos, museos, tiendas y espectáculos de Broadway. Es una de las zonas más caras de la ciudad, con habitaciones pequeñas.
Upper East Side	Muy próxima a los mejores museos y las colinas de Central Park. Zona no muy céntrica, con escasa oferta y precios que suelen ser abusivos.
Upper West Side y Central Park	Cerca de Central Park y del Museum of Natural History. Aire más familiar si se busca un ambiente más animado.
Brooklyn	Más económico e ideal para explorar algunos de los barrios más creativos de la ciudad. Largos desplazamientos a Midtown y el norte.

El edificio Flatiron.

De cerca

Nueva York hoy 214
Hay grandes cambios en marcha, con rascacielos y ambiciosas iniciativas sostenibles, aunque la popularidad del alcalde está bajo mínimos.

Historia 216
Triunfos épicos, dudosas transacciones, prósperos pobladores y tormentas devastadoras; la historia de Nueva York se lee mejor que una novela de Dickens.

Arte y arquitectura 222
La capital cultural de EE UU genera un caleidoscopio de proyectos artísticos que abarcan desde rascacielos dignos de Gotham hasta clubes de *jazz* en callejones.

Nueva York LGBTIQ 226
Orgullosa y sin disimulo, Nueva York lidera desde hace tiempo la batalla por sus derechos. El viaje no siempre ha sido fácil, pero sí excitante.

Nueva York hoy

Con casi 60 millones de fervientes visitantes cada año, la ciudad sigue siendo una poderosa fuerza a tener en cuenta. La arquitectura testimonial vuelve a vigorizar la silueta urbana, y los ambiciosos objetivos para evitar el efecto invernadero dan fe de su empeño por construir un futuro más limpio y ecológico. Aun así, como cualquier metrópoli, la capital mundial del "todo es posible" afronta sus propios retos, desde el aumento de la delincuencia hasta la armonía social en la era del terror.

Arriba: silueta de Manhattan desde Liberty State Park.
/ WIBOWO RUSLI/GETTY IMAGES ©

Canción triste de De Blasio

Según una encuesta del *Wall Street Journal*–NBC4 New York–Marist de finales del 2015, el apoyo al alcalde Bill de Blasio bajó del 44% en la primavera a solo el 38% en otoño, lo que sugiere que su idilio con la ciudad no va bien. El viraje fue especialmente significativo entre los votantes negros, cuyo apoyo cayó del 59% al 50%. Los votantes blancos están aún menos impresionados, según una encuesta del *New York Times* y Siena College, que revela que a finales del 2015 solo un 28% aprobaba su gestión. Algunos detractores sostienen que el aumento (el primero en casi dos décadas) de delitos con arma de fuego en los dos últimos años refleja una actitud blanda respecto al cumplimiento de la ley. El político demócrata es un crítico incansable de la iniciativa del anterior alcalde Michael Bloomberg, que permite a la policía parar, interrogar y cachear a ciudadanos de forma selectiva.

vivienda
(% de la población)

67,5 en alquiler

32 propietarios

0,05 sin hogar (registrado)

si Nueva York tuviera 100 personas

34 serían caucásicos
28 serían latinoamericanos
23 serían afroamericanos
13 serían asiáticos
2 tendrían otro origen

población por km²

≈ 1900 personas

Manhattan   Nueva York

Limpio y verde

Fiel a su línea de no quedarse de brazos cruzados, Nueva York lucha con fervor contra el cambio climático. El objetivo para el 2050 es reducir en toda la ciudad en un 80% el nivel de emisiones de gases de efecto invernadero del 2005, lo que complementa el programa de De Blasio "Una ciudad construida para durar", por el que 3000 edificios municipales verán implementadas mejoras en sus sistemas de energía, calefacción y refrigeración en el 2025. A los edificios privados se les propondrán objetivos que, de no cumplirse de forma voluntaria, irán seguidos de recortes. Dado que los edificios generan unas tres cuartas partes de los gases, costará cumplir con los planes para el 2050. Los compromisos del alcalde se basan en el primer New York City Carbon Challenge lanzado por su predecesor, Michael Bloomberg. Este programa del 2007 alentaba a universidades, empresas y otros organismos privados a reducir drásticamente en un 30% las emisiones de gases en 10 años.

Lo esbelto está de moda

La silueta de Midtown se está modernizando gracias a una nueva ola de altos y esbeltos rascacielos. La mayoría son residenciales, como la recién completada 432 Park Ave, torre cúbica de 425 m del arquitecto uruguayo Rafael Viñoly. Este rascacielos, el más alto de Nueva York a nivel de azotea, se verá superado en el 2019 por la torre de Central Park (o torre Nordstrom), de 464 m, que con una altura total de 473 m será el edificio residencial más alto del mundo, tanto a nivel de azotea como del conjunto arquitectónico. Situado en 225 W 57th St, es obra de la empresa de Chicago Adrian Smith + Gordon Gill Architecture (AS+GG), responsable de la torre Jeddah, actualmente en construcción en Arabia Saudí y cuyos 1,61 km de altura constituyen un nuevo récord. Subiendo la calle desde la torre de Central Park, el bloque de apartamentos de 438 m de 111 W 57th St llevará lo esbelto a nuevas cotas, con una proporción entre altura y anchura de 1:24, y será el más estilizado de la ciudad. Aun así, el más espectacular será el 53W53, en 53 W 53rd, torre de uso mixto diseñada por el arquitecto francés Jean Nouvel con una llamativa forma de esqueleto.

Historia

Esta es la historia de una ciudad que nunca duerme, de un reino donde coinciden magnates y líderes mundiales, que ha vivido los momentos más álgidos y los más bajos. Pese a todo, aún quiere alcanzar el cielo, en sentido literal y figurado. Y pensar que todo empezó con 24 US$ y unos abalorios...

Arriba: Ellis Island (p. 43); dcha.: 'Tribute in Light' en el aniversario del 11 de Septiembre.

WIBOWO RUSLI/GETTY IMAGES ©

c. 1500 d.C.

Unos 15 000 amerindios viven en 80 puntos de la isla, entre ellos iroqueses y algonquinos, enfrentados entre sí.

1625-1626

La Compañía Neerlandesa de las Indias Occidentales importa esclavos de África para el comercio de la piel y la construcción.

1646

Los neerlandeses fundan la aldea de Breuckelen en la orilla oriental de Long Island, como la Breukelen de los Países Bajos.

ANDRIA PATINO / GETTY IMAGES ©

La compra de Manhattan

En 1624, la Compañía Neerlandesa de las Indias Occidentales envió a 110 colonos a fundar un puesto comercial. Tras asentarse en Lower Manhattan, que llamaron Nueva Ámsterdam, entablaron sangrientas batallas contra los irreductibles lenapes, un pueblo con 11 000 años de historia en la isla. En 1626, Peter Minuit, primer gobernador de la colonia, sería también su primer agente inmobiliario sin escrúpulos (aunque no el último): compró a los lenapes las 5665 Ha de Manhattan por 60 florines (24 US$) y unos abalorios de cristal.

Cuando en 1647 llegó el gobernador Peter Stuyvesant con su pata de palo, apenas quedaban 700 lenapes. En 1664 arribaron los buques de guerra ingleses. Stuyvesant se rindió sin disparar un tiro y evitó el derramamiento de sangre. El rey Carlos II rebautizó la colonia en honor a su hermano, el duque de York, y Nueva York llegó a ser un próspero puerto británico que a mediados del s. xviii rondaba los 11 000 habitantes; los colonos, sin embargo, veían con recelo su sistema tributario.

1784
Alexander Hamilton funda el Bank of New York, primer banco de EE UU, con activos de 500 000 US$.

1811
El alcalde DeWitt Clinton desarrolla el plano de cuadrícula de Manhattan, rediseñando su trazado futuro.

1853
La legislatura del estado autoriza la adjudicación de terreno público para el futuro Central Park.

Lower East Side Tenement Museum.

★**Los mejores sitios para conocer la historia de Nueva York**

Ellis Island (p. 43)

Lower East Side Tenement Museum (p. 98)

Monumento al 11 de Septiembre y Museo (p. 90)

LONELY PLANET / GETTY IMAGES ©

Revolución y guerra

En el s. XVIII la economía era tan sólida que los vecinos se las ingeniaban para evitar compartir su riqueza con Londres, y NY fue escenario de la fatal confrontación con el rey Jorge III. En agosto de 1776 estalló la revolución y, en pocos días, el ejército del general George Washington perdió una cuarta parte de sus efectivos. Se replegaron y el fuego cercó gran parte de la colonia, pero los británicos no tardaron en abandonarla y fue recuperada por Washington. En 1789 el general, ya retirado, se dirigía a una multitud congregada en el Federal Hall para asistir a su nombramiento presidencial. Alexander Hamilton, su secretario del tesoro, emprendió la reconstrucción de la ciudad y contribuyó a fundar la Bolsa.

Desplome de la población, auge de las infraestructuras

A principios del s. XIX, NY había padecido diversos infortunios: los sangrientos Draft Riots (disturbios de reclutamiento) de 1863, epidemias de cólera, tensiones entre inmigrantes veteranos y nuevos, pobreza y delincuencia en Five Points, su primer suburbio. Aun así, halló recursos para emprender grandes obras públicas; iniciado en 1855, Central Park fue una reforma verde y un impulso a la especulación inmobiliaria. La ciudad además aportó empleo público cuando el Pánico de 1857 destruyó el sistema financiero nacional. Otra visión tomó forma con John Roebling, ingeniero de origen alemán que diseñó el puente de Brooklyn sobre el East River, entre Lower Manhattan y Brooklyn.

La floreciente metrópoli

A principios del s. XX, los trenes elevados trasladaban a un millón de pasajeros diarios y el tráfico abrió zonas del Bronx y el norte de Manhattan. Los bloques de pisos se llenaron de inmigrantes del sur de Italia y el este de Europa, y la metrópoli alcanzó los 3 millones de habitantes. Los nuevos ricos, impulsados por el empuje económico del financiero J. P. Morgan, construyeron espléndidas mansiones en la Quinta Avenida. El reportero y fotógrafo

1863	**1882**	**1883**
Estallan los Draft Riots (disturbios del reclutamiento de la Guerra de Secesión), que duran tres días; el Ejército Federal restablece el orden.	Thomas Edison enciende las primeras luces eléctricas de la ciudad en el banco J. P. Morgan, en 23 Wall St.	El Puente de Brooklyn, que ha costado 15,5 millones de US$ (y 27 vidas), es inaugurado el 24 de mayo.

Jacob Riis ilustró la creciente brecha entre clases, lo que llevó al consistorio a aprobar reformas urbanísticas.

La tragedia de la fábrica, los derechos de la mujer

Las pésimas condiciones de las fábricas de principios del s. xx –salarios bajos, largas jornadas y jefes abusivos– quedaron patentes en 1911 en el incendio de la Triangle Shirtwaist Company. Las llamas alcanzaron las telas apiladas, provocando la muerte de 146 de las 500 obreras, atrapadas tras las puertas. La marcha hasta el ayuntamiento de 20 000 trabajadoras de la industria textil dio pie a profundas reformas laborales. Por su parte, la enfermera y comadrona Margaret Sanger abrió la primera clínica de planificación familiar en Brooklyn y las sufragistas se manifestaban para pedir el voto femenino.

La era 'beat'

La década de 1960 marcó el inicio de una era mítica de creatividad y rebelión contra lo establecido, y muchos de sus creadores se reunían en Greenwich Village. Uno de estos movimientos fue el expresionismo abstracto, que supuso la eclosión internacional de pintores como Mark Rothko, Jackson Pollock, Lee Krasner, Helen Frankenthaler o Willem de Kooning, cuyos garabatos, manchas incomprensibles y exuberante energía les hacía parecer enigmáticos y ofensivos. De los escritores destacan los poetas beat Allen Ginsberg y Jack Kerouac y la novelista y dramaturga Jane Bowles. En los cafés del Village intercambiaban ideas y buscaban inspiración, a menudo en el folk de figuras en ciernes, como Bob Dylan, hoy Premio Nobel de Literatura.

Los años del 'jazz'

En los años veinte, la Ley Seca ilegalizó la venta de alcohol, alentando el contrabando, los bares clandestinos y el crimen organizado: nacía la edad del *jazz*. El afable James Walker era elegido alcalde en 1925, Babe Ruth triunfaba en el estadio de los Yankees y la gran migración del sur propició el renacimiento de Harlem, convertido en epicentro de la cultura y sociedad afroamericanas. Su vida nocturna atrajo a chicas liberadas y ebrios juerguistas, que evidenciaban el fracaso de la Prohibición.

Tiempos difíciles

La Bolsa se hundió en 1929 y la ciudad vivió la Gran Depresión con una mezcla de valor, entereza, fiestas para recaudar dinero, militancia y obras públicas. Nacido en Texas y hablante de yiddish, el alcalde Fiorello La Guardia contribuyó con proyectos financiados por el New Deal. La II Guerra Mundial llenó NY de soldados divirtiéndose en Times Square antes de embarcar hacia Europa. Reconvertidas en industrias bélicas, las fábricas no paraban, dotadas de un personal femenino y afroamericano carente hasta entonces de acceso

1913
Pese a no estar terminada, la estación Grand Central abre sus puertas el 2 de febrero.

1939
La Feria Mundial se inaugura en Queens. Con el futuro como tema, invita a los visitantes a echar un vistazo al 'mundo del mañana'.

1969
La policía hace una redada en el bar de ambiente Stonewall Inn, lo que provoca disturbios y la gestación del movimiento por los derechos de los homosexuales.

a empleos sindicados. Con pocas restricciones al comercio, Midtown se compactó con los rascacielos tras la guerra.

Entrada en escena de Robert Moses

Colaborador del alcalde La Guardia en la modernización de NY, el urbanista Robert Moses influyó como nadie en su aspecto en el s. xx. Ideó los puentes Triborough (hoy Robert F. Kennedy) y Verrazano-Narrows, Jones Beach State Park, West Side Hwy y la red de paseos de Long Island, así como otros muchos túneles, puentes y autovías, que intensificaron la dependencia del automóvil en esta zona de tráfico masivo.

'Vete al cuerno'

A principios de la década de 1970, el déficit había generado una crisis fiscal. El presidente Ford se negó a prestar ayuda federal y el Daily News lo resumió en un titular: "Ford le dice a Nueva York: ¡Vete al cuerno!" Los despidos masivos diezmaron a la clase trabajadora, y los puentes, carreteras y parques descuidados daban idea de las dificultades. Esta traumática década —que tocó fondo en 1977 con el apagón que afectó a toda la ciudad y los asesinatos en serie del conocido como Hijo de Sam— hizo caer los alquileres, nutriendo así una cultura alternativa que transformó los distritos industriales del SoHo y Tribeca en epicentros de vida nocturna.

Resugir de las cenizas

Mientras el mercado bursátil crecía durante la década de 1980, los barrios luchaban contra la expansión del crack; Nueva York se tambaleaba bajo el impacto de la droga, la delincuencia y el sida. Los okupas de East Village se resistieron al intento de la policía de desalojar un campamento de indigentes, desencadenando los disturbios de Tompkins Square Park de 1988. En el sur del Bronx, una ola de incendios provocados redujo bloques enteros a cenizas, pero entre el humo nacería una influyente cultura *hip-hop,* allí y en Brooklyn.

Aún convaleciente de la quiebra inmobiliaria de finales de los ochenta, NY afrontaba el derrumbe de las infraestructuras, el empleo desplazado al sur y la fuga de las mayores empresas a las afueras. Pero entonces las *puntocom* convirtieron a la Bolsa en un gran parque especulativo, y NY entró en una vorágine de construcción y fiestas similar a la de los años veinte.

Con el alcalde Rudy Giuliani, defensor de los negocios y el orden público, la miseria y la indigencia salieron de las calles *yuppies* de Manhattan hacia los barrios exteriores, para acomodar a la Generación X y su gran vida. Giuliani acaparó titulares durante su campaña para erradicar la delincuencia, incluso sacando las sórdidas *sex-shops* de 42nd St.

1977	**1988**	**2001**
Un apagón estival deja a los neoyorkinos a oscuras durante 24 sofocantes horas, y se desatan disturbios en toda la ciudad.	Los okupas se rebelan cuando la policía intenta desalojarlos de su asentamiento de Tompkins Square Park, en East Village.	El 11 de septiembre varios terroristas estrellan dos aviones contra las Torres Gemelas, destruyendo el World Trade Center y causando casi 3000 víctimas.

Década del 2000

La década posterior al 11 de septiembre fueron años de reconstrucción, física y emocional. En el 2002, al alcalde Michael Bloomberg le tocó recoger los pedazos de una ciudad destrozada, que vivió una profunda renovación, sobre todo con el repunte del turismo del 2005. En la última fase de su segundo mandato, toda la ciudad parecía estar en obras, y en los barrios surgían altos y lujosos bloques de pisos.

Pero con el desplome de la economía tras la crisis global, las figuras del mundo empresarial tuvieron que echar el cierre y la ciudad quedó paralizada. Pese a verse menos afectada que otras zonas del país, el precio de la vivienda sufrió una gran caída, y muchas grúas eran ya monumentos a una economía rota.

En el 2011 se conmemoró el 10º aniversario de los atentados del 11 de Septiembre con la apertura de un centro para el recuerdo y la imponente torre de la Libertad, nuevo gigante empresarial a medio construir.

El 11 de septiembre del 2001

Aquel día, varios terroristas estrellaron dos aviones contra las Torres Gemelas del World Trade Center, destruyendo el complejo y causando casi 3000 víctimas. El sur de Manhattan tardó meses en recuperarse de los gases que emanaban de las ruinas, y en los muros proliferaban los carteles en busca de desaparecidos. Mientras la ciudad velaba a sus muertos y los equipos de rescate se abrían camino a través de los escombros, los neoyorkinos afrontaron constantes alertas terroristas y el pánico provocado por el ántrax. Unida ante la conmoción y el dolor, la ciudadanía, a menudo quejumbrosa, hizo un denodado esfuerzo por no sucumbir a la desesperación.

Tormentas y cambio político

En el 2012, el huracán Sandy puso a prueba de nuevo su capacidad de recuperación. El 29 de octubre, vientos ciclónicos y una incesante lluvia causaron graves inundaciones y daños en edificios de los cinco barrios, el metro, el túnel Hugh L. Carey y el solar del World Trade Center. Un gran apagón sumió buena parte de Lower Manhattan en la oscuridad, y la Bolsa suspendió sus actividades durante dos días, la primera vez desde 1888. En el vecindario de Breezy Point, en Queens, una fuerte tormenta que causó 44 víctimas dificultó las tareas de los bomberos, que luchaban contra un incendio que redujo más de 125 hogares a cenizas, uno de los peores de su historia.

El cambio político llegó en noviembre del 2013 y Bill de Blasio se convirtió en el primer alcalde demócrata desde 1989. El autoproclamado progresista de 52 años es además el primer alcalde blanco de NY casado con una afroamericana.

2008-2009

La Bolsa se desploma por la mala gestión de importantes instituciones financieras del país.

2012

El huracán Sandy azota Nueva York en octubre, provocando cortes de luz, graves inundaciones y daños en edificios.

2016

El emblemático intercambiador del World Trade Center, del arquitecto Santiago Calatrava, es inaugurado oficialmente en Lower Manhattan.

Arte y arquitectura

*Camuflado en el paisaje urbano de cemento, el visitante
descubrirá uno de los grandes centros artísticos
del mundo. Nueva York es escaparate de grandes y
pequeños talentos, que han dejado su impronta en el
lienzo urbano, tanto en las paredes de sus galerías como
en sus crudas calles, en forma de hitos arquitectónicos
que se elevan sobre aceras atestadas.*

Arriba: Grafitis en azoteas de Chinatown (p. 86). MAREMAGNUM / GETTY IMAGES ©

Un peso pesado del arte

El hecho de que en Nueva York se hallen algunos de los mayores museos del mundo es
una prueba más de su envidiable pedigrí artístico. Desde Pollock y Rothko hasta Warhol y
Rauschenberg, la ciudad ha nutrido a muchos de los mejores artistas y movimientos del
país.

Nacimiento de un centro de arte

Nueva York se afianzó a principios del s. XX en casi todas las facetas artísticas, atrayendo
y reteniendo a una masa crítica de pensadores, artistas, escritores y poetas: el panorama
local empezaba a tomar forma. En 1905, el fotógrafo Alfred Stieglitz (marido de Georgia

O'Keeffe) abrió Gallery 291 en la Quinta Avenida, espacio que sirvió de plataforma a los artistas nacionales y que contribuiría a hacer de la fotografía una disciplina creíble.

En la década de 1940, la llegada de figuras culturales que huían de la II Guerra Mundial llenó la ciudad de ideas frescas, e hizo de ella un gran núcleo cultural. Peggy Guggenheim fundó la galería Art of this Century en 57th St, que lanzó a pintores como Jackson Pollock, Willem de Kooning y Robert Motherwell. Estos artistas afincados en Manhattan, núcleo del expresionismo abstracto –también conocido como Escuela de Nueva York– idearon una técnica pictórica explosiva y áspera que cambiaría el curso del arte moderno.

Una vanguardia nacional

Los expresionistas abstractos hicieron de NY un centro de arte global y, después, otra generación tomó el testigo. En las décadas de 1950 y 1960, Robert Rauschenberg, Jasper Johns y Lee Bontecou convirtieron la pintura en construcciones escultóricas que sobresalían de las paredes e incluían todo tipo de elementos, desde acero soldado hasta cabras disecadas. A mediados de los años sesenta, el *pop art* –que empleaba imágenes y técnicas de la cultura popular– había arraigado, con Andy Warhol al mando.

Grafiti y arte urbano

El fenómeno del grafiti contemporáneo, tal y como se conoce hoy, surgió en Nueva York. En la década de 1970, los vagones de metro cubiertos de grafitis se convirtieron en todo un símbolo y la obra de figuras como Dondi, Blade y Lady Pink se dio a conocer en todo el mundo. Además, grandes artistas como Jean-Michel Basquiat, Kenny Scharf y Keith Haring comenzaron a incorporar sus elementos.

El movimiento se renovó a finales de la década de 1990, cuando una nueva generación de artistas neoyorkinos –muchos con formación académica– empezó a usar materiales como recortes de papel y elementos esculturales, todo de forma ilícita. Entre ellos destacan John Fekner, Stephen *Espo* Powers, Swoon y los gemelos Skewville.

Algunos de los sitios de moda del espray y la plantilla son el lado de Brooklyn del puente de Williamsburg y la esquina de Troutman St y St Nicholas Ave, en Bushwick, también en Brooklyn. En Astoria, Queens, el visitante puede explorar obras de arte en technicolor en Welling Ct y 30th Ave.

En los años sesenta y setenta, con la economía municipal por los suelos y gran parte del SoHo de capa caída, NY se convirtió en un semillero de arte conceptual y *performances*. Gordon Matta-Clark rebanaba edificios abandonados con motosierras y los artistas de Fluxus montaban *happenings* en las calles del centro. Carolee Schneemann organizaba *performances* utilizando el cuerpo humano; en un famoso acto de 1964, puso a un grupo de bailarines desnudos a danzar en una mezcla de pintura, salchichas y peces muertos en una iglesia de Greenwich Village.

El arte hoy

Nueva York sigue siendo la capital mundial de las galerías, con más de 800 espacios para todo tipo de obras. Los principales marchantes se concentran en Chelsea y Upper East Side. En Lower East Side están las galerías que promocionan a artistas emergentes y semiestablecidos, mientras que los prohibitivos alquileres han empujado al entorno más emergente y experimental fuera de la ciudad; hoy las zonas de moda son Harlem y los barrios de Bushwick, Greenpoint, Clinton Hill y Bedford-Stuyvesant (Bed-Stuy), en Brooklyn.

Estación Grand Central.

★ **Los mejores iconos arquitectónicos**

Puente de Brooklyn (p. 48)

Edificio Chrysler (p. 75)

Estación Grand Central (p. 75)

Empire State Building (p. 66)

Guggenheim Museum (p. 80)

PETER PESTA PHOTOGRAPHY /GETTY IMAGES ©

Arquitectura

La historia arquitectónica de NY es como un pastel de bodas de ideas y estilos, escrita literalmente en sus calles. Modestas granjas coloniales y elegantes edificios de estilo federal se codean con suntuosos palacios *beaux arts* de principios del s. xx. A las desnudas estructuras de estilo internacional se han sumado en los últimos años las formas torcidas de los deconstructivistas. Para el amante de la arquitectura, es un paraíso de ladrillos y mortero.

Símbolos 'beaux arts'

Con el s. xx NY entró en una época dorada, y hubo arquitectos –muchos formados en Francia– que regresaron con ideales de diseño europeo. La reluciente caliza blanca sustituyó a la arenisca, las primeras plantas se elevaron para construir espectaculares escalinatas de entrada y los edificios se guarnecieron con dovelas esculpidas y columnas corintias.

Las Villard Houses de McKim, Mead & White (el actual Palace Hotel), de 1884, son un ejemplo de las raíces tempranas del movimiento. En una interpretación libre del Palazzo della Cancelleria de Roma, evocaban la simetría y elegancia del renacimiento italiano. Otros edificios clásicos son la New York Public Library (1911), diseñada por Carrère y Hastings, la ampliación de 1902 del Metropolitan Museum of Art, de Richard Morris Hunt, y la espectacular estación Grand Central (1913), de Warren y Wetmore, rematada con una estatua de Mercurio, dios del comercio.

En busca del cielo

Cuando la ciudad se afianzó en el s. xx, los ascensores y la ingeniería de acero habían propiciado su crecimiento. Esta época vio el auge de la construcción de rascacielos, empezando por el edificio neogótico Woolworth (1913), de Cass Gilbert, con 57 pisos. Hoy sigue siendo uno de los 50 más altos del país.

Pronto llegaron otros. El edificio Chrysler, obra maestra *art déco* de 77 pisos diseñada por William Van Alen, se convirtió en 1930 en la estructura más alta del mundo. Al año siguiente, el récord lo batió el Empire State, monolito de líneas puras construido en caliza de Indiana. Su aguja se diseñó como mástil para amarrar dirigibles, lo que le dio gran publicidad pero resultó ser inviable y poco práctico.

La afluencia de arquitectos y pensadores europeos que se instalaron en NY a finales de la II Guerra Mundial propició un animado diálogo entre profesionales de ambos continentes. En esta época, el urbanista Robert Moses reconstruyó frenéticamente vastos tramos de la ciudad –en detrimento de muchos barrios– y diseñadores y artistas se obsesionaron con las líneas puras y austeras del estilo internacional.

Uno de los primeros proyectos de esta corriente fueron los edificios de la ONU (1948-1952), resultado del esfuerzo conjunto de un comité de arquitectos, como el suizo Le Corbusier, el brasileño Oscar Niemeyer y el estadounidense Wallace K. Harrison. El Secretariado fue el primero en tener un muro de cerramiento de cristal, que domina sobre la curva de pista de esquí de la Asamblea General. Otros edificios modernistas de la época son la Lever House (1950-1952), de Gordon Bunshaft, una estructura flotante de cristal en la esquina de Park Ave y 54th St, y el austero edificio Seagram (1956-1958), de Ludwig Mies van der Rohe, con 38 pisos, dos manzanas más al sur.

Nueva guardia

A finales del s. xx, muchos arquitectos, como Philip Johnson, se rebelaron contra la naturaleza dura y desnuda del diseño modernista. Su edificio AT&T (hoy torre Sony, 1984) de granito rosa, rematado por un frontón neogeorgiano con volutas, es ya un icono postmoderno en la silueta de Midtown.

El que nunca lo consiguió fue el serpenteante diseño angular de Daniel Libeskind para la torre del One World Trade Center (2013), reemplazado por un obelisco de cristal de forma cuadrada, obra de un comité de arquitectos. En el mismo solar, problemas presupuestarios obligaron a modificar el luminoso diseño de Santiago Calatrava para el intercambiador del World Trade Center (2016); según sus críticos, lo

Arquitectos de renombre en la High Line

El edificio IAC de Frank Gehry (2007) –ondulante estructura de cristal blanco comparada con una tarta nupcial– es una de las obras, cada vez más numerosas, de arquitectos célebres que surgen en torno a la High Line, línea férrea convertida en parque urbano. La más exuberante es el nuevo Whitney Museum (2015), de Renzo Piano. Asimétrico y revestido de acero gris azulado, ha recibido encendidos elogios por mimetizarse con el parque elevado. Ocho manzanas más al norte se alza 100 Eleventh Ave (2010), un bloque de apartamentos de lujo de 23 pisos del francés Jean Nouvel. Su exuberante disposición de ventanas ladeadas resulta fascinante, vanguardista en su construcción y sensible a la herencia de la zona. El diseño de la fachada evoca la mampostería industrial del oeste de Chelsea, lo que no es casual.

El lujoso complejo de apartamentos de Zaha Hadid en 520 W 28th St está llamado a ser la nueva joya. Con 11 plantas, será el primer proyecto residencial en la ciudad de la arquitecta británico-iraquí, y sus voluptuosas curvas de ciencia ficción se complementarán con una escultórica terraza de 232 m^2 que exhibirá obras de arte proporcionadas por Friends of the High Line.

que debía recordar a una paloma en vuelo parece un dinosaurio con alas.

El arquitecto británico Norman Foster ha legado también su estilo vanguardista a la ciudad. Su torre Hearst (2006) –un bloque de cristal que surge zigzagueante de un edificio de arenisca de la década de 1920– es aún pionera en Midtown, y uno de los muchos y audaces añadidos al catálogo arquitectónico, junto con el futurista pabellón Barclays Center (2012) de Brooklyn, el 41 Cooper Square (2009) de Thom Mayne en East Village, lleno de pliegues y fisuras, y la ondeante torre de apartamentos de 76 plantas New York by Gehry (2011), de Frank Gehry, en Financial District.

Nueva York LGBTIQ

Nueva York ha salido orgullosa del armario. Aquí
se produjeron los disturbios de Stonewall, floreció el
movimiento moderno por los derechos de los homosexuales
y se celebró el primer desfile del Orgullo Gay en todo EE UU.
Pero mucho antes de la liberación, la ciudad ya sentía fas-
cinación por todo lo raro y llamativo, desde los salones de
sexo del Bowery hasta la poesía sáfica del Village, pasando
por los bailes de transformistas de Harlem. El viaje no
siempre ha sido fácil, pero sí emocionante.

Arriba: Desfile del Orgullo por la Quinta Avenida de Nueva York (p. 11). LEV RADIN / SHUTTERSTOCK ©

Divas, Harlem y 'drag queens'

Aunque en la década de 1920 Times Square tenía fama como lugar de encuentro de los gais que trabajaban en teatros, restaurantes y bares clandestinos, la zona gay de moda estaba en Harlem.

Entonces, los bailes de transformistas atraían tanto a gais como a heterosexuales. El mayor era el Hamilton Lodge Ball, celebrado anualmente en el suntuoso Rockland Palace, en 155th St; conocido como Faggot's Ball (baile de los maricas), permitía a gais y lesbianas cambiarse de ropa (legalmente) y bailar con miembros del mismo sexo, y a los heterosexuales concederse un arrebato voyerista. El punto álgido era el concurso de belleza, en el que participantes travestidos competían por el título de Reina del baile. Una de las muchas figuras literarias asiduas era el escritor gay neoyorkino Langston

Hughes, que lo llamó "el espectáculo del color". El público era muy variado, desde prostitutas a familias de la alta sociedad, como los Astor y los Vanderbilt. Incluso los periódicos hablaban de un evento tan extravagante y los atrevidos atuendos eran la comidilla de la ciudad.

Revolución de Stonewall

A la relativa trasgresión de principios del s. xx le siguió el conservadurismo de las décadas siguientes, bajo el influjo de la Gran Depresión, la II Guerra Mundial y la Guerra Fría. En esta línea, el senador Joseph McCarthy, declaró que los homosexuales del Departamento de Estado ponían en peligro la seguridad y a los niños del país. Su política de mano dura pretendía apartar de la esfera pública a todos los gais, que en las décadas de 1940 y 1950 debieron mantenerse en el anonimato. Las actuaciones represivas en locales de ambiente, aunque ya habituales, se incrementaron.

Orgullo gay fuera de Manhattan

No cabe duda que el desfile anual del Orgullo Gay y el aluvión de fiestas de Manhattan son de gran belleza y puro desenfreno. Pero en los barrios exteriores también hay gais, y sus vidas y culturas parecen a años luz de la escena de Manhattan. Asistir a una de estas celebraciones más pequeñas y nada turísticas es una experiencia única. El 1er domingo de junio, en el barrio multicultural de Jackson Heights se celebra el Queens Pride (www.queenspride.org), con fuerte sabor panlatino. Brooklyn Pride (www.brooklynpride.org) arranca el 2º domingo de junio y cuenta con una feria de calle, un desfile nocturno en Park Slope y fiestas en todo el barrio al caer la noche.

Cuando el 28 de junio de 1969, ocho policías irrumpieron en el Stonewall Inn, bar gay de Greenwich Village, los clientes se sublevaron. Hartos de acosos y de que los dueños de los locales (en su mayoría figuras del crimen organizado) tuvieran que sobornar a los policías, empezaron a tirarles monedas, botellas y ladrillos, coreando consignas como "¡Poder gay!" o "¡Venceremos!". Un grupo de drag queens entonó un cántico que se haría célebre: "Somos las chicas del Stonewall, tenemos el pelo rizado, no llevamos ropa interior, mostramos el vello púbico, el peto nos llega por encima de las rodillas..."

La solidaridad y furia colectivas marcaron un punto de inflexión, encendió apasionados debates sobre la discriminación y canalizó el movimiento por los derechos, no solo en Nueva York, sino en todo el país y en otros como Australia o los Países Bajos.

La sombra del sida

El activismo LGTB se intensificó cuando el VIH y el sida acapararon los titulares mundiales a principios de los años ochenta. Ante la ignorancia, el miedo y la indignación moral de quienes veían en el sida un 'cáncer gay', activistas como el escritor Larry Kramer abordaron lo que se estaba convirtiendo en una epidemia. De esos esfuerzos nació ACT UP (Coalición del Sida para Desatar el Poder) en 1987, grupo de defensa empeñado en combatir la homofobia y la indiferencia del entonces presidente Ronald Reagan, y frenar el abuso en el precio de los medicamentos contra el sida por parte de las empresas farmacéuticas.

La epidemia golpeó sobre todo a la comunidad artística neoyorkina; entre sus víctimas más conocidas están el artista Keith Haring, el fotógrafo Robert Mapplethorpe y el diseñador de moda Halston. Sin embargo, de estas pérdidas surgió un aluvión de destacadas piezas teatrales y musicales con buena acogida internacional, que acabarían engrosando el canon cultural estadounidense. Algunos ejemplos son la épica política *Ángeles en Améri-*

★ **Los mejores locales nocturnos LGBT**

Duplex (p. 190)

Marie's Crisis (p. 171)

Industry (p. 177)

Bar Industry, en Hell's Kitchen.

GAY TOURISM / ALAMY STOCK PHOTO ©

ca, de Tony Kushner, y el musical rock *Rent*, de Jonathan Larson, ambas ganadoras de los premios Tony y el Pulitzer.

Matrimonio y nuevo milenio

La lucha por la total igualdad de la comunidad LGBT ha dado un gran paso recientemente. En el 2011, tras años de intensas presiones, se derogó una ley federal que prohibía el acceso a las fuerzas armadas al colectivo LGBT, la llamada "Don't Ask, Don't Tell" (No preguntar, no decir). En el 2015, la Corte Suprema legalizó el matrimonio homosexual en todo el país, anulando su veto en 13 estados, lo que constituyó una victoria aún mayor.

Ventisca en Central Park (p. 36).

MITCHELL FUNK / GETTY IMAGES ©

Guía práctica

DATOS PRÁCTICOS A-Z   **230**

Acceso a Internet............230
Aduana............................230
Baños públicos 230
Comunidad
  homosexual....................230
Descuentos......................230
Dinero.............................230

Electricidad.......................231
Fiestas oficiales 231
Hora local.........................231
Horario comercial.............231
Información
  turística...........................231
Precauciones 232
Seguro de viaje 233
Teléfono 233

Viajeros con
  discapacidades................233
Visados.............................233

TRANSPORTE   **234**

Cómo llegar y salir...........234
Cómo desplazarse...........236

Datos prácticos A–Z

Acceso a internet

Son raros los alojamientos sin wifi, aunque no siempre es gratis. Entre los espacios públicos con wifi gratuita están la High Line, Bryant Park, Battery Park, Tompkins Square Park, Union Square Park, además de la **Universidad de Columbia** (www.columbia.edu; Broadway, en 116th St, Morningside Heights; $\boxed{S}$ 1 hasta 116th St-Columbia University) y **South Street Seaport** (plano p. 246; www.southstreetseaport.com; $\boxed{S}$ A/C, J/Z, 2/3, 4/5 hasta Fulton St). Hay quioscos con internet en las tiendas Staples, FedEx y Apple.

Aduana

La aduana de EE UU permite que cada persona mayor de 21 años introduzca 1 litro de licor y 200 cigarrillos libres de aranceles. Productos agrícolas, carne, fruta, hortalizas, plantas y tierra están prohibidos. Los estadounidenses pueden importar del extranjero regalos por valor de hasta 800 US$, mientras que para los extranjeros el

límite es de 100 US$. Consúltense actualizaciones en www.cbp.gov.

Baños públicos

Teniendo en cuenta el número de peatones, los aseos públicos escasean en la ciudad. Los hay en la estación Grand Central, Penn Station y Port Authority Bus Terminal, en parques como Madison Square, Battery Park, Tompkins Square Park, Washington Square Park y Columbus Park en Chinatown, más algunos en Central Park. Lo mejor es entrar en un Starbucks (están por todas partes) o en unos grandes almacenes (Macy's, Century 21, Bloomingdale's).

Comunidad homosexual

Con sus parejas casadas cogidas de la mano por Hell's Kitchen y el Empire State Building decorado con los colores del arco iris durante las fiestas del Orgullo, Nueva York es una de los mejores destinos gais del mundo. Pocos lugares pueden igualar la cantidad y calidad de su oferta para este colectivo, desde los clubes a los festivales.

Descuentos

Algunas tarjetas ofrecen ventajas en atracciones clave. Para más información, consúltense las webs.
Downtown CulturePass (www.downtownculturepass.org)
Explorer Pass (www.smartdestinations.com)
New York CityPASS (www.citypass.com/new-york)
The New York Pass (www.newyorkpass.com)

Dinero

Hay cajeros por todas partes y las tarjetas suelen aceptarse sin problemas. Los mercados, las gastronetas y algunos bares y restaurantes solo aceptan efectivo.

Cajeros automáticos

Hay cajeros por todas partes. Se puede sacar dinero en los bancos, normalmente con un espacio accesible las 24 h, con muchos monitores en las sucursales grandes, o en los cajeros situados en delicatesen, restaurantes, bares y tiendas de comestibles, que cobran tasas altísimas, 3 US$ de media o incluso 5 US$.

Cambiar dinero

Los bancos y las oficinas de cambio, disponibles por toda la ciudad (también en los aeropuertos) cambian dólares según el tipo vigente.

Tarjetas de crédito

Las principales se aceptan en la mayoría de los hoteles, restaurantes y tiendas.

Electricidad

120V/60Hz

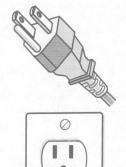

120V/60Hz

Fiestas oficiales

Las principales fiestas y actos de Nueva York obligan a cerrar a muchas empresas y atraen multitudes, por lo que reservar una mesa o alojamiento resulta difícil.

Año Nuevo 1 de enero

Día de Martin Luther King 3er lunes de enero

Día del Presidente 3er lunes de febrero

Semana Santa Marzo/abril

Día de los Caídos Finales de mayo

Día del Orgullo gay Último domingo de junio

Día de la Independencia 4 de julio

Día del Trabajo Principios de septiembre

Rosh Hashaná y Yom Kippur De mediados de septiembre a mediados de octubre

Halloween 31 de octubre

Acción de Gracias 4º jueves de noviembre

Navidad 25 de diciembre

Nochevieja 31 de diciembre

Hora local

Nueva York se halla en la hora del este del hemisferio occidental (ET), 5 h menos que en el meridiano de Greenwich (Londres). Casi todo el territorio de EE UU sigue el horario de verano: los relojes se adelantan 1 h entre el 2º domingo de marzo y el 1er domingo de noviembre, cuando se retrasan 1 h.

Horario comercial

Los horarios más comunes son:

Bancos 9.00 a 18.00 de lunes a viernes, algunos también de 9.00 a 12.00 los sábados

Bares 17.00 a 4.00

Empresas 9.00 a 17.00 de lunes a viernes

Clubes 22.00 a 4.00

Restaurantes Desayuno de 6.00 a 11.00, almuerzo de 11.00 a 15.00 aprox. y cena de 17.00 a 23.00. Brunch de fin de semana de 11.00 a 16.00.

Tiendas 10.00 a 19.00 entre semana, 11.00 a 20.00 los sábados y los domingos, puede variar –algunas cierran y otras mantienen el horario habitual. Los comercios suelen cerrar más tarde en los barrios céntricos.

Información turística

Hay infinitos recursos en línea con información actualizada. Para información presencial, están las oficinas oficiales de NYC & Company:

City Hall (plano p. 246; 212-484-1222; www.nycgo.com; City Hall Park, en Broadway; 9.00-16.00 lu-vi, 10.00-17.00 sa y do; S 4/5/6 hasta Brooklyn Bridge-City Hall; R hasta City Hall; J/Z a Chambers St)

De interés

Periódicos

New York Post (www.nypost.com) El *Post* es conocido por sus titulares llamativos, sus ideas conservadoras y su famosa columna de cotilleo "Page Six".

New York Times (www.nytimes.com) La 'dama gris' se ha modernizado incorporando secciones sobre tecnología, arte y restaurantes.

Revistas

New York Magazine (www.nymag.com) Revista quincenal con reportajes y listas sobre cualquier cosa relacionada con Nueva York, además de una web indispensable.

New Yorker (www.newyorker.com) Este semanario intelectual trata de política y cultura en extensos reportajes; también publica ficción.

Time Out New York (www.timeout.com/newyork) Revista semanal gratuita con listas de restaurantes, arte y ocio.

Radio

WNYC (820AM y 93.9FM; www.wnyc.org) La emisora de radio pública de Nueva York es la filial local de National Public Radio y ofrece programas y entrevistas locales y nacionales, con música clásica durante el día en la FM.

Tabaco

Está estrictamente prohibido fumar en cualquier espacio público, lo que incluye estaciones de metro, restaurantes, bares, taxis y parques.

Macy's Herald Square (plano p. 252; 📞212-484-1222; www.nycgo.com; Macy's, 151 W 34th St, en Broadway; ⌚9.00-19.00 lu-vi, desde 10.00 sa, desde 11.00 do; ⓈB/D/F/M, N/Q/R hasta 34th St-Herald Sq)

Times Square (plano p. 252; 📞212-484-1222; www.nycgo.com; Seventh Ave, en 44th St, Midtown West; ⌚9.00-18.00; ⓈN/Q/R, S, 1/2/3, 7 hasta Times Sq-42nd St)

Brooklyn Tourism & Visitors Center (📞718-802-3846; www.nycgo.com; 209 Joralemon St, entre Court St y Brooklyn Bridge Blvd, Downtown; ⌚10.00-18.00 lu-vi; Ⓢ2/3, 4/5 hasta Borough Hall) 🖉, con información de todo tipo sobre este popular distrito.

Webs por barrios

Muchos de los barrios más conocidos tienen su propia web (oficial u oficiosa) con consejos sobre la zona:

Chinatown (www.explorechinatown.com)

Lower East Side (www.lowereastsideny.com)

Soho (www.sohonyc.com)

Upper East Side (www.uppereast.com)

Williamsburg (www.freewilliamsburg.com)

Precauciones

Las tasas de delincuencia en NY son las más bajas en años. Hay pocos barrios en los que uno pueda sentirse inseguro por la noche (casi todos en la periferia). Las estaciones de metro suelen ser seguras, aunque las más alejadas pueden ser arriesgadas. No hay razón para tener miedo, pero más vale emplear el sentido común y no caminar solo de noche por zonas desconocidas y poco pobladas, sobre todo las mujeres. Es mejor llevar el dinero para el día oculto en la ropa o en un bolsillo delantero que en un bolso o en un bolsillo trasero, y tener cuidado con los carteristas, sobre todo en zonas muy transitadas, como Times Square o Penn Station en hora punta.

Seguro de viaje

Antes de viajar, hay que consultar la cobertura médica fuera del país de origen. Los extranjeros deben suscribir un seguro de viaje que cubra problemas de salud en EE UU, ya que la atención no urgente para pacientes sin seguro puede ser muy cara. Para solicitar citas no urgentes en un hospital es necesario acreditar un seguro o que se dispone de efectivo suficiente. Aun con seguro, es probable que haya que pagar por adelantado los cuidados no urgentes y luego solicitar el reembolso al asegurador.

Teléfono

Los números de teléfono de EE UU constan de un código de zona de tres dígitos, seguido de otro de siete dígitos. Para llamadas a larga distancia, se marca ☎1 + código de zona de tres dígitos + número de siete dígitos. Para llamadas internacionales desde NY, hay que marcar ☎011 + código de país + código de zona + número.

Códigos de zona

Para llamadas dentro de NY, aunque sea en la misma calle y con el mismo código, hay que marcar

siempre antes ☎1 + el código de zona.

Teléfonos móviles

La mayor parte de los móviles de EE UU, además de los iPhone, operan en CDMA, no en el estándar europeo GSM, por lo que hay que comprobar la compatibilidad con la compañía telefónica. También hay que consultar con el proveedor los cargos por itinerancia. Quien necesite un móvil encontrará muchas tiendas –la mayoría de Verizon, T-Mobile o AT&T– donde comprar un terminal barato y cargarlo con minutos prepagados, evitando así los contratos.

Viajeros con discapacidades

La legislación federal garantiza que todas las oficinas y sedes gubernamentales sean accesibles a las personas con discapacidades. La Oficina para Personas con Discapacidades (**Office for People with Disabilities,** ☎212-639-9675; www.nyc.gov/mopd; ⏱9.00-17.00 lu-vi) ofrece información sobre lugares concretos y la guía gratuita *Access New York*.

NYC & Company (www.nycgo. com/accessibility) GRATIS Una buena lista de recursos para planificar.

Big Apple Greeter (www. bigapplegreeter.org/what-is-the-access-program) GRATIS Este

excelente programa tiene más de 50 voluntarios con discapacidades físicas, encantados de mostrar su rincón de la ciudad.

Accessibility Line (☎511; http://web.mta.info/accessibility/stations.htm) Si se llamar o consulta la web, se obtendrá información detallada sobre acceso al metro o a autobuses en silla de ruedas.

Lonely Planet (http://lptravel. to/AccessibleTravel) Guía Accessible Travel gratuita descargable.

Visados

El programa de exención de visados de EE UU permite a ciudadanos de 38 países entrar en el país sin visado, siempre que posean un pasaporte que permita la lectura mecanizada. Consúltese en la web del Departamento de Estado de EE UU la lista de países incluidos (www.travel.state. gov). Solo deben registrarse ante el **Departamento de Seguridad Interior de EE UU** (www.cbp.gov/travel/international-visitors/esta) tres días antes de su visita. Se paga una tasa de 14 US$ por la solicitud del registro, que, una vez aprobado, es válido durante 2 años o hasta que expire el pasaporte.

Transporte

Cómo llegar y salir

Con sus tres bulliciosos aeropuertos, dos grandes estaciones de tren y una terminal de autobuses monolítica, NY recibe cada año millones de visitantes.

Hay vuelos directos desde la mayoría de las grandes ciudades de EE UU y otros países. Hay que contar 6 h desde Los Ángeles, 7 desde Londres y Ámsterdam y 14 desde Tokio. El viaje en tren en lugar de en avión o en coche ofrece una mezcla de paisajes bucólicos y urbanos y evita problemas de tráfico, controles de seguridad y un exceso de emisiones de carbono.

Pueden reservarse vuelos, coches y visitas guiadas en línea en lonelyplanet.com.

Aeropuerto internacional John F. Kennedy

El **aeropuerto JFK** (JFK: ☎718-244-4444; www.kennedyairport.com; Ⓢ), a 24 km de Midtown, en el sureste de Queens, dispone de 8 terminales, recibe cerca de 50 millones de pasajeros al año y vuelos de ida y vuelta a todos los rincones del planeta.

Taxi Los taxis amarillos de Manhattan al aeropuerto funcionan con taxímetro; el precio (60 US$ aprox.) depende del tráfico, y suelen tardar entre 45 y 60 min. Desde el aeropuerto hay una tarifa fija de 52 US$ a cualquier punto de Manhattan (sin contar peajes y propina), mientras que un trayecto entre el aeropuerto y Brooklyn o viceversa puede costar, según taxímetro, entre 45 (Coney Island) y 65 US$ (centro de Brooklyn). Conviene saber que los puentes de Williamsburg, Manhattan, Brooklyn y Queensboro–59th St no tienen peaje en ninguno de los dos sentidos, mientras que el túnel Queens-Midtown y el Hugh L. Carey (o Brooklyn-Battery) cuestan 8 US$ en dirección a Manhattan.

Servicios de coche y furgonetas Las furgonetas compartidas, como las de Super Shuttle Manhattan (www.supershuttle.com), cuestan entre 20 y 26 US$ por persona, según el destino. Si se viaja de NY al aeropuerto, hay servicios de automóvil desde 45 US$.

Autobús directo El NYC Airporter (www.nycairporter.com) va a la estación Grand Central, Penn Station o Port Authority Bus Terminal desde el JFK. El billete sencillo cuesta 17 US$.

Metro Es la forma más barata de llegar a Manhattan, pero también la más lenta. Desde el aeropuerto hay que tomar el AirTrain (5 US$, se paga al llegar) a Sutphin Blvd-Archer Ave (estación Jamaica) para conectar con las líneas E, J o Z (o el ferrocarril de Long Island). Si se prefiere la línea A, hay que tomar el AirTrain hasta Howard Beach. El tren R a Midtown es el que hace menos paradas. El trayecto a Midtown dura al menos 1½ h.

Ferrocarril de Long Island (LIRR) Es la forma más relajada de llegar a la ciudad. Desde el aeropuerto, se toma el AirTrain (5 US$, se paga al llegar) a la estación Jamaica. Desde allí hay trenes LIRR frecuentes a Penn Station en Manhattan o a la terminal Atlantic en Brooklyn (cerca de Fort Greene, Boerum Hill y el Barclays Center). Tarda unos 20 min de estación a estación. El billete sencillo a Penn Station o a Atlantic cuesta 7,50 US$ (10 en hora punta).

Aeropuerto de LaGuardia

Usado sobre todo para vuelos interiores, **LaGuardia** (LGA; ☎718-533-3400; www.panynj.gov) es más pequeño que el JFK, pero está a solo 13 km del centro de Manhattan; recibe unos 26 millones de pasajeros al año.

Taxi Un taxi a/desde Manhattan cuesta unos 42 US$ y el trayecto dura 30 min.

Servicio de coches Un coche a LaGuardia ronda los 35 US$.

Autobús directo El NYC Airporter (www.nycairporter.com) cuesta 14 US$ y conecta Grand Central, Penn Station y Port Authority Bus Terminal con el aeropuerto.

Metro y autobús Es menos cómodo ir a LaGuardia en transporte público que a otros aeropuertos. La mejor conexión en metro es la estación 74 St-Broadway (líneas 7 o E, F, M y R, cambiando en Jackson Heights-Roosevelt Ave), en Queens, donde se puede tomar el nuevo Q70 Express Bus (10 min aprox. hasta el aeropuerto).

Aeropuerto Internacional Newark Liberty

No hay que descartar Nueva Jersey cuando se viaja a Nueva York. Más o menos a la misma distancia de Midtown que el JFK (25 km), **Newark** (EWR; ☎973-961-6000; www.panynj.gov) atrae a muchos viajeros (36 millones aprox. al año).

Servicio de coches y taxis Un servicio puerta a puerta cuesta entre 45 y 60 US$ por un trayecto de 45 min desde Midtown, más o menos como un taxi. Hay que pagar un peaje caro (15 US$) para entrar en NY por los túneles de Lincoln (42nd St) y Holland (Canal St) y, más al norte, por el puente George Washington, aunque es gratis para volver a Nueva Jersey. También hay un par de peajes baratos en las autopistas de Nueva Jersey, a menos que se pida al chófer que tome las autopistas 1 o 9.

Metro/tren NJ Transit (www.njtransit.com) ofrece un servicio de ferrocarril (con conexión a AirTrain) entre Newark (EWR) y Penn Station por 13 US$/trayecto. El viaje dura 25 min y salen trenes cada 20 o 30 min de 4.20 a 1.40. Hay que conservar el billete y mostrarlo al salir en el aeropuerto.

Autobús directo El Newark Liberty Airport Express (www.newarkairportexpress.com) opera un servicio de lanzaderas entre el aeropuerto y Port Authority Bus Terminal, Bryant Park y Grand Central en Midtown (16 US$/trayecto). El viaje dura 45 min y salen cada 15 min de 4.45 a 6.45 y de 23.15 a 1.15.

Port Authority Bus Terminal

Los viajes de larga distancia en autobús salen y llegan a la estación de autobuses más concurrida del mundo, **Port Authority Bus Terminal** (plano p. 252; ☎212-564-8484; www.panynj.gov; 41st St, en Eighth Ave; [S]A/C/E, N/Q/R, 1/2/3, 7), con 65 millones de pasajeros al año. Estas son algunas de la compañías que operan aquí:

Greyhound (plano p. 252; ☎800-231-2222; www.greyhound.com) Conecta NY con grandes ciudades de todo el país.

Peter Pan Trailways (☎800-343-9999; www.peterpanbus.com) Servicios directos diarios a Boston, Washington D.C., y Filadelfia.

Short Line Bus (☎212-736-4700; www.shortlinebus.com) Cubre el norte de Nueva Jersey y del estado de Nueva York, centrándose en ciudades universitarias como Ithaca o New Paltz; forma parte de Coach USA.

Penn Station

Tren

La **estación de Pensilvania** (33rd St, entre Seventh Ave y Eighth Ave; [S]1/2/3, A/C/E hasta 34th St-Penn Station) es punto de salida de los trenes Amtrak y otros servicios.

Amtrak (plano p. 252; ☎800-872-7245; www.amtrak.com) incluye entre sus servicios el Acela Express a Princeton, Nueva Jersey y Washington D.C. (este servicio directo cuesta el doble de la tarifa normal). Los precios varían según el día y la hora. No hay consignas en Penn Station.

Cambio climático y viajes

Todos los viajes con motor generan una cierta cantidad de CO_2, la principal causa del cambio climático provocado por el hombre. En la actualidad, el principal medio de transporte para los viajes son los aviones, que emplean menos cantidad de combustible por kilómetro y persona que la mayoría de los automóviles, pero también recorren distancias mucho mayores. La altura a la que los aviones emiten gases (incluido el CO_2) y partículas también contribuye a su impacto en el cambio climático. Muchas páginas web ofrecen "calculadoras de carbono" que permiten al viajero hacer un cálculo estimado de las emisiones de carbono que genera en su viaje y, si lo desea, compensar el impacto de los gases invernadero emitidos participando en iniciativas de carácter ecológico por todo el mundo. Lonely Planet compensa todos los viajes de su personal y de los autores de sus guías.

Apuntes sobre el metro

Algunos consejos para entender el metro de Nueva York:

MetroCard Todos los autobuses y metros usan la Metro-Card amarilla y azul, que se puede comprar o recargar en máquinas de fácil uso en cualquier estación. Se puede pagar en efectivo y con tarjeta de débito o crédito. Un consejo: cuando la máquina pregunte el código postal, los extranjeros deben marcar 99999. La tarjeta en sí cuesta 1 US$.

Números, letras, colores Las líneas de metro con códigos de colores se nombran con letras o números, y la mayoría cuenta con entre dos y cuatro trenes en sus vías.

Líneas directas y locales Es común tomar por error un tren directo y pasar de largo la estación a la que se desea ir. Por cada línea transitan trenes locales y directos, que solo paran en algunas estaciones de Manhattan, indicadas con un círculo blanco en los planos.

Entrar en la estación correcta Algunas estaciones tienen entradas separadas para ir a la parte alta o a la parte baja de la ciudad, hay que leer los letreros con atención. Si se toma la entrada equivocada, como les ocurre incluso a los residentes, o bien hay que ir en metro hasta una estación en la que se pueda cambiar de sentido, o bien salir de la estación y entrar de nuevo por la entrada correcta (normalmente al otro lado de la calle), con lo que se pierden los 2,75 US$.

Fines de semana las normas cambian los fines de semana, cuando algunas líneas se combinan, otras dejan de circular, algunas estaciones se pasan de largo, otras se activan. Locales y turistas comparten confusión y a veces enfado en los andenes. Consúltense los horarios de fin de semana en www.mta.info.

Ferrocarril de Long Island

(Long Island Rail Road, LIRR; ☎511; www.mta.info/lirr; billete a la zona más alejada hora valle/punta 20,50/28,25 US$) Da servicio a unos 300 000 trabajadores al día, con servicios de Penn Station a puntos de Brooklyn y Queens o a Long Island. Los precios están segmentados por zonas. Un trayecto en hora punta de Penn Station a la estación Jamaica (para ir al JFK con AirTrain) cuesta 9,50 US$ si se compra en la estación o 16 US$ a bordo.

NJ Transit (☎973-275-5555; www.njtransit.com) También opera desde Penn Station, con servicios a la periferia y a la costa de Jersey.

New Jersey PATH (☎800-234-7284; www.panynj.gov/path) Una opción para llegar a los puntos más septentrionales de Nueva Jersey, como Hoboken y Newark. Los trenes (2,50 US$) salen de Penn Station y van en paralelo a Sixth Ave, parando en 33rd St, 23rd St, 14th St, 9th St, Christopher St y el World Trade Center.

Autobuses económicos

Varias líneas económicas operan a la salida de Penn Station:

BoltBus (☎877-265-8287; www.boltbus.com; 🛜) Servicios de NY a Filadelfia, Boston, Baltimore y Washington D.C. Cuanto antes se compren los billetes, más baratos son. La wifi gratuita a veces incluso funciona.

megabus (www.us.megabus.com; 🛜) Viaja de NY a Boston, Washington D.C. y Toronto, entre otros destinos. Wifi gratis (no siempre funciona).

Vamoose (plano p. 252; ☎212-695-6766; www.vamoosebus.com; Ⓢ1 hasta 28th St; A/C/E, 1/2/3 hasta 34th St-Penn Station) Autobuses a Arlington (Virginia), cerca de Washington D.C.

Estación Grand Central

La última línea con salida desde Grand Central, el **tren Metro-North** (www.mta.info/mnr), lleva a Connecticut, Westchester y el valle del Hudson.

Cómo desplazarse

Consúltese en la web de la **Metropolitan Transportation Authority** (MTA; ☎511; www.mta.info) la información sobre transporte público (autobuses y metro), incluido un práctico planificador de trayectos e información sobre retrasos y rutas alternativas durante los frecuentes trabajos de mantenimiento.

Metro

El metro de Nueva York, gestionado por la Metropolitan Transportation Authority, es barato, puntual y la forma mas fiable y rápida de moverse por la ciudad. También es más seguro y (algo) más limpio de lo que solía ser. Un billete sencillo cuesta 2,75 US$ con una MetroCard. Un bono ilimitado de siete días cuesta 31 US$

Interesa hacerse con un plano gratuito. Quien disponga de un teléfono inteligente puede descargar una aplicación (como la gratuita Citymapper) con un plano y alertas de cortes de servicio.

Bicicleta

La pasada década se crearon cientos de kilómetros de carriles-bici, a lo que se añade la excelente red de préstamo de bicicletas **Citi Bike** (www.citibikenyc. com; 24 h/7 días 11/27 US$) en una ciudad acogedora para las bicis. Hay cientos de puestos en Manhattan y partes de Brooklyn con las famosas y robustas bicicletas azul brillante, con tarifas razonables para uso ocasional.

Para usar una Citi Bike hay que hacerse con un pase de 24 h o siete días, que incluye un código de cinco dígitos para liberar las bicis. Se pueden devolver en cualquier estación en los 30 min siguientes sin cargo. Hay que reinsertar la tarjeta de crédito y seguir las instrucciones para tomar prestada otra. Esta operación se puede repetir tantas veces como se desee durante las 24 h o siete días que dure el pase.

Ferri

Servicios con acceso ilimitado ofrecidos por **New York Waterway** (☎800-533-3779; www.nywaterway.com) y **New York Water Taxi** (☎212-742-1969; www.nywatertaxi.com; pase 1 día 31 US$), mientras que **East River Ferry** (www. eastriverferry.com; billete 4-6 US$) propone todo el año un servicio que conecta distintos puntos de Queens y Brooklyn con Manhattan.

Mayor y más impresionante, dirigido a trabajadores, es el **ferri de Staten Island** (plano p. 246; www. siferry.com; terminal Whitehall, 4 South St, en Whitehall; ⏰24 h; Ⓢ1 hasta South Ferry) ᴳᴿᴬᵀᴵˢ, que surca gratis el puerto de Nueva York.

Autobús

Son cómodos en las horas valle, sobre todo para cruzar la ciudad de este a oeste. La MetroCard es válida en los autobuses y la tarifa es igual que la del metro.

Taxi

Parar un taxi es un rito en Nueva York, sobre todo si el chófer es un neurótico loco por la velocidad, algo bastante común (conviene abrocharse el cinturón). Pero la mayoría de los taxis están limpios y, en comparación con otras grandes capitales, son bastante baratos. La bajada de bandera son 2,50 US$ y el precio sube de media 5 US$ por cada 20 manzanas. La propina suele situarse entre el 15 y el 20%, pero se puede dar al menos si se entiende que el trato no ha sido bueno; hay que pedir un recibo y usarlo para anotar el número de licencia del chófer. Para más información, consúltese www. nyc.gov/taxi.

Boro Taxi

Los Green Boro Taxis operan en la periferia y en Upper Manhattan. Dan servicio a barrios en los que los taxis amarillos escasean, con las mismas tarifas y características que ellos, y son una buena forma de moverse por la periferia (p. ej., de Astoria a Williamsburg, o de Park Slope a Red Hook). Los chóferes no suelen querer llevar a los pasajeros a Manhattan, aunque están obligados a ello por ley, ya que les está prohibido cobrar tarifas por salir de Manhattan al sur de 96th St.

Servicio puerta a puerta

Son una alternativa habitual al taxi en la periferia. La tarifa varía según el distrito y el trayecto y debe fijarse por adelantado, ya que no hay taxímetro. Estos coches negros son comunes en Brooklyn y Queens, pero es ilegal que un conductor se pare sin más y ofrezca sus servicios, cualquiera que sea el distrito. En Brooklyn figuran, entre otros, Northside en Williamsburg y Arecibo en Park Slope.

Entre bastidores

Reconocimientos

Datos del mapa climático adaptados de Peel MC, Finlayson BL y McMahon TA (2007) "Updated World Map of the KoppenGeiger Climate Classification", Hydrology and Earth System Sciences, 11, 163344.

Ilustración pp. 40-41 de Javier Zarracina.

Este libro

Esta es la traducción al español de la 1ª edición en inglés de *Best of New York City*, obra coordinada por Regis St Louis. La investigación y redacción han corrido a cargo de Regis St Louis, Cristian Bonetto y Zora O'Neill.

VERSIÓN EN ESPAÑOL

GeoPlaneta, que posee los derechos de traducción y distribución de las guías Lonely Planet en los países de habla hispana, ha adaptado para sus lectores los contenidos de este libro. Lonely Planet y GeoPlaneta quieren ofrecer al viajero independiente una selección de títulos en español; esta colaboración incluye, además, la distribución en España de los libros de Lonely Planet en inglés e italiano, así como un sitio web, www.lonelyplanet.es, donde el lector encontrará amplia información de viajes y las opiniones de los viajeros.

Gracias a Indra Kilfoyle, Anne Mason, Kate Mathews, Jenna Myers, Kathryn Rowan, Dianne Schallmeiner, Luna Soo, Maureen Wheeler

La opinión del lector

Las cosas cambian: los precios suben, los horarios varían, los sitios buenos empeoran y los malos se arruinan. Por lo tanto, si el lector encuentra los lugares mejor o peor, recién inaugurados o cerrados desde hace tiempo, le agradeceremos que escriba para ayudar a que la próxima edición sea más útil y exacta.

Todas las cartas, postales y correos electrónicos se leen y se estudian, garantizando de esta manera que hasta la mínima información llegue a los redactores, editores y cartógrafos para su verificación.

Se agradece cualquier información recibida por pequeña que sea. Quienes escriban verán su nombre reflejado en el capítulo de agradecimientos de la siguiente edición.

Puede ocurrir que determinados fragmentos de la correspondencia de los lectores aparezcan en nuevas ediciones de las guías Lonely Planet, en la web de Lonely Planet, así como en la información personalizada. Se ruega a todo aquel que no desee ver publicadas sus cartas ni que figure su nombre que lo haga constar.

Toda la correspondencia debe enviarse a la siguiente dirección de geoPlaneta en España, indicando en el sobre "Lonely Planet/Actualizaciones":
Av. Diagonal 662-664, 08034 Barcelona.

También puede remitirse un correo electrónico a la dirección siguiente:
viajeros@lonelyplanet.es

Para información, sugerencias y actualizaciones, se puede visitar la página web **www.lonelyplanet.es**

A – Z
Índice

11 de septiembre de 2001 221, *véase también* Monumento al 11 de Septiembre

A

acceso a Internet 230
acontecimientos 4-17
actividades 4-17, 197-205, *véanse también actividades individuales*
actividades al aire libre 29
aduana 230
aeropuertos 19, 234-235
alojamiento 19, 207-211, **211**
American Folk Art Museum 39
American Museum of Natural History 79
arquitectura 74-75, 215, 224-225
arte 28, 222-223
arte callejero 223
artes 183-195, *véanse también artes individuales*
artes escénicas 183-195, *véanse también artes escénicas individuales*
aseos 233
atracciones gratuitas 31
autobús, viajar en
a/desde Nueva York 235, 236
en Nueva York 237

B

ballet 79, 193
baloncesto 200
baños públicos 233
barco, viajar en, *véase también* kayak, navegación

ferri 31, 237
visitas guiadas 205
Barneys 115
bebidas
cerveza 164, 168
cócteles 164, 167, 176
Manhattan 176
Tom Collins 180
licores 165
vino 164
béisbol 200
Belvedere Castle 204
bicicletas 202, 204, 237
Bloomingdale's 115
bolos 205
Broadway 58-61, 184, 185
Brooklyn
alojamiento 211
de compras 157-159
dónde beber y vida nocturna 179-181
dónde comer 138-139
ocio 193-195
Brooklyn, jardín botánico de 105
Brooklyn, puente de 48-49
Brooklyn Bridge Park 106-109
Brooklyn Heights Promenade 109
Brooklyn Museum 105
budistas, templos 89

C

Canal Street 89
cajeros automáticos 231
cambiar dinero 231
cambio climático 235
canguros 33
Central Park 36-41, **40-41**

Central Park, zona de **250**
alojamiento 211
de compras 156-157
dónde beber y vida nocturna 177-178
dónde comer 136-137
ocio 192-193
cerveza 164, 168
Chelsea **252-253**
alojamiento 211
de compras 153-154
dónde beber y vida nocturna 171-172
dónde comer 127-131
ocio 187-190
Chinatown 86-89, **246-247**
de compras 147-149
dónde beber y vida nocturna 167-169
dónde comer 122-124
ocio 186
ciclismo, *véase* bicicletas
circuitos 205
circuitos a pie 205
Midtown 74-75, **74-75**
West Village 110-111, **110-111**
clima 4-17, 19
clubes 165, 173
coche puerta a puerta, servicios de 237, *véase también* taxis
cócteles 164, 167, 176
códigos de zona 232
cómo llegar y salir de Nueva York 234-236
cómo desplazarse en Nueva York 19, 236-237
comunidad homosexual 226-228
Cooper-Hewitt National Design Museum 83

000 páginas del plano

correr 201
cultura 214-215

D

danza 188
de compras 28, 112-115, 141-
159, **143**
　Brooklyn 158-159
　Central Park, zona de 158
　Chelsea 153-154
　Chinatown 147-150
　East Village 150-153
　Financial District 146-147
　Flatiron District 154-155
　Gramercy 154-155
　Harlem 158
　Lower East Side 150-153
　Lower Manhattan 146-147
　Meatpacking District 153-154
　Midtown 155-156
　SoHo 147-150
　Union Square 154-155
　Upper East Side 156-158
　Upper Manhattan 158
　Upper West Side 158
　West Village 153-154
deportes 197-205, *véanse tam-
bién deportes individuales*
Día de la Independencia 12
dinero 18, 230, 231
discapacidades, viajeros con
233
divisa 18
dónde beber y vida nocturna
161-181, **163**
　Brooklyn 179-181
　Central Park, zona de 178-179
　Chelsea 171-172
　Chinatown 167-168
　East Village 169-171
　Financial District 166-167
　Flatiron District 172-175
　Gramercy 172-175
　Harlem 179
　Lower East Side 169-171
　Lower Manhattan 166-167
　Midtown 175-177
　Meatpacking District
171-172
　SoHo 167-168
　Union Square 172-175
　Upper East Side 177
　Upper Manhattan 179
　Upper West Side 178-179
　West Village 171-172
dónde comer 117-139, **119**
　bocadillos de pastrami 134
　Brooklyn 138-139
　brunch 120
　Central Park, zona de
136-137
　Chelsea 127-131
　Chinatown 122-124
　cocina asiática 121
　cocina italiana 121
　East Village 124-127
　Financial District 122
　Flatiron District 131-133
　Gramercy 131-133
　Harlem 137-138
　Lower East Side 124-127
　Lower Manhattan 122
　Meatpacking District 127-131
　mercados 121, 131
　Midtown 133-135
　NYC Restaurant Week 129
　pizzas 125
　SoHo 122-124
　Union Square 131-133
　Upper East Side 135-136
　Upper Manhattan 137-138
　Upper West Side 136-137
　vegana 121
　vegetariana 121
　West Village 127-131

E

East Village **246-247**
　alojamiento 211
　de compras 150-153
　dónde beber y vida nocturna
169-171
　dónde comer 124-127
　ocio 186-187
electricidad 230
Ellis Island 43-46
Empire Fulton Ferry 108
Empire State Building 66-69
entradas para espectáculos
184
escalada 203
Estatua de la Libertad 42-43

F

familia, viajar en, *véase* niños,
viajar con
ferri, viajar en 31, 237
fiestas oficiales 231
fiestas y celebraciones 4-17
Filarmónica de Nueva York 79
Financial District **246-247**
　alojamiento 211
　de compras 146-147
　dónde beber y vida nocturna
166-167
　dónde comer 122
　ocio 186
Flatiron District **252-253**
　de compras 154-155
　dónde beber y vida nocturna
172-174
　dónde comer 131-133
Frick Collection 73, 191
fútbol americano 200-201

G

galerías de arte, *véase* museos
y galerías
grafitis 223

000 páginas del plano

Gramercy **252-253**
  alojamiento 211
  de compras 154-155
  dónde beber y vida nocturna 172-175
  dónde comer 131-133
  gratis 31
Guggenheim Museum 80-83
Guía práctica 229-237

H

Harlem **250**
  de compras 158
  dónde beber y vida nocturna 178-179
  dónde comer 137
  ocio 193
High Line 54-57, 225
historia 29, 216-221
hockey 201
horario comercial 233
Hudson River Park 57

I

idioma 18
información turística 18, 233
inmigración 18, 233-234
Immigration Museum 45
internet, recursos 18, 19, 119, 163, 209
Irish Hunger Memorial 92
itinerarios 20-27

J

jardín botánico de Brooklyn 105
jardines, *véase* parques y jardines

K

kayak 31, 204

L

librerías 144
licores 165
Lincoln Center 76-79
Little Italy 89
Lower East Side **246-247**
  alojamiento 211
  de compras 150-153
  dónde beber y vida nocturna 169-171
  dónde comer 124-127
  itinerarios 26-27
  ocio 186-187
Lower East Side Tenement Museum 98-101
Lower Manhattan **246-247**
  alojamiento 211
  de compras 146-147
  dónde beber y vida nocturna 166-167
  dónde comer 122
  itinerarios 22-23
  ocio 186

M

Madison Square Park 69
Manhattan, cóctel 176
mercadillos 157
mercados 30, 121, 131, 157
Meatpacking District **246-247**
  alojamiento 211
  de compras 153-154
  dónde beber y vida nocturna 171-172
  dónde comer 127-131
  ocio 187-190
metro, viajar en 236-237
Metropolitan Museum of Art 70-73
Metropolitan Opera House 78
microcervecerías 168
Midtown 175-177, **252-253**
  circuitos a pie 74-75, **74-75**
  de compras 155-156
  dónde beber y vida nocturna 174-177
  dónde comer 133-136
  itinerarios 20-21
  ocio 190-192
moda 144
MoMA 50-53
MoMA PS1 52
Monumento al 11 de Septiembre 90-93,
    véase también One World Trade Center
mujeres viajeras 231
Museo de la sinagoga de Eldridge Street 101
Museum of Arts & Design 65
Museum of Chinese in America 88
Museum of Jewish Heritage 46
Museum of Modern Art (MoMA) 50-53
museos y galerías 31, 223
  American Museum of Natural History 79
  Brooklyn Museum 105
  Cooper-Hewitt National Design Museum 83
  Frick Collection 73
  Guggenheim Museum 80-83
  Metropolitan Museum of Art 70-73
  MoMA 50-53
  Museo de la sinagoga de Eldridge Street 101
  Museum of Chinese in America 88
  National Academy Museum 83
  National September 11 Memorial & Museum 90-93
  Neue Galerie 73
  New Museum of Contemporary Art 101
música 183-195
música clásica 79
música en directo 183-195

N

National Academy Museum 83
National Museum of the
    American Indian 46-47
National September 11
    Memorial & Museum 90-93,
navegación 204
Neue Galerie 73
New Museum of Contemporary
    Art 101
New York City Ballet 78
New York Philharmonic 79
niños, viajar con 32-33
Nueva York hoy 214-215
Nueva York LGTBTIQ 226-228
NYC Restaurant Week 129

O

observación de aves 204
ocio 183-195
    Brooklyn 193-195
    Central Park, zona de 192-193
    Chelsea 187-190
    Chinatown 186
    East Village 186-187
    Financial District186
    Harlem 193
    Lower East Side 186-187
    Lower Manhattan 186
    Meatpacking District 187-190
    Midtown 190-192
    SoHo 186
    Upper Manhattan 193
    Upper West Side 192-193
    West Village 187-190
One World Trade Center 30,
    94-97, *véase también* Monu-
    mento al 11 de Septiembre
ópera 78, 192
orgullo gay 227

P

parques y jardines 29, 33
pastrami, bocadillos de 134
patinaje 204-205
periódicos 232
pizza 125
política 214-215
población 215
precauciones 232
presupuesto 18
prohibición de fumar 232
propinas 19
    bares 163
    hoteles 208
Prospect Park 102-105
puesta a punto
    itinerarios 20-27
    familia, viajar en 32-33
    lo nuevo 30

Q

Quinta Avenida 112-115

R

radio 232
Radio City Music Hall 53
rascacielos 215, 224
recuerdos 145, 152
revistas 232
Rockefeller Center 84-85

S

San Patricio, catedral de 52
Saks Fifth Ave 114-115
servicios telefónicos 18, 232
seguro de viaje 232
SoHo **246-247**
    alojamiento 211
    de compras 147-149
    dónde beber y vida nocturna
        167-169

dónde comer 122-124
    ocio 186
spas 202
St Ann's Warehouse 30
St Paul's Chapel 97
Strawberry Fields 39
SummerStage 11, 31
surf de remo 204

T

tarjetas de crédito 231
taxis 237
tenis 202
teatro 183-195
teléfonos móviles 18, 232
tiempo 4-17, 19
Tiffany & Co 114
Times Square 62-65, **252-253**
Tom Collins, cóctel 180
Top of the Rock 84-85
tren, viajar en
    a/desde Nueva York
        235-236
    en metro 236-237
    en Nueva York 236-237
Tribeca Film Festival 9
Trinity Church 93

U

Union Square **246-247**
    alojamiento 211
    de compras 154-155
    dónde beber y vida nocturna
        172-174
    dónde comer 131-133
Uniqlo 115
Upper East Side **246-247**
    de compras 156
    dónde beber y vida nocturna
        177
    dónde comer 135-136
Upper Manhattan **250**
    alojamiento 211
    de compras 158

000 páginas del plano

dónde beber y vida nocturna 178-179

dónde comer 137

ocio 193

Upper West Side **246-247**

alojamiento 211

de compras 156-158

dónde beber y vida nocturna 177-178

dónde comer 136

ocio 192-193

V

vacaciones 231

viajeros veganos 121

viajeros vegetarianos 121

vida nocturna, *véase* dónde beber y vida nocturna

Village Halloween Parade 15

vino 164

visados 18, 233-234

W

webs 18, 19

alojamiento 209

de compras 142

dónde beber y vida nocturna 163

dónde comer 119

West Village **246-247**

alojamiento 211

circuitos a pie 110-111, **110-111**

de compras 153-154

dónde beber y vida nocturna 171-172

dónde comer 127-131

itinerarios 24-25

ocio 187-190

Whitney Museum of American Art 30, 57

Woolworth, edificio 96-97

World Trade Center, *véanse* National September 11 Memorial & Museum, One World Trade Center

Y

yoga 203

Z

zonas horarias 18, 232

High Line (p. 54).

MATT MUNRO / LONELY PLANET ©

Planos

West y East Villages, Chinatown
y Lower Manhattan 246

Central Park y Uptown 250

Times Square, Midtown Manhattan y Chelsea 252

West y East Villages, Chinatown y Lower Manhattan

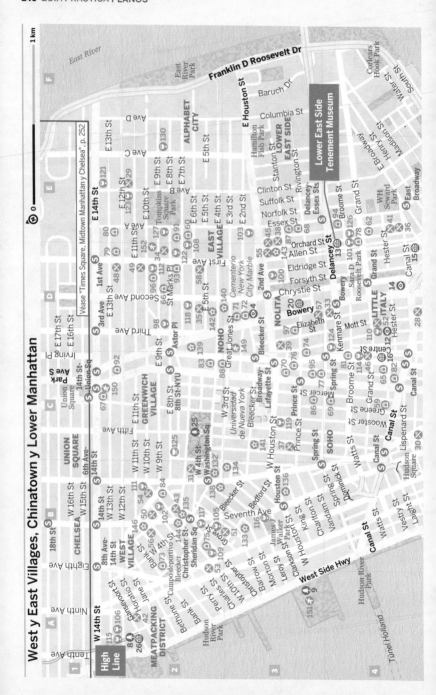

East River

Franklin D Roosevelt Dr

1 km

Véase "Times Square, Midtown Manhattan y Chelsea", p. 252

East River Park

Baruch Dr

ALPHABET CITY

E Houston St

Columbia St

Hamilton Fish Park

LOWER EAST SIDE

Stanton St

Clinton St

Rivington St

Suffolk St

Norfolk St

Essex St

Delancey Essex Sts

Orchard St

Allen St

Eldridge St

Forsyth St

Chrystie St

NOLITA

Bowery

Elizabeth St

Kenmare St

Mott St

Centre St

LITTLE ITALY

Hester St

Canal St

WH Seward Park

East Broadway

Grand St

Canal St

Corlears Hook Park

Water St

South St

Madison St

Henry St

E Broadway

Lower East Side Tenement Museum

EAST VILLAGE

Tompkins Square Park

Cementerio New York City Marble

Great Jones St

Bleecker St

NOHO

Astor Pl

GREENWICH VILLAGE

8th St-NYU

Universidad de Nueva York

W 3rd St

Broadway-Lafayette St

Prince St

SOHO

Spring St

Broome St

Grand St

Canal St

UNION SQUARE

Union Square

14th St-Union Sq

Irving Pl

Park Ave S

Fifth Ave

Sixth Ave

Seventh Ave

W Houston St

Bedford St

Bleecker St

W 4th St

Washington Sq

Sheridan Sq

Christopher St

Grove St

WEST VILLAGE

Bank St

Bethune St

Perry St

Charles St

W 10th St

Christopher St

Morton St

Leroy St

Clarkson St

West Side Hwy

Hudson River Park

Túnel Holland

MEATPACKING DISTRICT

Gansevoort St

Horatio St

Jane St

High Line

CHELSEA

W 18th St

W 16th St

W 15th St

W 14th St

W 13th St

W 12th St

Ninth Ave

Eighth Ave

Tenth Ave

8th Ave

14th St

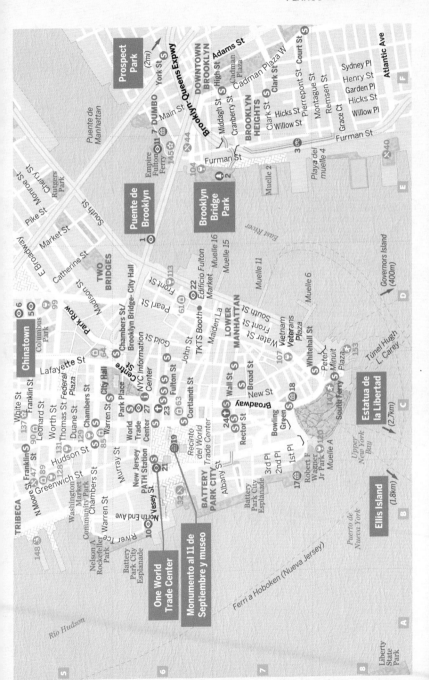

Prospect Park
(2mi)

DOWNTOWN
BROOKLYN

Adams St
York St
Brooklyn–Queens Expwy
High St
Cadman Plaza
Cadman Plaza W
Clark St
Sydney Pl
Henry St
Garden Pl
Hicks St
Willow Pl

DUMBO
Main St
Middagh St
Cranberry St
Clark St
Hicks St
Willow St
Pierrepont St
Montague St
Remsen St
Grace Ct
Court St

BROOKLYN
HEIGHTS

Puente de
Manhattan

Empire
Fulton
Ferry
104
Furman St
2
3
Furman St
Muelle 2
Playa del
muelle 4
40

Rutgers
Park
Cherry St
Monroe St
Pike St
Market St
Catherine St
South St
East River
Muelle 16
Muelle 15
Muelle 11
Muelle 6

E Broadway
Broadway
Madison St

TWO
BRIDGES

Puente de
Brooklyn
1

Brooklyn
Bridge
Park

Edificio Fulton
Market
22
113
Front St

6
5
99
Park Row

Chinatown
White St
Franklin St
Worth St
Leonard St
Thomas St
Duane St
Chambers St

Columbus
Park
Lafayette St
Centre St
Chambers St/
Brooklyn Bridge–City Hall
Pearl St
Gold St
John St
Front St
Water St
South St
Muelle La

LOWER
MANHATTAN

64
61
Maiden La
TKTS Booth
Vietnam
Veterans
Plaza
Whitehall St
107
Peter
Minuit
Plaza
153
Túnel Hugh
L. Carey

TRIBECA
148
137
90
89
47
N Moore St
Franklin St
Leonard St
131
Thomas St
128
129
85
Hudson St
Greenwich St
Chambers St
Warren St
Washington
Market
Community Park

City Hall
Federal
Plaza
Park Place
City Hall
NYC Information
Center
27
23
63
Fulton St
Cortlandt St
Broadway
New St
Rector St
Wall St
Broad St
24
18
Bowling
Green

World
Trade
Center
Recinto
del World
Trade Center
19
Albany St
3rd Pl
2nd Pl
1st Pl
Battery Park City
Esplanade
Robert F
Wagner
Jr Park
Muelle A
120
147
South Ferry

New Jersey
PATH Station
21
10
32
Vesey St
North End Ave

Nelson A
Rockefeller
Park
Battery Park City
Esplanade
River Ter
Warren St
Chambers St

One World
Trade Center

Monumento al 11 de
Septiembre y museo

BATTERY
PARK CITY
17

Upper
New York
Bay

Governors Island
(400m)

Estatua de
la Libertad
(2.7km)

Ellis Island
(1.8km)

Puerto de
Nueva York

Ferri a Hoboken (Nueva Jersey)

Río Hudson

Liberty
State
Park

145
44
7
11
Atlantic Ave

West y East Villages, Chinatown y Lower Manhattan

◉ **Puntos de interés**

1 Puente de Brooklyn E6
2 Brooklyn Bridge Park............................E7
3 Brooklyn Heights Promenade E7
4 CBGB D3
5 Chinatown D5
6 Templo budista Eastern States D5
7 Empire Stores & Tobacco Warehouse......F6
8 High Line.. A2
9 Hudson River Park A3
10 Irish Hunger Memorial............................ B6
11 Jane's Carousel E6
12 Little Italy... D4
13 Lower East Side Tenement Museum E4
14 Templo Mahayana D4
15 Museo de la sinagoga de
    Eldridge Street D4
16 Museum of Chinese in America C4
17 Museum of Jewish Heritage B7
18 National Museum of the American
    Indian C7
19 Monumento al 11 de Septiembre
    y museo C6
20 New Museum of Contemporary Art D3
    One World Observatory................(véase 21)
21 One World Trade Center B6
22 South Street Seaport D6
23 St Paul's Chapel C6
24 Trinity Church... C7
25 Washington Square Park C2
26 Whitney Museum of American Art A2
27 Edificio Woolworth C6

⊗ **Dónde comer**

28 Amazing 66... D4
29 Babu Ji E2
30 Bâtard C4
31 Blue Hill.. B2
32 Brookfield Place B6
33 Butcher's Daughter.................................. D4
34 Cafe Mogador D2
35 Degustation.. D2
36 Dimes E4
37 Dutch C3

38 El Rey... E3
39 Estela...D3
40 Fornino.. E8
41 Fung Tu... E4
42 Mercado de Gansevoort A2
    Hudson Eats................................(véase 32)
43 Jeffrey's Grocery B2
44 Juliana's... E6
45 Katz's Delicatessen................................ E3
46 Lan Larb... C4
    Le District....................................(véase 32)
47 Locanda Verde.. B5
48 Luzzo's D1
49 Momofuku Noodle Bar............................ D2
50 Morandi.. B2
51 Moustache.. B3
52 Nyonya.. D4
53 RedFarm B2
54 Rosemary's B2
55 Russ & Daughters...................................D3
    Seaport Smorgasburg.................(véase 22)
56 Taïm B2
57 Uncle Boons D3
58 Upstate D2

⊞ **De compras**

59 3x1... C4
60 A-1 Records E2
61 Bowne Stationers & Co............................D6
62 By Robert James E4
63 Century 21 .... C6
64 Citystore...D5
65 De Vera C4
66 Dinosaur Hill D2
67 DSW... C1
68 Edith Machinist E3
69 Evolution.. C4
70 Housing Works Book Store.......................C3
71 John Derian D3
72 John Varvatos...D3
73 Marc by Marc Jacobs.............................. B2
74 McNally Jackson.....................................D3
75 McNulty's Tea & Coffee Co, Inc................ B2
76 MiN New York C3

77 MoMA Design Store.....................................C3
78 Moo Shoes E4
79 No Relation Vintage.....................................D1
80 Obscura Antiques E1
81 Odin..C4
82 Opening Ceremony.......................................C4
83 Other Music..C2
84 Personnel of New York................................B2
85 Philip Williams Posters..............................C5
86 Rag & Bone...C3
87 Reformation...E3
88 Screaming Mimi's...C2
89 Shinola..B5
90 Steven Alan...C5
91 Still House...E2
92 Strand Book Store.......................................C1
93 Tokio 7 ....D2
94 Top Hat..E4
95 Uniqlo..C3
96 Verameat...D2
97 Will Leather Goods.......................................D3

Dónde beber y vida nocturna
98 Angel's Share..D2
99 Apothéke...D5
100 Bar Goto D3
101 Barrio Chino...E4
102 Bell Book & Candle......................................B2
103 Berlin..E3
104 Brooklyn Bridge Garden Bar E6
105 Buvette...B2
106 Cielo...A1
107 Dead Rabbit C7
108 Death + Co D2
109 Employees Only...B2
110 Genuine Liquorette......................................D4
111 Happiest Hour B2
112 Immigrant...D2
113 Keg Nº 229...D6
114 La Compagnie des Vins
     Surnaturels...C4
115 Le Bain...A1
116 Little Branch B3
117 Marie's Crisis B2

118 Mayahuel..D2
119 Pegu Club...C3
120 Pier A Harbor House C8
121 Pouring Ribbons..E1
122 Proletariat..D2
123 Rue B..E2
     Smile ....(véase 89)
124 Spring Lounge..D4
125 Stumptown Coffee
     Roasters (Greenwich
     Village)..C2
126 Ten Bells...E4
127 Ten Degrees Bar...E2
128 Terroir Tribeca...B5
129 Ward III..C5
130 Wayland..E2
131 Weather Up...C5

Ocio
132 Blue Note..B2
133 Cherry Lane Theater....................................B3
134 Comedy Cellar B3
135 Duplex..B3
136 Film Forum...B3
137 Flea Theater C5
138 IFC Center B2
139 Joe's Pub..D2
140 La MaMa ETC...D3
141 Le Poisson Rouge..C3
142 New York Theatre
     Workshop...D2
143 Rockwood Music Hall..................................D3
144 Smalls...B2
145 St Ann's Warehouse.....................................E6
146 Village Vanguard..B2

Actividades, cursos y circuitos
147 Bike & Roll Bike Rentals.............................C8
148 Downtown Boathouse B5
149 Great Jones Spa..D3
150 Jivamukti..C1
151 New York Trapeze School............................A3
152 Russian & Turkish Baths.............................D2
153 Ferri a Staten Island D8

Central Park y Uptown

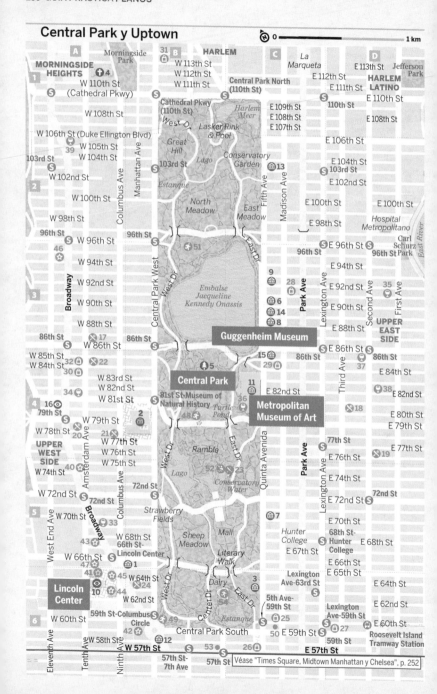

N   0 —————————— 1 km

A · Morningside Park · **B** · **HARLEM** · **C** · La Marqueta · **D**

MORNINGSIDE HEIGHTS — 🚩4

W 113th St
W 112th St
W 111th St
E 113th St · Jefferson Park

W 110th St (Cathedral Pkwy) Ⓢ

1

Central Park North (110th St)
E 112th St
HARLEM LATINO

W 108th St

Cathedral Pkwy (110th St) Ⓢ
E 111th St
E 110th St

W 106th St (Duke Ellington Blvd)
Harlem Meer
E 109th St
E 108th St
E 107th St
110th St Ⓢ

39 W 105th St
103rd St
W 104th St
West Dr
Lasker Rink & Pool
Great Hill
E 106th St

W 102nd St
103rd St
Lago
Conservatory Garden
E 104th St
103rd St Ⓢ
E 102nd St
🏛13

2

W 100th St
North Meadow
East Meadow
Fifth Ave
E 100th St
E 100th St

Estanque
Madison Ave
E 98th St

W 98th St

96th St Ⓢ W 96th St
96th St
Hospital Metropolitano
Carl Schurz Park

W 94th St
✈51
96th St
Ⓢ E 96th St Ⓢ
96th St

46 ⊕☆

W 92nd St
Park Ave
E 94th St
E 92nd St
Second Ave
35 🚻
First Ave

3

W 90th St
Embalse Jacqueline Kennedy Onassis
9 🏛
28 🏛
6 🏛
E 90th St

W 88th St
14 🏛
8 🏛
E 88th St
UPPER EAST SIDE

86th St Ⓢ ✕**17**
W 86th St
86th St
Ⓢ
Guggenheim Museum
Ⓢ E 86th St Ⓢ
86th St
🚻**37**
86th St

W 85th St **32**🏛 ✕**22**
W 84th St **30**🏛
15🏛
29 🏛
86th St
Central Park
Third Ave
E 84th St

34🏛
W 83rd St
W 82nd St
W 81st St
11 🏛
E 82nd St
38 🏛
E 82nd St

16⊙
79th St
81st St-Museum of Natural History
🚩5
36
Quinta Avenida
Metropolitan Museum of Art
E 80th St

W 79th St
2 🏛
Turtle Pond
48✈
✕**18**
E 79th St

W 78th St ✕**20**
21✕
W 77th St
W 76th St
W 75th St
Ramble
77th St
Park Ave
E 77th St
E 76th St
✕**19**

UPPER WEST SIDE
40🏛
W 74th St
Lago
52 ✈**23**
Conservatory Water
Lexington Ave
E 74th St
72nd St Ⓢ

W 72nd St 72nd St Ⓢ
72nd St
Strawberry Fields
E 72nd St Ⓢ

43
W 70th St
33
Sheep Meadow
Mall
Hunter College
7 🏛
E 70th St
68th St-Hunter College

West End Ave
W 68th St
66th St-Lincoln Center
Literary Walk
E 67th St
E 68th St

47☆
W 66th St
1 🏛
45 ⊙
✕**24**
44
E 66th St
E 65th St

41☆
Dairy
3
Lexington Ave-63rd St
E 64th St

Lincoln Center
10 ⊙
W 64th St
W 62nd St
East Dr
Center Dr
49
5th Ave-59th St
Lexington Ave-59th St
E 62nd St

6

59th St-Columbus Circle Ⓢ
42
Central Park South
Estanque
25 ⊙
50 Ⓢ
27 🏛
E 60th St
Roosevelt Island Tramway Station

Eleventh Ave
Tenth Ave
Ninth Ave
W 58th St
12 🏛
53 ⊙
26 🏛
E 57th St
59th St

W 57th St
57th St-7th Ave
57th St Ⓢ
Véase "Times Square, Midtown Manhattan y Chelsea", p. 252

Central Park y Uptown

⊙ **Puntos de interés**
1 American Folk Art Museum B5
2 American Museum of Natural History B4
3 Arsenal.. C6
4 Iglesia catedral de St John the
   Divine A1
5 Central Park B4
6 Cooper-Hewitt National Design
   Museum C3
7 Frick Collection....................................... C5
8 Guggenheim Museum C3
9 Jewish Museum....................................... C3
10 Lincoln Center A6
11 Metropolitan Museum of Art C4
12 Museum of Arts & Design B6
13 Museum of the City of New York C2
14 National Academy Museum C3
15 Neue Galerie C4
16 Zabar's A4

⊗ **Dónde comer**
17 Barney Greengrass A3
18 Beyoglu... D4
19 Boqueria D4
20 Burke & Wills.. A4
   Café Sabarsky ....(véase 15)
21 Dovetail... A4
22 Jacob's Pickles A4
23 Loeb Boathouse C5
24 The Smith... B6
   The Wright.............................. (véase 8)

▣ **De compras**
25 Barneys C6
26 Bergdorf Goodman C6
27 Bloomingdale's D6
28 Blue Tree C3
29 Encore.. C4

30 Magpie A4
31 Trunk Show Designer
   Consignment.. B1
32 West Side Kids A4

⊙ **Dónde beber y vida nocturna**
33 Barcibo Enoteca A5
34 Dead Poet A4
35 Drunken Munkey D3
   Manhattan Cricket Club ....(véase 20)
36 Metropolitan Museum Roof Garden
   Café & Martini Bar C4
   Robert ....(véase 12)
37 The Daisy D4
38 The Penrose D4
39 West End Hall A2

⊙ **Ocio**
40 Beacon Theatre A5
41 Elinor Bunin Munroe Film Center A6
   Film Society of Lincoln Center..... (véase 10)
   Frick Collection .... (véase 7)
42 Jazz at Lincoln Center B6
43 Merkin Concert Hall A5
   Metropolitan Opera House.......... (véase 10)
44 New York City Ballet................................ A6
45 Filarmónica de Nueva York A6
46 Symphony Space A3
47 Walter Reade Theater.............................. A5

⊙ **Actividades, cursos y circuitos**
48 Belvedere Castle..................................... B4
49 Bike and Roll... B6
50 Central Park Conservancy C6
51 Central Park Tennis Center....................... B3
52 Loeb Boathouse....................................... B5
53 Municipal Art Society............................... B6
54 Wollman Skating Rink B6

Times Square, Midtown Manhattan y Chelsea

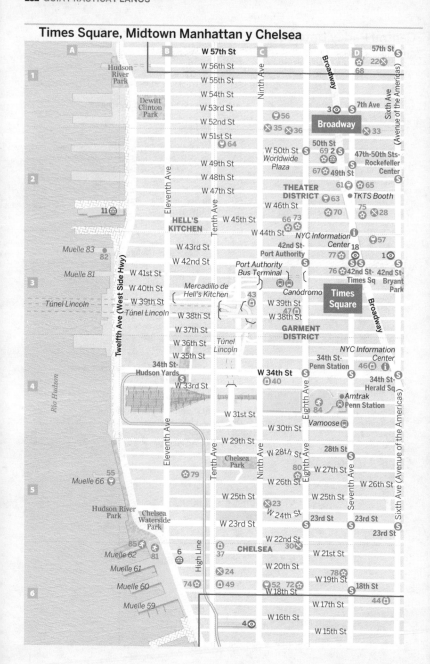

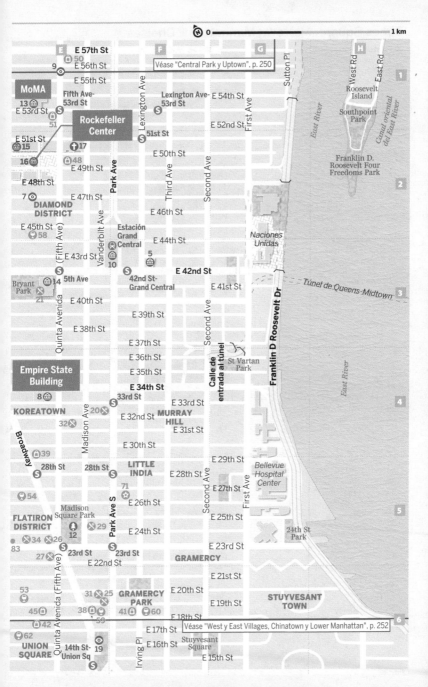

0   1 km

Véase "Central Park y Uptown", p. 250

E 57th St
E 56th St
9
E 55th St

MoMA
13
E 53rd St
51
**Fifth Ave-
53rd St**

**Lexington Ave-
53rd St** E 54th St

**Rockefeller
Center**

17
E 51st St
15
16
48
E 49th St
E 50th St
E 52nd St

First Ave

West Rd

East Rd

Roosevelt
Island

Southpoint
Park

Franklin D.
Roosevelt Four
Freedoms Park

Canal oriental
del East River

East River

E 48th St
7
**DIAMOND
DISTRICT**
E 47th St
E 46th St

Park Ave

Third Ave

Second Ave

E 45th St
58
**Estación
Grand
Central**
E 44th St

Vanderbilt Ave

(Fifth Ave)

E 43rd St
10
5
Bryant
Park
14
5th Ave
21

**42nd St-
Grand Central**

E 42nd St

E 41st St

Quinta Avenida

E 40th St

E 39th St

E 38th St

Second Ave

*Naciones
Unidas*

**Empire State
Building**
8
KOREATOWN
32

Madison Ave

20
E 34th St
33rd St
E 33rd St
E 32nd St **MURRAY
HILL**
E 31st St

Broadway

39
28th St

28th St

**LITTLE
INDIA**

Park Ave S

71

E 30th St

E 29th St

E 28th St

E 27th St

E 37th St

E 36th St

E 35th St

Calle de
entrada al túnel

St Vartan
Park

Franklin D Roosevelt Dr

Túnel de Queens-Midtown

East River

54
**FLATIRON
DISTRICT**
Madison
Square Park
12
83
34
26
27
23rd St

29
E 26th St
E 25th St

E 24th St

23rd St
E 22nd St

E 23rd St

GRAMERCY

First Ave

*Bellevue
Hospital
Center*

24th St
Park

53
45
42
62

Quinta Avenida (Fifth Ave)

31
38
59
41

25

60

**GRAMERCY
PARK**
E 20th St

E 19th St

E 18th St

E 21st St

**STUYVESANT
TOWN**

**UNION
SQUARE**
14th St-
Union Sq
19

Irving Pl

E 17th St
E 16th St
E 15th St

Stuyvesant
Square

Véase "West y East Villages, Chinatown y Lower Manhattan", p. 252

Times Square, Midtown Manhattan y Chelsea

◎ **Puntos de interés**
1 Torre del Bank of America D3
2 Edificio Brill D2
3 Broadway D1
4 Mercado de Chelsea C6
5 Edificio Chrysler F3
6 David Zwirner B6
7 Diamond District E2
8 Empire State Building E4
9 Quinta Avenida y alrededores E1
10 Estación Grand Central F3
11 Intrepid Sea, Air & Space Museum A2
12 Madison Square Park E5
13 Museum of Modern Art E1
14 New York Public Library E3
15 Radio City Music Hall E2
16 Rockefeller Center E2
17 Catedral de San Patricio E2
18 Times Square D3
   Top of the Rock .... (véase 16)
19 Union Square Greenmarket E6

◎ **Dónde comer**
20 Artisanal E4
21 Bryant Park Grill E3
22 Burger Joint D1
   Cafe 2 .... (véase 13)
   Mercado de Chelsea .... (véase 4)
23 Co C5
24 Cookshop C6
25 Craft E6
26 Eataly E5
27 Eisenberg's E5
28 El Margon D2
29 Eleven Madison Park E5
30 Foragers City Table C6
31 Gramercy Tavern E6
32 Hangawi E4
33 Le Bernardin D2
   Shake Shack .... (véase 12)
34 Tacombi Café El Presidente E5
35 Totto Ramen C1
36 ViceVersa C2

◎ **De compras**
37 192 Books C6
38 ABC Carpet & Home E6
39 Amé Amé E4
40 B&H Photo Video C4
41 Bedford Cheese Shop F6
42 Books of Wonder E6
43 Mercadillo de Hell's Kitchen C3
44 Housing Works Thrift Shop D6
45 Idlewild Books E6

46 Macy's D4
   MoMA Design & Book Store .... (véase 13)
47 Nepenthes New York C3
48 Saks Fifth Ave E2
49 Story C6
50 Tiffany & Co E1
   Union Square Greenmarket .... (véase 19)
51 Uniqlo E1

◎ **Dónde beber y vida nocturna**
52 Bathtub Gin C6
   Birreria .... (véase 26)
   Campbell Apartment .... (véase 10)
53 Flatiron Lounge E6
54 Flatiron Room E5
55 Frying Pan A5
56 Industry C1
57 Jimmy's Corner D3
58 Lantern's Keep E2
59 Old Town Bar & Restaurant E6
60 Pete's Tavern F6
61 R Lounge D2
62 Raines Law Room E6
63 Rum House D2
   SixtyFive .... (véase 16)
64 Waylon C2

◎ **Ocio**
65 An American in Paris D2
66 Birdland C2
67 Book of Mormon D2
68 Carnegie Hall D1
69 Chicago D2
70 Hamilton D2
71 Jazz Standard F5
72 Joyce Theater C6
73 Kinky Boots C2
74 Kitchen B6
75 Lyceum Theatre D2
76 New Amsterdam Theatre D3
77 New Victory Theater D3
78 New York Live Arts D6
   New York Rangers .... (véase 84)
79 Sleep No More B5
80 Upright Citizens Brigade
   Theatre C5

◎ **Actividades, cursos y circuitos**
81 Chelsea Piers Complex B6
82 Circle Line Boat Tours A3
83 New York City Audubon E5
84 New York Knicks D4
   Rink at Rockefeller Center .... (véase 16)
85 Schooner Adirondack B6

Símbolos y leyendas de los mapas

Estos símbolos ayudan a encontrar fácilmente todas las reseñas:

- ⊙ Puntos de interés
- ➊ Actividades
- ➌ Cursos
- ➍ Circuitos
- ➎ Fiestas y celebraciones
- ⊗ Dónde comer
- ⊖ Dónde beber
- ✪ Ocio
- ⊕ De compras
- ⓘ Información y transporte

Estos símbolos aportan información esencial de cada reseña:

- 🌿 Propuesta sostenible
- GRATIS Gratis

📞 Teléfono	🏊 Piscina
🕐 Horario	🚌 Autobús
P Aparcamiento	⛴ Ferri
🚭 Prohibido fumar	🚋 Tranvía
❄ Aire acondicionado	🚆 Tren
@ Acceso a internet	📖 Menú en inglés
🛜 Zona wifi	🥗 Selección vegetariana
	👪 Ambiente familiar

Los iconos de Ideal para... ayudan a encontrar las mejores experiencias

 Económico

 Comida y bebida

 Bebidas

 Ciclismo

 De compras

 Deportes

 Arte y cultura

 Celebraciones

 Momento fotográfico

Paisajes

 Viajes en familia

 Escapada

 Desvío

 Senderismo

 Vida local

 Historia

 Ocio

 Playas

 Viaje invernal

 Café

Naturaleza y vida salvaje

Puntos de interés

- Playa
- Reserva de aves
- Templo budista
- Castillo
- Templo cristiano
- Templo confuciano
- Templo hindú
- Templo islámico
- Templo jainita
- Templo judío
- Monumento
- Museo/ galería de arte
- Ruinas
- Templo sintoísta
- Templo sij
- Templo taoísta
- Lagar/viñedo
- Zoo/reserva natural
- Otros puntos de interés

Actividades, cursos y circuitos

- Bodysurf
- Camping
- Café
- Canoa/kayak
- Curso/circuito
- Buceo con tubo
- Lugar donde beber
- Lugar donde comer
- Ocio
- Sento (baños públicos calientes)
- Comercio
- Esquí
- Alojamiento
- Submarinismo
- Surf
- Natación/piscina
- Senderismo
- Windsurf
- Otras actividades

Información

- Banco, cajero
- Embajada, consulado
- Hospital/médico
- Acceso a internet
- Comisaría de policía
- Oficina de correos
- Teléfono
- Aseos públicos
- Información turística
- Otra información

Otros

- Playa
- Puente
- Cabaña/refugio
- Faro
- Puesto de observación
- Montaña/volcán
- Oasis
- Parque
- Puerto de montaña
- Zona de pícnic
- Cascada

Transporte

- Aeropuerto
- BART
- Paso fronterizo
- Estación T Boston
- Autobús
- Teleférico/funicular
- Ciclismo
- Ferri
- Metro
- Monorraíl
- Aparcamiento
- Gasolinera
- S-Bahn
- Taxi
- Tren
- Tranvía
- London Tube
- U-Bahn
- Otros transportes

¡Queremos viajar contigo!

Comparte con nosotros las fotos de tu viaje usando el hashtag #LonelyPlanetxelmundo

Cristian Bonetto

Cristian tiene experiencia como visitante y como vecino de Nueva York, una ciudad que conquistó su corazón hace mucho tiempo, cuando aún usaba pañales de Barrio Sésamo. De hecho, su pasión por la ciudad hizo que el *New York Magazine* lo incluyera como uno de los "Motivos para amar Nueva York" en el 2014. La constante reinvención de la ciudad sigue alimentando una insaciable curiosidad que ha llevado a este antiguo guionista a arrojar luz sobre múltiples temas, desde colecciones de arte desconocidas a locales para entendidos donde comer bollos de manzana. Cristian tuitea en su cuenta twitter.com/cristianbonetto.

Zora O'Neill

Zora se mudó a Nueva York en 1998 e inmediatamente se instaló en Astoria (Queens). Le sigue encantando, porque puede encontrar buena comida y comprar productos frescos las 24 h del día. Zora escribe guías desde 2002: para Lonely Planet ha recorrido Ámsterdam, el sur de España y Egipto. Es autora de *All Strangers Are Kin,* un relato de viajes sobre el estudio del árabe y la aventura de viajar por el mundo árabe. Su web es www.zoraoneill.com.

Los autores

Regis St Louis

Natural de Indiana, Regis creció en una tranquila ciudad junto a un río donde soñaba con el dinamismo y los pequeños y caros apartamentos de las grandes ciudades. En 2001 se instaló en Nueva York, donde existía todo eso y mucho más. Desde entonces ha explorado a fondo la ciudad, del Bronx a Brighton Beach, siempre buscando experiencias neoyorkinas clásicas o insólitas. Su trabajo figura en más de 50 guías Lonely Planet y también ha escrito para otras muchas empresas, como la BBC, el *Telegraph* y el *Chicago Tribune*. Cuando no está de viaje, Regis divide su tiempo entre Brooklyn y Nueva Orleans.

Más autores

geoPlaneta
Av. Diagonal 662-664, 08034 Barcelona
viajeros@lonelyplanet.es
www.geoplaneta.com - www.lonelyplanet.es

Lonely Planet Global
Lonely Planet Global Limited, Unit E, Digital Court,
The Digital Hub, Rainsford Street, Dublín 8, Irlanda
(oficinas también en Reino Unido y Estados Unidos)
www.lonelyplanet.com - talk2us@lonelyplanet.com.au

Lo mejor de Nueva York
4ª edición en español – febrero del 2017
Traducción de *Best of New York City*, 1ª edición – septiembre del 2016
© Lonely Planet Global Limited
1ª edición en español – mayo del 2011

Editorial Planeta, S.A.
Av. Diagonal 662-664, 7º. 08034 Barcelona (España)
Con la autorización para la edición en español de Lonely Planet Global Limited,
Unit E, Digital Court, The Digital Hub, Rainsford Street, Dublín 8, Irlanda

© Textos y mapas: Lonely Planet, 2016
© Fotografías: según se relaciona en cada imagen, 2016
© Edición en español: Editorial Planeta, S.A., 2017
© Traducción: Carme Bosch y David Gippini, 2017

ISBN: 978-84-08-16372-5

Depósito legal: B. 18.786-2016
Impresión y encuadernación: Egedsa
Printed in Spain – Impreso en España